Die Märchen der Weltliteratur

Begründet von Friedrich von der Leyen

Märchen aus Tibet

Herausgegeben und übertragen von

Helmut Hoffmann

EUGEN DIEDERICHS VERLAG

CIP-Kurztitelaufnahme der Deutschen Bibliothek
MÄRCHEN AUS TIBET
hrsg. u. übertr. von Helmut Hoffmann
17.–18. Tsd. – Köln: Diederichs, 1985
(Die Märchen der Weltliteratur)
ISBN 3-424-00323-9 Hgewebe
ISBN 3-424-00324-7 Ldr
NE: Hoffmann, Helmut [Hrsg.] GT

17.–18. Tausend 1985

Einbandgestaltung: Hans Hermann Hagedorn
Gesamtherstellung: Passavia Passau
Printed in Germany
ISBN 3-424-00323-9 Hln
ISBN 3-424-00324-7 Leder

1. Die alttibetische Kosmogonie

Im Anfang war das Urnichts, die Leere. Daraus entstand allmählich das Ursein. Dann entstanden Licht und Strahl. Das Licht ist der Vater, und der Strahl ist die Mutter. Daraus entstanden Finsternis und Helligkeit. Dann entstand ein kalter Wind, darauf etwas fahler Reif. Dann kam etwas Tau. Als sich Reif und Tau vereinigten, entstand ein See wie ein Spiegel. Dann bildete sich eine Haut und rundete sich zu einem Ei. Aus dem Inneren des Eies kamen zwei Vögelchen hervor, ein schwarzes und ein weißes, genannt »das mit leuchtendem Licht Versehene« und »das mit Finsternis-Qual Versehene«. Als sich Licht und Finsternis verbanden, entstanden drei Eier, ein weißes, ein schwarzes und ein scheckiges. Als das weiße Ei sich öffnete, entstand aus der äußeren Schale ein weißer Götterfels. Aus dem mittleren Eihäutchen entstand das »Thron-Abteilungs-Reich« des Lichtes. Aus der Eiflüssigkeit im Inneren entstand die muschelweiße Yak-Hybriden-Kuh. Aus der inneren Schale des Eis entstanden drei Personen, der Weltgott »Weißes Licht«, der weiße »Alles wissende Menschen-Schützer« und der »muschelweiße mit Menschen versehene« Gott. Als das schwarze Ei aufging, entstanden der schwarze »Hochmutsmensch« und Dril-rag dpung-bkra (»Schwarzer Haufen, bunter Haufen«), die beiden. Als das scheckige Ei aufging, entstand der glänzende »Wunschgebet-Mann«. Der hatte kein Auge zum Sehen, kein Ohr zum Hören, keine Nase zum Riechen, keine Zunge zum Schmecken, keine Hand zum Ausstrecken und keinen Fuß zum Gehen, sondern nur einen Geist zum Denken, der ihm als Äquivalent für das sehende Auge, das hörende Ohr, die riechende Nase, die schmeckende Zunge, die sich ausstreckende Hand und den gehenden Fuß diente. Er gab sich selbst seinen Namen, nämlich Weltgott Sangs-po 'bum-khri. Der Weltgott Sangs-po 'bum-khri heißt auch Ye-smon rgyal-po. Der Weltgott Ye-smon rgyal-po legte sich zur Rechten Gold und einen Türkis und sprach ein Wunschgebet, worauf ein Goldberg und ein Türkistal entstanden. Das ganze Geschlecht der Phya entstand daher. Zur Linken legte er eine Muschel und einen Cornelian, woraus ein Muschelberg und ein Cornelian-Berg entstanden. Das ganze Geschlecht der dMu entstand daher. Gerade vor sich legte er einen Kristall und einen erzhaltigen Stein und sprach ein Wunschgebet, worauf ein Kristallfelsen und ein Lichtsee entstanden. Das ganze Geschlecht der gTsugs entstand daher, nämlich die rotbraunen Würmer, die hellgrauen Heuschrecken und die fünfhörnigen Insekten. Dies ist das ganze Geschlecht der Klu (Nâga). Das dMu-Geschlecht wurde zu den erleuchteten Bon-po, das Phya-Geschlecht zu den schwarzköpfigen Menschen, das ganze gTsug-Geschlecht zu den Tieren. In dem Muschelberg und dem Corneliantal zur Linken entstanden der dMu-Sohn 'Phrul-bu dbang-ldan und die weiße gNyan-Frau. Als sie sich in Geier verwandelt hatten und sich vereinigten, entstanden der Bon-König von sTag-gzig und der Religionskönig von Indien. Als sie sich in Tiger verwandelten und sich vereinigten, entstanden die Könige von Khotan, Nepal und Phrom. Mit dem Reichtumskönig von sTag-gzig sind es vier. Als sie sich in Pferde verwandelten und sich vereinigten, entstanden das weißfüßige Pony vor der Tür und der haarige Yak. Als sie sich als Yaks verbanden, entstand der wilde weiße Yak vor der Tür. Als sie sich in Schafe verwandelten und sich vereinigten, entstand der helle Widder vor der Tür. Das ist die Entstehung des ganzen dMu-Geschlechtes. Als der Phya-Sohn sPyi-gtsug rgyal-ba die Muschelfrau Rung-mo zum Weibe nahm, wurde sTag-tschha al-ol aus dem Phya-Geschlecht geboren. Als sTag-tschha al-ol die 'Tshams-Frau Bya-khyung-ma zur Frau nahm, wurden vier Brüder aus Phya-Geschlecht geboren. Als Phya-bla bram-shing (einer von diesen vier) falsch geschworen hatte, brach die Geschlechterkette ab. Von Od-de gung-rgyal stammen die Götterscharen des Landes ab. Als der Phya-Gebieter Yab-lha bdal-drug sich mit der Götting Thang vereinigte, wurden neun Geistessöhne geboren. Als er sich mit einer Srin-Dämonin verband, wurden neun rote Geistessöhne geboren. Als er sich mit einer gNyan-Dämonin verband, wurde der gNyan-Enkel Lhang-lhang geboren. Als er sich mit einer dMu-Dämonin verband, wurden zwölf dMu-Enkel geboren. Der Phya-Gebieter Yab-lha bdal-drug hatte im ganzen 37 Söhne. Der jüngste in der fünften Abstammungslinie war rTing-khri-tschhen bar-lha. Dieser hatte 18 schöne Körperzeichen: auf dem Scheitel des Hauptes war ein spannenhoher goldener Stûpa (mTschorten) wie ein voller Mond. Links oben vom rechten Auge war etwas wie eine aufgehende Sonne. Rechts oben vom linken Auge war ein weißer Mond von Mondscheinart. Wo sich die beiden Brauen trafen, war ein kleiner schwarzer Punkt. Links oben auf der rechten Schulter war ein Abbild des Bon-Tempels Kho-ma-ru-ring. Rechts oben auf der linken Schulter war ein kristallener Stûpa von neun Stockwerken. Auf dem oberen Teil der Brust war etwas wie eine auf dem Boden kauernde Tigerin. Links oben auf den rechten Rippen war ein weißer Haarfleck. Rechts oben auf den linken Rippen war ein schwarzer

Haarfleck. Auf dem unteren Teil des rechten Beines war eine Schlange, die sich nach unten ringelte. Hinten auf dem linken Bein war eine mit Augen begabte eiserne Biene. An der Sohlenwölbung des linken Fußes war etwas, das einem nach oben springenden schwarzen Frosch ähnlich war. Die Gattung der Erdherren (sa-bdag) stammt von ihm ab.

Der jüngste der 37 Söhne ist der Weltgott sNe-phrom la-khra. Er wurde aus dem Hause seines Vaters entsandt, um das Menschengeschlecht zu vermehren. Nachdem er die 13 oberen Stufen nach unten passiert hatte, kam er im Frühlingsmonat Sa-ga zur Erde, und indem er die neun Stufen der Geistesleiter herabstieg, gelangte er auf den Gipfel des Berges rMog-pho (»Helm«). Dort sah er eine Frau mit einem weißen Fleck ein Gewebe weben, und er setzte sich vor den Webstuhl. Die Frau sprach: »Hier in einem menschenleeren Lande ist ein Mensch eingetroffen. Von welchem Lande bist du diesen Morgen gekommen, und zu wem gehst du diesen Abend?« Der Weltgott sNe-phrom la-khra antwortete ihr: »Ich bin sNe-phrom la khra, der jüngste der 37 Söhne des Phya-Gebieters Yab-lha-bdal-drug. Vom Himmel des Vaters bin ich gesandt, um das Menschengeschlecht zu vermehren.« Als er gerade so sprach, sah ihn ein Srin-Dämon und wollte ihn hinwegnehmen. Die Frau erschuf auf dem gewebten Tuch auf dem Webstuhl einen Affen und verbarg dafür ihren Gast sNe-phrom la-khra. Da fragte der Dämon: »Wohin ist der Mensch vor dem Webstuhl verschwunden?« Die Frau antwortete: »Da ich den Affen hingesetzt hatte, habe ich nichts gesehen.« Da ergriff der Dämon den Affen und entschwand nach unten. Der fahle Hund des Dämons wollte aber trotz Befehl nicht gehen. Da zog die Frau das Instrument, mit dem sie den Faden auf dem Webstuhl festzulegen pflegte, und schlug es auf den Mund des Dämonenhundes, so daß Zähne abbrachen. Als sie es gegen sein Auge schlug, preßte sie ihm das Auge heraus. Der Zapfen des Instruments fiel herab. Seitdem gibt man Affen als Ablösung für einen Menschen. Da sprach die Frau: »Ich als Weib muß dem Manne sehr dankbar sein, und du als Mann mußt dem Weib sehr dankbar sein. Die Zauberkörper von uns beiden müssen sich im Fleisch vereinigen.« Als die Zauberkörper sich vereinigten, entsprossen der Verbindung die drei Söhne 'Thingpo, 'Thingmig und 'Thingge. 'Thingpo verunglückte durch Wasser, 'Thingmig durch Feuer. Die Phya-Prinzessin wurde von einem Teufelspfeil getroffen. Als 'Thingge, der Sohn des Weltgottes, die weiße Phya-Prinzessin zum Weibe nahm, wurde Bod-'dzom-la-phrom geboren. Als er sich mit der dMu-Gattin Khrima vereinigte, wurde rGya Khri-la-bzhes geboren. Als er sich mit Khri-mo vereinigte, wurde das Khri-Kind Hor geboren. Als er sich mit dbYig-sna-ma vereinigte, wurden Bod, 'Jang und Li, die drei, geboren. Als er sich mit einer gNyan-Dämonin vereinigte, wurden ein Affe, ein Rind, ein Dachs und ein Bär geboren. Dies sind die vier nicht menschlichen, aber menschenähnlichen Geschwister.

2. *Der Affe und die Felsdämonin*

Der erhabene Avalokiteschvara nahm einst einem magisch inkarnierten Affen das Gelübde eines Laienanhängers ab und entsandte ihn in das Schneekönigreich Tibet zum Meditieren. Der Affe meditierte auf einem steilen Felsen und richtete seine Versenkung auf das Erleuchtungsdenken der Liebe und des Mitleids. Als er sich der tiefen Doktrin von der Leere hingab, kam dorthin eine unter dem Gesetz des Karman leidende Felsdämonin. Sie offenbarte viele Anzeichen von Liebesleidenschaft. Später nahm die Felsendämonin die Gestalt einer irdischen Frau an und sprach zu dem Affen: »Wir beide müssen ein Ehepaar werden!« Der Affe antwortete: »Ich, der ich ein Laienanhänger des erhabenen Avalokiteschvara bin, würde mein Gelübde brechen, wenn ich dein Mann würde.« Da sagte die Felsdämonin: »Wenn du nicht mein Mann wirst, muß ich sterben«, und warf sich vor dem Affen zu Boden. Als sich die Felsdämonin wieder erhoben hatte, sprach sie folgendermaßen zu dem Affen: »Ach, du großer Affenkönig, ich bitte dich, mir ein wenig Beachtung zu schenken und mir zuzuhören. Ich wurde auf Grund des Karman im Geschlecht der Dämoninnen verkörpert. Da meine Leidenschaft ungeheuer ist, begehre ich dich. Wegen der Leidenschaft umwandle ich dich verehrungsvoll und flehe dich an. Wenn du mich nicht zu deinem Eheweib machst, werde ich mich schließlich mit einem Dämon zusammentun und jeden Tag 10 000 Lebewesen töten. Auch nachts werde ich tausend Kreaturen fressen. Wenn dann unermeßlich viele Dämonenkinder geboren worden sind, werden in diesem Schneekönigreich Dämonenstädte entstehen und die dort lebenden Wesen gefressen werden. Daher schenke mir Beachtung und habe Mitleid mit mir!« Als sie zu dieser jämmerlichen Rede Tränen vergossen hatte, dachte der Bodhisattva-Affe bei sich: »Wenn ich ihr Mann werde, breche ich mein Gelübde, tue ich es nicht, ist meine Sünde auch ungeheuer groß.« Augenblicklich begab er sich zu dem Erhabenen auf den Berg Potala und richtete folgende Bitte an ihn: »Ach du mitleidsvoller Schützer der Welt, ich habe mein Laienanhänger-Gelübde wie mein Leben gehütet. Aber eine liebestolle Dämonin aus dem Geschlecht des Versuchers hat mannigfache klägliche und jammervolle Reden geführt, mich umwandelt und sich angeschickt, mir mein Gelübde zu rauben.

Mitleidsvoller Beschützer der Liebe, schenke mir Beachtung!« Auf diese Bitte hin sprach der Erhabene: »Werde der Mann der Felsdämonin!« Auch die beiden Herrinnen Bhrikutî und Târâ riefen vom Himmel herab: »Das ist sehr gut!« Weil nun der Erhabene darauf den Affen und die Felsdämonin zu Ehegatten weihte, fanden sich im Schneeland hier drei Vorzüge: 1. In der Zukunft verbreitete sich die Buddhalehre und dauerte lange Zeit; 2. es traten in ununterbrochener Folge heilige Männer auf, und 3. kostbare Schätze kamen zum Vorschein. Dieser gewaltige Segen wurde auf die zehn Himmelgegenden ausgedehnt geweiht. Als darauf der Affe und die Felsdämonin ein Ehepaar geworden waren, wurden sechs ihrem Gehabe nach ungleiche Affenkinder geboren, die aus dem Bereich der sechs Verkörperungsmöglichkeiten abgeschieden waren. Das Affenkind, welches von den Höllenwesen abgeschieden war, war traurig und leidgewohnt, das von den Pretas abgeschiedene von häßlichem Aussehen und gierig nach Speise, das aus der Tierwelt abgeschiedene dumm und voll böser Absichten, das aus der Menschenwelt abgeschiedene von großer Intelligenz und geringem Selbstvertrauen, das von den Asuras abgeschiedene bösartig und sehr neidisch und das aus der Götterwelt abgeschiedene langmütig und tugendhaft. Die sechs Affenkinder wurden vom Bodhisattva-Affen in einen Wald mit Namen »Bya-tshogs«, wo es Früchte gab, gebracht und drei Jahre dort belassen.

Als drei Jahre vergangen waren und der Affen-Bodhisattva wieder erschien, hatten sich durch die Macht des Karman die Affenkinder bis auf fünfhundert vermehrt. Infolgedessen waren die Früchte aufgezehrt. Da anderes Eßbares nicht vorhanden war, obwohl Vater und Mutter nichts aßen, mußten sie sagen: »Was sollen sie essen?« Sie befanden sich in einer Notlage und erhoben gequält die Hände. Da dachte der Affen-Bodhisattva: »Ich kann schließlich nicht der Sünde verfallen, da die Zahl der Affenkinder so groß geworden ist durch die Ausführung der Befehle des Erhabenen.« Augenblicklich begab er sich zum Berg Potala und flehte den Erhabenen an: »Ach, ich wußte nicht, daß eine Ehefrau der Kerker des Sansâra ist, und wußte nicht, daß die Frau vom Teufel verlockt ist. Ich bin daher in den Sumpf geraten. Indem ich nicht erkannte, daß die Leidenschaft wie das Blatt einer Giftpflanze ist, und aus Mitleid geliebt habe, wurde ich getäuscht. So hat mich die Leidenschaft gefesselt, und der Berg des Elends erdrückt mich. Da ich vom Gift der Sünde kostete, befiel mich die Seuche. Weil mich ein Haufen von Leid quält, ernähre nun du, o mitleidsvoller Schützer der Liebe, irgendwie die Kinder! Durch die Heiratserlaubnis des Erhabenen bin ich in eine solche Lage gekommen, und es hat sich gleichsam eine Stadt der Pretas entwickelt. Zweifellos werde ich später in die Hölle kommen. Daher schütze mich aus Mitleid!« Der Erhabene antwortete: »Ich will deine ganze Nachkommenschaft schützen«, und er erhob sich in die Lüfte, nahm aus den Höhlen des Weltberges Meru Gerste, Weizen, Erbsen, Buchweizen und grobe Gerste, streute sie auf die Erde, so daß das Land voll von Feldfrüchten wurde, ohne daß gepflügt worden wäre. Darauf führte der Affen-Bodhisattva die Affenkinder dorthin und übergab ihnen die ohne Pflügen gewachsenen Feldfrüchte mit den Worten »Nun eßt (zo dang)!« Daher rührt der Name des Berges Zo-dang gong-po. Als nun die Affenkinder die Feldfrüchte aßen, wurden sie gesättigt, und ihre Haare und Schwänze verkürzten sich, sie konnten sprechen und wurden zu Menschen. Als Nahrung nahmen sie die ohne Pflügen gewachsenen Feldfrüchte zu sich, und sie bekleideten sich mit den Blättern der Bäume. Weil nun die Menschen des Schneelandes Tibet von dem

Affen und der Felsdämonin abstammen, sind sie nach deren zwiefacher Art zu klassifizieren: insofern sie zum Geschlecht des Affen-Bodhisattva als Vater gehören, sind sie langmütig, sehr gläubig, mitleidsvoll, energisch, Freunde der Tugend, mildredend und geschickt in der Rede; insofern sie zum Geschlecht der Felsdämonin als Mutter gehören, sind sie geil und gehässig, dem Handel und Profit ergeben, von großer Gier und Streitlust, sehr lachlustig, von großer Körperkraft und Mut, unbeständig bei einer Unternehmung, leichtsinnig, schnell zum Fliehen bereit, reich an den fünf Giften, hören gern von den Fehlern anderer und neigen zur Zornmütigkeit.

Damals bewaldeten sich dort die Berge, alle Flüsse füllten sich mit Wasser, und in Kongtschulag enstand eine Höhlung, in die alle Wasserläufe einströmten, so daß sie in Kongtschulag verschwanden. Auf allen Hochflächen wurden Felder angelegt und viele Städte erbaut. Nicht lange danach wurde der Gebieter gNya-khri btsan-po König von Tibet, und Herr und Untertanen lebten in gebührender Ordnung. So ist es überliefert.

3. König Gri-gum btsan-po und seine Söhne

Gri-gum btsan-po war der Sohn des Srib-khri btsan-po. Er hatte drei Söhne, mit Namen Sha-khri, Nya-khri und Bya-khri. König Gri-gum btsan-po wurde von einem Dämon verlockt, daß er zu einem Minister, Long-ngam der Pferdehüter genannt, sprach: »Du sollst mein Rivale im Kampf sein!« Long-ngam antwortete: »Was soll das, o Herr? Es geht nicht an, daß ich als Untertan der Kampfrivale des Herrschers bin.« Trotz dieser Worte bereitete er sich zum Kampf vor, da der König machtlos geworden war.

Als Zeit des Kampfes nahm man einen Tag zur Zeit der Mondkonstellationen Sa-ga und Sa-ri.

Nun besaß der König einen Hund, der eine Inkarnation war, eine Hündin mit Namen »die zum Hören mit scharfen Ohren Begabte«. Die entsandte er zu Long-ngam, um zu lauschen. Long-ngam, der die Absicht wohl erkannte, sprach: »Wenn der König früh morgens zum Duell kommt ohne großes Gefolge, sich dann um das Haupt einen Turban von schwarzer Seide bindet, an der Stirn einen Spiegel anbringt, auf die rechte Schulter einen toten Fuchs, auf die linke eine tote Maus legt, sein Schwert über sich umherschwingt und einem Stier einen Sack mit Asche auflädt, dann werde ich nicht imstande sein, den Sieg zu erringen.« Als die Hündin dem König dies berichtet hatte, sagte er: »So will ich es machen!« Als er nun am frühen Morgen die geschilderten Vorkehrungen getroffen hatte, kam Long-ngam zum Zweikampf herbei. Nach Flüstern von magischen Sprüchen machte er sich an den Stier heran, und als der Aschensack zerriß, wurden dem König durch das Umherwirbeln der Asche die Augen gefüllt. Da entwich der dGra-lha durch den toten Fuchs, der Pho-lha durch die tote Maus, und als der König das Schwert über sich umhergeschwungen hatte, wurde das Geisterseil zerschnitten. Da zielte der Minister Long-ngam auf den Spiegel an des Königs Stirne, schoß den Pfeil ab und tötete den König.

Des Königs drei Söhne aber flohen nach den Landschaften Kong-po, Nyang-po und sPo-bo. Da eignete sich der Minister Long-ngam die Königsherrschaft an. Die Gemahlin des Königs aber wurde zur Pferdehüterin gemacht. Als sich die Königin-Mutter daran machte, die Pferde weiden zu lassen, da träumte ihr während eines Schlafes, daß ein magisches Abbild des Berggottes Yar-lha sham-po als ein weißer Mann sie beschliefe. Als sie erwachte, sah sie zunächst einen weißen

Yak sich erheben und fortgehen. Als darauf acht Monate vergangen waren, gebar die Königin-Mutter einen faustgroßen, beweglichen Blutklumpen, und es jammerte sie, ihn wegzuwerfen, da er doch aus ihrem eigenen Fleisch geboren war. Als sie das Wesen nähren wollte, waren weder Mund noch Augen vorhanden. Da tat sie es in ein warmes Wildyak-Horn und umwickelte es mit einer Hose. Als sie nach einigen Tagen wieder nachsah, war ein Knabe entstanden. Der erhielt den Namen Ru-la-skyes, d. i. der im Horn Geborene. Nach Ablauf von zehn Jahren fragte er die Mutter: »Wo sind mein Vater und die älteren Brüder hingekommen?« Als die Mutter die früheren Begebenheiten ausführlich erzählt hatte, suchte Ru-la-skyes mit verschiedenen Mitteln beim Flusse Nyang-tschhu skya-mo den Leichnam des Vaters und errichtete ihm ein Grabmal in Phying-yul dar-thang. Den Minister Long-ngam tötete er. Als er die drei älteren Brüder herbeiholen wollte, gelang das bei Sha-khri und Nya-khri nicht, da sie Herrscher von Kong-po und Nyang-po geworden waren, wo ihr Geschlecht noch heute existiert. Aber aus dem Lande sPo-bo zitierte er den Sohn Bya-khri und setzte ihn in Yar-lung ein. Dieser erbaute die Feste Phying-nga stag-rtse. Als die Mutter ihren Sohn Bya-khri anfaßte und bei den Göttern einen Eid schwor, ertönte vom Himmel eine Stimme: »Dieser dein Sohn wird über alle Herrscher sein.« Und da nun gesagt war, daß er über alle herrschen werde (kun las rgyal), wurde er bekannt unter dem Namen sPu-de gung-rgyal. Während dieser König herrschte, fungierte Ru-la-skyes als Minister.

4. Die Geschichte vom Pferd und Yak

Zur Zeit des Gestern von gestern von neunundneunzig, des Morgen von morgen, im Zeitalter der Schulden und Steuern, der Medizin und Kochkunst hatte des Pferdes Vater und Ahn den Namen Vater Khar-rtai Yal-ba, seine Mutter war gSang-rtai Phyod-ma. Indem sie sich vereinigten und vergnügten, hatten sie Nachkommenschaft, die in Bya-ma-rong in rTa-za Lung-brang geboren wurde.

Was des Pferdes Heim betraf, es wohnte im Himmel (gNam),
Was des Rosses Heim betraf, es wohnte im Himmel (dGung).

Inzwischen

Gab es bei den langmündigen Wasserläufen kein Gras,
Bei den langnackigen Gräsern kein Wasser.
Als so das Pferd herabstieg, stieg es vom Himmel herab,
Als das Roß herabstieg, stieg es vom Himmel herab.

Wo stiegen sie herab? In einem Lande, einem Götterlande, in Gung-dang. Die Provinz, wessen Provinz war es? In der Provinz und Besitzung der Lha-za Gung-tshun. Stätte und Heimat wurde ihnen von der Hausherrin gewährt.

Statt Reis gab sie ihnen Weidenlaub,
Statt Gemüse getrocknete Halme,
Statt Zucker Zuckerwurzeln.

Als sie dort ihre Provinz und Besitzung ergriffen hatten,

Kam dem Pferd großer Widerwillen,
Dem Roß große Galle.

Zu Bye-ma-ron in rTa-za Lung-brang

Als sie bei Tage gern Nahrung bekommen hätten,
bekamen sie sie nicht.
Als sie bei Nacht jene gern aufbewahrt hätten,
Konnten sie sie nicht aufbewahren.

Lha-za Gung-mo-tshun verhöhnend verließen sie der Hausherrin Stätte und Heim und gingen fort. Wohin wandten sie sich? Sie wandten sich zum Reinen Tale von rJi, sie gerieten nach Phyar-phyur in rJi. Indem sie sich vereinigten und vergnügten, hatten sie Kinder:

Das Pferd drei Söhne des Hauses,
Das Roß drei Brüder.

Der älteste war Älterer Bruder Yid-kyi gdang-pyam, der mittlere hieß rKong-ron rNgog-bkra, der jüngste Khug-ron rMang-dar. Im Reinen Tal von rJi

Gab es bei den langmündigen Wasserläufen kein Gras,
Bei den langnackigen Gräsern kein Wasser.

Der älteste Bruder Yid-kyi gdang-pyam ging zu den Acht Distrikten des Nordens,

Nahm das Wasser der Langmündigen,
Nahm den Saft der Langnackigen.

rKyang-ron rNgog-bkra in den acht Hochländern der Äußeren Wildnisse

Nahm das Wasser der Langmündigen,
Nahm den Saft der Langnackigen.

Khug-ron rMang-dar bei den Drei Höhen der Äußeren Wildnisse

Nahm von den Säften der Wildnis ganz wenig,
Trank frisch gepreßten Beerensaft.

Da trafen sich einst, zu einer Zeit, im Lande der Acht Distrikte des Nordens der ältere Bruder Yid-kyi gdang-pyam und der Vater Yak-Stier sKar-ba. Sprach der Yak-Stier sKar-ba: »Gestern, heute, morgen, auf Anordnung vom höchsten Gipfel des Himmels (gNam), von der höchsten Stufe des Himmels (dGung), auf Grund der sechs höchsten Väterlichen Herren, auf Grund des verehrten Schützers Phywa

Ist das richtige Pferdeland die Steppe,
Das richtige Yak-Land die Nordhochebene.

Ältester Bruder Yid-kyi gdang-pyam, geh fort, wohin du willst!« Sprach der Älteste Bruder Yid-kyi gdang-pyam: »Auf Anordnung der sechs höchsten Väterlichen Herren, durch den verehrten Schützer Phywa

Ist rechtes Pferdeland die Steppe – das ist wahr!
Ist rechtes Yak-Land die Nordhochebene – das ist wahr!

Schauen wir nun auf heute und morgen, sollten Pferd und Yak nicht als Feinde kämpfen. Wo nun

Das Pferd zuerst Gras frißt,
Trinkt der Yak zuletzt Wasser.
Laß den Yak zuerst Gras fressen!
Laß das Pferd zuletzt Wasser trinken!«

Diesen Worten stimmte der Yak-Stier sKar-ba nicht zu,

Durch seinen Feind, den Yak-Stier
Wurde mit dem rechten Horn erfaßt,
Mit dem linken Horn geworfen

der ältere Bruder Yid-kyi gdang-pyam und starb.

Sein Fleisch fraßen die Vögel, reiß, reiß,
Sein Blut trank die Erde, schlürf, schlürf,

Seine Knochen kaute der Bär, knack, knack,
Sein Haupthaar trug der Wind davon, saus, saus.

Der ältere Bruder Yid-kyi gdang-pyam war dort gestorben.

Dann sagten zu einer Zeit die jüngeren Brüder rKyang-ron rNgog-bkra und Khug-ron rMang-dar

In der Pferdesprache »Hi, hi«,
In der Rossesprache »Hi, hi«.

Als vom älteren Bruder Yid-kyi gdang-pyam kein Laut kam, begaben sich Khug-ron rMang-dar und rKyang-ron rNgog-bkra ins Land der Acht Distrikte des Nordens, um den verlorenen älteren Bruder zu suchen. Sie begegneten nicht dem lebenden Antlitz des älteren Bruders Yid-kyi gdang-pyam, sie trafen nur des Toten Leichnam. Sprach der jüngere Bruder Khug-ron rMang-dar:

»Des ältesten Bruders Fleisch ist vom jüngeren ungerächt,
Das Nackenfleisch nicht mit dem Nacken liebkost,
Das Herz der Wut nicht gezüchtigt,
Der Lohn der Güte nicht gewonnen.
Diesen zu geben ist meines Herzens Wunsch.
Ohne daß die Tiefe des Körpers Blut trank,
Ohne daß das Nackenfleisch mit dem Nacken liebkost wurde,
Mit Durst im trockenen Mund, ist er so gestorben?

Des älteren Bruders Fleisch werden die jüngeren Brüder rächen. Für das Fleisch des Yid-kyi gdang-ba werden Khug-ron rMang-dar und rKyang-ron rNgog-bkra sorgen.

Das Herz der Wut soll gezüchtigt werden,
Des Yak-Stiers sKar-ba Herz soll gezüchtigt werden,
Der Lohn der Güte soll gewonnen werden.

Des älteren Bruders Yid-kyi gdang-ba Lohn soll erlangt werden.« Nach diesen Worten sprach rKyang-ron rNgog-bkra: »Angesichts dessen, daß der ältere Bruder Yid-kyi gdang-pyam,

Als Pferd schnell,
Als Roß großmächtig,

nicht gegen den Yak-Stier sKar-ba ankam, müssen du und ich, da wir auch zusammen

Verfolgend ihn nicht einholen können,
Fliehend nicht entkommen können,
Kämpfend nicht siegen können,
Daher den älteren Bruder nicht durch die jungen rächen,
Wo das Körperblut nicht von der Tiefe getrunken wurde.

Laß uns gehen zum Lande der Äußeren Steppen Drei lDang,

Um den Saft der Langmündigen zu essen
Und das Wasser der Langnackigen zu trinken.«

Auf diese Worte sagte der jüngere Bruder Khug-ron rMang-dar:

»Ein Pferd von geringer Macht,
Ein Roß von geringer Macht

bist du, o rKyang-ron rNgog-bkra. Also ist es hinkünftig so –

Wenn ich lebe, soll ein Land mein sein,
Wenn ich sterbe, soll mein Grab erbaut werden.

Zum Menschenlande sKyi-mthing gehe ich.« Auf diese Rede antwortete rKyang-ron rNgog-bkra:

»Jüngerer Bruder Khug-ron rMang-dar, wenn du zu dem Lande, dem Menschenlande sKyi-mthing gekommen bist und zur Freundschaft mit Menschen berückt worden bist, dann, wenn ein Morgen kommt, wirst du, o Pferd,

Im Munde mit Zaumzeug gesäumt,
Mit Wunden im Munde weinen.
Auf deinem Rücken von einem Sattel bedrängt,
Auf deinem Rücken mit einer Last,
Die Seiten zusammengepreßt
Wirst du darin ein kleinmütig Herz haben.«

Sprach der jüngere Bruder Khug-ron rMang-dar:

»Älterer Bruder rKyang-ron rNgog-bkra, wenn du zum Lande der Äußeren Steppen Drei lDang gehst, dann wirst du geritten von den Sternen hoch oben, mag kein Reiter da sein, wirst du den Rücken mit Vogelbeulen gesprenkelt haben. Mag kein zäumender Mann da sein, wirst du doch von den anklebenden Säften der Wildnis selbstgezäumt sein und mit Wunden an deinem Mund weinen. Mag kein verfolgender Mann da sein, wirst du von dem schnellen Hirsch als Jagdhund verfolgt. Mag kein ergreifender Mann da sein, wirst du vom gewandten Bogenschützen geschossen.« Nach so vielen Worten ging der ältere Bruder rKyang-ron rNgog-bkra zum Lande der Äußeren Steppen Drei lDang. Nicht gab es

Vom Saft der Langmündigen zu essen,
Vom Wasser der Langnackigen zu trinken.

Der jüngere Bruder Khug-ron rMang-dar auf dem Wege zu dem Lande, zum Menschenlande, genannt sKyi-mthing, einem fernen Lande, kam in eine Stadt, eine Erdstadt »die Fahle« mit Namen, vor den Mann rMa-bu lDam-shad. Sprach das Pferd rMang-dar: »Blicke ich auf heute und morgen, hat das Pferd kümmerlichen Verstand, hat das Roß keine langdauernde Absicht. O Mann rMa-bu lDam-shad, wo du Wasser geleitet oder nicht geleitet hast, sind da die Rinnen ganz schmutzig oder nicht schmutzig?« – »Wo die Wasser geleitet wurden, sind sie ganz schmutzig.« – »Wenn ich dann auf heute und morgen schaue, während der hundert Jahre einer Lebenszeit, will ich dich weit tragen.« Nach diesen Worten trafen der Mann rMa-bu lDam-shad und das Pferd rMang-dar eine Übereinkunft über die Nahrungsmenge. Maulesel und Pferd wurden in verschiedenem Rang eingestuft, niederer und höherer Rang festgesetzt – – – –. Als Frist und Vereinbarung geklärt waren, wurde festgesetzt, daß des Tages Hitze Ruhe vom Kämpfen bedeuten solle, daß das Pferd lebendig weit tragen und sterbend einen Ersatz geben solle. Das Pferd Khug-ron rMang-dar, vom Manne rMa-bu lDam-shad geritten, wurde stolz, als wäre es ein reißender Tiger, ein reißender Leopard geworden.

Als der Reiter, gebietend über seinen Diener, am Tor des Landes der »Äußeren Steppen Acht Hochländer« ankam, sprach der jüngere Bruder Khug-ron rMang-dar: »Da ich mich vor einem älteren schäme, da ich mich vor rKyang-ron rNgog-bkra schäme, bedecke des Pferdes Gesicht, bedecke des Rosses Gesicht!« Als der Mann rMa-bu lDam-shad des Pferdes Gesicht bedeckt hatte, des Rosses Gesicht bedeckt hatte, kamen sie zum Lande der Distrikte des Nordens, und dort trafen sie den Vater Yak-Stier sKar-ba. Der Mann rMa-bu lDam-shad

Nahm den Haarring in den Griff,
Lockerte die weiße Schlinge zum Werfen.
Zuerst als er sie auslaufen ließ, auslaufen ließ,
Zog sie der Yak-Stier sKar-ba lang.
Dann, als er folgte, folgte,
Folgte der jüngere Bruder Khug-ron rMang-dar.
Der Mann rMa-bu lDam-shad
Zog das Netz zusammen, wo es gut war,

Und schleuderte die rote Flagge hoch.
Rechtshin raste der Futterkauer,
Als der Speer nach links kam.
Linkshin raste der Futterkauer,
Als der Speer nach rechts kam.

Yak-Stier sKar-ba wurde dort erschlagen.

Sprach der jüngere Bruder Khug-ron rMang-dar:
»Des älteren Bruders Güte ist vergolten,
Des Yid-kyi gdang-pyam Güte ist vergolten.
Das Herz der Wut ist gezüchtigt.
Des Yak-Stiers sKar-ba Wutherz ist gezüchtigt.
Des älteren Pferde-Bruders Fleisch wurde vom jüngern gerächt.
Das Körperblut wurde von der Tiefe getrunken,
Das Nackenfleisch vom Nacken geliebkost.
Nun laß des Yaks Fleisch zu den Göttern gehen,
Laß die Yak-Haut zu nützlichen Dingen zerschnitten werden,
Und der Yak-Schwanz als Troddel
An die Mähne des Khug-ron rMang-dar gebunden werden:
So ist das Herz der Wut gezüchtigt
Und der Lohn der Güte erlangt.«

5. *Kesars Jugend*

Als der Göttersohn Dongrub gestorben war, verwandelte er sich in Hagel und kam im Lande gLing nieder. Dort wurde er der Gogzalhamo geboren. Obgleich er der hohe König vom Lande gLing war, wurde er in geringer Gestalt geboren. Sein Mund war groß wie ein Brunnen und die Augen schwarz und häßlich. Auf dem Kopfkissen der Mutter war etwas schlechtes Mehl. Das Kind stand plötzlich auf, ging und aß von dem Mehl. Die Mutter sagte: »Da nimmt er sich keine Zeit zum Wachsen und ißt Mehl!« Sie zog ihm ein Stück Eselssacktuch an, band einen Ziegenhaarstrick darum und legte einen Stein darauf. Denn die Mutter schämte sich wegen der geringen Gestalt des Kindes. Zur selben Zeit verwandelte sich die Göttin bKurdmanmo aus dem Götterreich in die Mutter dKarthigmo und ging, Gogzalhamo eine Suppe zu bereiten. Die Mutter dKarthigmo sagte: »Ei, Gogzalhamo, was ist dir denn geboren?« Gogzalhamo sprach: »Was mir geboren ist oder nicht, von alldem ist nichts mehr übrig. Es wurde mit häßlichen schwarzen Augen und einem Munde wie ein Brunnen geboren, und ohne sich Zeit zum Wachsen zu nehmen, aß es Mehl. Ich habe ihm ein Stück Eselssacktuch angezogen und einen Stein darauf gelegt. Dort ist es unter dem Stein!« Mutter dKarthigmo holte das Kind unter dem Stein hervor, und das Kind sagte:

»Gütiger bist du als Wasser, o Frau dKarthigmo, nun höre!
Gütiger auch als die Mutter, o Frau dKarthigmo, nun höre!
Menschlicher Weise nach füllt man mit Butterbrei eine Schale.
Gogzalhamo jedoch warf mir Buchweizen hin.
Menschlicher Weise nach steckt man das Kind in den Kindssack,
Gogzalhamo jedoch tat mir ein Sacktuch um.
Ein Sohn ist der Mutter geboren! sagt er.
Ein Sohn ist der Gogza geboren! sagt er,
Und weiße Bänder weht er hinauf zum Himmel.
Ein Sohn ist der Mutter geboren! sagt er.
Ein Sohn ist der Gogza geboren! sagt er,
Und rote Bänder weht er über die Erde.

Ein Sohn ist der Mutter geboren! sagt er.
Ein Sohn ist der Gogza geboren! sagt er,
Und blaue Bänder weht er hinab zu den Wassern.«

Indem es so fortging, hörte Agu Khromo, daß Gogzalhamo der Götterkönig Kesar geboren sei. Deshalb sagte er zu sieben Priestern des Ostens: »In jener Hütte ist ein Kind. Wenn ihr das Kind töten könnt, will ich euch die Hälfte meines Schlosses und Landes geben.« Da verkleideten sich die Priester des Ostens zu Bettlern und gingen zu Gogzalhamo's Hütte. Gogzalhamo dachte: »Diese sieben Leute sind Bettler«, füllte ihnen einen goldenen und einen silbernen Teller und brachte ihn hinaus. Die sieben geistlichen Bettler sagten: »Wir brauchen weder einen goldenen noch einen silbernen Teller. Gib uns das Kind! Wir wollen es Religion lehren!« Da gab ihnen Gogzalhamo das Kind. Dann kam Mutter dKarthigmo und rief: »Gogzalhamo, wohin hast du das Kind gegeben?« Gogzalhamo antwortete: »Sieben Priester, welche sagten, ›wir wollen es Religion lehren‹, haben es fortgetragen!« Da sprach Mutter dKarthigmo: »Wie konntest du das Kind fortgeben?«, und Gogzalhamo lief, das Kind zurückzunehmen, bis sie die sieben Bettler traf. Die Bettler hatten das Kind an Armen und Beinen mit Ketten gebunden, Feuer auf sein Herz gelegt und gossen ihm kochendes Wasser in den Mund. Als die Mutter das sah, ging sie vor die sieben Bettler und rief: »Gebt mir mein Kind!« Das Kind sagte:

»Vierfach liege ich hier nicht gebunden,
Zeichen ist's: vier Feinde werden fallen!
Auf dem Herzen fühl ich keine Flamme,
Zeichen ist's von flammenlohndem Glücke!
Heißes Wasser fühl ich nicht am Haupte,
Zeichen ist's von Tee, Bier, Milch zu kommen!«

So singend sagte das Kind: »Hung eins, hung zwei!«, zerbrach die Ketten und lief zur Mutter. Da trug Gogzalhamo das Kind nach Hause. Die sieben Priester des Ostens aber verwandelten sich in Käfer und fraßen die Asche des Feuers auf.

Als dann Agu Khromo wußte, daß das Kind noch nicht besiegt war, sagte er: »Ich werde selbst gehen«, kam und fragte Gogzalhamo: »Wo ist das Kind? Ist es groß geworden?« Das Kind sagte: »Lieber Agu, ich bin hier!«, worauf Khromo das Kind aus dem Bett holte und forttrug. Es war dort ein Felsen von Gift. Auf den wollte er das Kind werfen. Aber obgleich Agu Khromo das Kind herumwirbeln konnte, auf den Felsen konnte er es nicht werfen. Das Kind sagte: »Schwing mich nur herum, lieber Agu! Wirf mich nur hin!« Der Agu sprach: »Ich bin müde, ich kann nicht mehr!« Worauf das Kind rief: »Nun ist des Agus Zeit des Herumwirbelns vorbei, nun bin ich daran!«, so sagend, warf es den Agu auf den giftigen Felsen. Weil der Felsen von feurigem Gift war, wurde Khromo eine Seite des Körpers verbrannt.

Eines Tages gingen Agu dPalle, Agu dGani und Agu Khromo zusammen auf die Jagd und töteten einen wilden Yak. An den Ort des Tötens kam auch das Kind. Die Agus sagten: »Geh, trage ein ganzes Bein auf einmal zu deiner Mutter!« Das Kind biß die Zähne in eine Sehne des Beines, trug es fort, gab es der Mutter und kam wieder. Dann sagten die Agus: »Bring auch die ganzen Eingeweide und das Innere zur Mutter!« und schickten es fort. Das Kind wickelte alles in sein Hüftentuch, biß mit den Zähnen in das obere Ende der Eingeweide und trug es zum Haus der Mutter. Dann kam es wieder. Agu Khromo wurde zornig, warf mit dem Schürstock und traf das Kind an das Muttermal hinten am Halse, so daß es ohnmächtig zur Erde fiel. Da sagte Agu dPalle zu Khromo: »Er ist auch ein Mitglied unserer Vaterbrüder. Sie werden ihn an dir rächen!« Da fürchtete sich Agu Khromo und sprach zum Kind: »Hör, Gassenjunge, steh auf, bitte! Ich will dir die Hauptfurt von hundert Furten schenken.« Das Kind fragte: »Willst du sie geben, lieber Agu?« und stand auf. Als das Gassenkind die Hauptfurt von hundert Furten erhalten hatte, erlaubte es niemand, darauf zu gehen. Als eines Tages Agu Khromo auf jener Hauptfurt durch das Wasser kam, rief das Gassenkind: »Wer kommt dort durch das Wasser?« und warf Khromo mit einem Stein. Agu Khromo sagte: »Au, ich bin es«, und das Kind rief lachend: »Warum hast du denn das nicht eher gesagt, lieber Agu?« Der Gassenjunge wurde sehr mächtig. Wenn man ihm nichts vom Trauermahl gab, ließ er keinen Leichenzug vorbei, und wenn man ihm nichts vom Hochzeitsmahl gab, ließ er keinen Hochzeitszug vorüber. Alles das trug er davon und gab es Gogzalhamo.

6. Kesar und der Nordriese

Kesar und sein Pferd reisten durch ein schwarzes Tal und über eine schwarze Ebene und sahen auf einem schwarzen Passe einen großen schwarzen Altar stehen. Weil Kesar glaubte, dies wäre der Altar des Teufelskönigs, zerstörte er alles von Grund aus. Die Trümmer warf er ins Wasser, den Staub gab er den Winden und ließ keine Spur davon übrig.

Dort weidete ein Ziegenhirte des Teufelskönigs in den dies- und jenseitigen Tälern seine Herde. Der König suchte aus all den Schaf- und Ziegenherden die Himmelsschafe heraus, faßte sie, trug sie herbei und tötete sie. Die Felle stopfte er aus und band sie mit einem Ziegenhaarstrick zusammen. Darauf fragte der König den Hirten nach allem, was den Teufel betraf; doch sagte dieser: »Wer bist du, was bist du?« und sprach nicht die Wahrheit. Da rief der König: »Woher hast du denn diese Himmelsziegen?«, faßte den Hirten beim Kragen und schlug ihn mit der rechten Hand dreimal auf den Backen. »O gnädiger König, ich wußte nicht, daß Ihr Kesar, der Götterkönig von gLing, seid! Bitte, schafft mir Erlösung in diesem und jenem Leben! Ich will Euch auch alles sagen, was den Teufel betrifft! Gegenwärtig ist der Teufel zum Ausspüren nach Westen gegangen. Die Dzemo 'bamza 'bumskyid sitzt in einem eisernen Käfig gefangen. Wenn Ihr nun dorthin geht, werdet Ihr in den Ost-, Süd-, West- und Nordtoren des Teufelsschlosses lauter tote Riesen sehen, welche ausgestopft sind. Sie sind auf Pferde und Elefanten gesetzt und mit Schwert und Flinte versehen. Sie sind aber alle leer; darum fürchtet Euch nicht!«, so sagend belehrte er ihn. Indem der König vorwärts ging, fürchtete er sich doch. Es war, als würde ihm das Leben genommen. Er schoß im Gehen Pfeile ab, und hier und dort wirbelte Staub auf.

Dann ging der König vorwärts und öffnete der Reihe nach neun Tore. Das innerste Haupttor war von Gold. Als er dasselbe öffnete, sah er die Dzemo 'bamza 'bumskyid in einem eisernen Käfig sitzen. Die Dzemo sagte: »Wer bist du?

Verirrter Mann, dies ist ein Riesennest!
Verirrter Knab', dies ist ein Riesennest!

Wie willst du wieder hier herauskommen?« – »Ich bin Kesar, der Götterkönig von gLing! Komm du nur heraus!«, indem er so sagte, holte er sie aus dem eisernen Käfig hervor, und deshalb bezeigte die Dzemo dem Götterkönig viel Liebe, Ehrfurcht und Dienstfertigkeit. Als ungefähr 15 oder 20 Tage vergangen waren, kam erst ein starker Wind; und dann zitterte und bebte der ganze Ort. Deshalb fürchtete sich Kesar und rief: »Was ist das? Was höre ich? Sag mir's, Dzemo!« Die Dzemo antwortete: »Der König selbst kehrt jetzt um nach Hause!« – »Wo sollen wir beide, Mann und Pferd, dann bleiben?« – »Er wird noch vor zehn bis fünfzehn Tagen nicht ankommen! Macht Euch keine Sorge!« sagte sie. Als etwa zehn Tage vergangen waren, kam noch mehr Wind und Erdbeben als jenes Mal, so daß sich Kesar fürchtete und fragte: »Was ist jetzt los?« – »Jetzt hat er die Hälfte des Weges zurückgelegt!« antwortete sie. Dann holte die Dzemo aus ihrer rechten Tasche sieben Knöchelchen und aus der linken sieben Muschelchen. Nun sagte sie: »Haha, huhu, hrum hrum« und verwandelte die Knöchelchen in sieben Jünglinge, die Muschelchen aber in sieben Jungfrauen. Dann ließ sie zwei Löcher von achtzehn und neunzehn Klafter Tiefe graben und steckte beide, König und Pferd, da hinein.

Darauf erschien der König Curulugu (der Teufel) und sagte: »Dzemo!

Ich rieche Menschenfleisch,
Ich rieche Pferdefleisch!«

Die Dzemo gab die folgende Antwort: »Da kommt der König her und trägt auf der rechten Schulter hundert Pferdekadaver und auf der linken hundert Menschenleichen, während er noch an einem achtjährigen Kinde kaut. Wie soll ich denn aus dem eisernen Käfig heraus einen Menschen oder ein Pferd sehen?« Der Teufel sprach: »Dann hole mir mein Buch! Halte es nicht unter den Leib, sondern opfere Weihrauch und bringe es auf dem Kopfe tragend her!« Die Dzemo ging, hielt das Buch unter den Leib, trat darauf, zündete Hundemist als Weihrauch an und brachte es. Aus dem Buch heraus sagte es: »Der Götterkönig Kesar von gLing, der Mann mit dem Pferd, ist gekommen und sitzt neun Rimpa tief unter einem See und drei Bergen!« Der See und die Berge sind ein Gleichnis für das Wasser des Kupferkessels und die drei Herdsteine. »Das Buch weiß es nicht!« sagte der Teufel und warf es ins Feuer. Als die Hälfte verbrannt war, holte es die Dzemo wieder heraus und sprach: »Es könnte uns doch noch einmal nötig sein!«

Dann rief der Riese: »Dzemo, jetzt bin ich hungrig! Bereite das Essen!« Daher richtete die Dzemo hundert Scheffel Mehl zu, zerstückelte hundert tote Pferde, Esel und Menschen, machte eine Sauce und gab ihm das alles. »Dzemo, jetzt will ich schlafen!« – »Schon gut«, sagte sie und machte Kopfkissen und Teppich zurecht. Er fragte: »Soll ich nur ein klein wenig wie die Vögel, oder soll ich ordentlich fest schlafen?« Darauf erwiderte Dzemo: Wenn man auf der Reise ist, soll man nur ein klein wenig wie die Vögel schlafen; da ihr jetzt im eigenen Hause angekommen seid, schlaft nur fest!« – »Dzemo, wieviel Wahrheit ist eben geäußert worden!« Dann schlief er ein. Wenn er ordentlich fest schlief, wachte er wohl vor einem Jahr nicht wieder auf. Als er nun schlief, schnarchte er laut. Aber die Dzemo holte wie vorher die sieben Knöchelchen und sieben Muschelchen hervor, stellte den Kupferkessel und die Herdsteine beiseite und ließ den Götterkönig, Mann und Pferd, wieder ausgraben. Der Teufel schnarchte, und wenn er die Luft ausstieß, wurde der Götterkönig, Mann und Pferd, an die Wand gedrückt: wenn er dagegen den Atem einzog, flogen beide, Pferd und Mann, vor die Nasenlöcher. Da fürchtete sich der Götterkönig und konnte nichts tun. Die Dzemo aber ritt auf dem Pferd rKyang rgod dbyerpa, und obgleich sie mehrmals auf dem Körper des Teufels hin und her jagte, gab dieser durch kein Zeichen zu erkennen, daß er etwas merkte. Da faßte der Götterkönig Kesar Mut und jagte auch zwei- oder dreimal, auf rKyang rgod dbyerpa reitend, auf dem Teufel herum.

Der Teufel hatte neun Leben. Dieselben schnitt ihm Kesar alle einzeln der Reihe nach ab. Erst schnitt er die Nase ab, dann brach er die beiden großen Eckzähne aus; darauf schnitt er die rechte sowohl wie die linke Hand ab. Als er beide Augen herausriß, sagte der Teufel: »Wer bist du?« regte sich ein wenig und legte sich auf die andere Seite. »Ich bin dPalle rgodpo!« – »Oh, von dPalle rgodpo's Hand werde ich nicht sterben!« sagte der Teufel. Und als Kesar die Zunge herausschnitt, rief er: »Au weh, wer bist du?« – »Ich bin dGani mgonpo von gLing!« – »Oh, von seiner Hand sterbe ich nicht!« Als dann beide Ohren abgeschnitten wurden, rief der Teufel: »Au weh, wer bist du?« – »Ich bin sDangma spyang khra von gLing!« – »Oh, durch deine Hand werde ich auch nicht sterben!« Darauf sprach der Götterkönig Kesar:

»sKyer rdzong snyanpo, o göttlicher Vater, Preis dir!
bKur dman rgyalmo, o göttliche Mutter, Preis dir!
Schickt mir doch neun der mit mir geborenen Götter!
Heute kommt mir zu Hilfe, ihr Hochverehrten!
Meinem sehnlichsten Wunsche, gebt ihm Gelingen!«

Als er so gesprochen hatte, erhob er das steinerne Schwert, um des Teufels Kehle zu durchschneiden. Da kam Ane bkur dman, die Götterkönigin, und rief:

»Der Weise ist ohne Weisheit!
Der Kluge ist ohne Klugheit!

Alle deine Gedanken sind zerrüttet! o Götterkönig Kesar! Töte den Teufel nicht mit dem steinernen Schwert! Eile herbei mit dem Messer ›Dreifingerlang‹ für den Sündigen!« Da eilte er mit dem Messer »Dreifingerlang für die Sündigen«

herbei, und der Teufel sprach: »Bist du der Götterkönig Kesar von gLing? Von deiner Hand muß ich sterben! Mich trifft dies Jahr das Feuer, dich trifft das Wasser! Deiner Hand bin ich unterlegen!« Damit starb er. Dann warf Kesar die Stücke des Teufels ins Wasser, den Staub gab er den Winden und ließ keine Spur von ihm übrig.

7. Die Höllenfahrt der Ling-sa-schos-kyid

Ich, Schoskyid, will hiermit die Leiden beim Scheiden von Leib und Seele, den Lohn der Tugend, die Strafe der Sünde, sowie die Qualen der Hölle beschreiben und die Botschaft des Fürsten der Unterwelt ausrichten.

Schon sechzehn Tage lang plagte mich eine böse Krankheit. Man warf das Los über mich, man gab mir Medizinen, Opfer wurden für mich dargebracht, nichts wollte anschlagen, es wurde mit meiner Krankheit nur immer schlimmer; mit mir ging es zum Sterben.

Ich rief Vater und Kinder an mein Lager und sprach zu ihnen:

»Hört drei Worte meines letzten Willens: Ich habe bei meinem Scheiden keine guten Werke aufzuweisen, aber viele Sünden; darum gebt ein Drittel meines Besitzes für mein Gewa. Von meinen Schmucksachen (Türkisen und Korallen) soll meine Tochter die Hälfte erhalten, die andere Hälfte aber soll für mein Heil verwendet werden. Gebt das Gewa ohne Geiz und Sünde, damit es mir als Verdienst angerechnet werde. Du, Vater, und ihr, Söhne, widmet euch am besten dem Priesterstande. Jedenfalls hütet euch vor der Sünde; sonst werdet ihr beim Scheiden aus diesem Leben bittere Reue empfinden. Strebet der Tugend und guten Werken nach.«

Danach war mir, als ob ich in einem unabsehbaren Ozean hin und her getrieben würde; dann wieder, als sei die Erde mit Feuer erfüllt. Laute Stimmen hörte ich erschallen und gewaltige Donner rollen. Mich ergriff ein Schmerz, als ob alle meine Gelenke auseinander gerissen würden, es ging hinunter mit mir in die finstere Tiefe. Dann entschwand mir das Bewußtsein, es war mir, als ob ich einen Friedenskuß erhalten hätte.

Da rief vom Eingang des Zeltes ein Mensch: »Schoskyid, komm hierher.« Als ich hinging und genauer zusah, war es mein Vater. Er sprach: »Folge mir, ich habe dir etwas zu zeigen, du magst dann bald wieder zurückkehren.«

Ich folgte ihm gern, und bald befand ich mich auf einem breiten Wege, der führte zu einer großen Sandwüste; diese zu durchwandern dünkte mich für einen schnellen Reiter 20 Tagereisen in der Länge zu sein. In der Mitte derselben floß ein Strom, überall gleichmäßig einen Pfeilschuß breit. Darüber führte eine Brücke. Auf dieser Seite am Abhang der Berge war eine sehr große Stadt gelegen. Dorthin führte er mich und schied von mir mit den Worten: »Sieh, ob du hier einige Bekannte findest.«

»Wie heißt diese Stadt?« fragte ich einen Mann. »Warum geht es denn den meisten Leuten hier so schlecht? Bist du jenseits der Brücke gewesen? Wer wohnt dort?«

Auf alle diese Fragen antwortete er: »Dies ist die Unterwelt, das Zwischenreich, in dem die Toten sich aufhalten. Hier müssen etliche einen Zeitraum von 49 Tagen verweilen, andere, bis ihre Zeit und Arbeit erfüllt ist, 10, 15, 20, 30 Jahre. Die wohlaussehenden und gutgekleideten Leute haben in ihrem früheren Leben Gott in der Höhe Opfer dargebracht, auf Erden den Armen Almosen gegeben, den Priestern geglaubt, sind der Religion treu gewesen und haben viel Segen gestiftet. Nun erhalten sie es für ihre guten Werke hundert- und tausendfältig zurück und leben in großer Glückseligkeit. Die übelaussehenden dagegen haben in ihrer Zeit auf Erden keine Guttaten erfüllt. Wenn auch die Ihrigen bei ihrem Ableben Gewa gestiftet haben, so ist ihr Guthaben an Segen und Gebeten doch so gering, daß sie lange Zeit hier bleiben müssen, ehe sie die Brücke überschreiten dürfen. Jenseits derselben wohnt der Fürst des Totenreichs mit seinen Dienern, der die Tugend und Sünde abwägt. Wer zu seiner Lebenszeit so viele gute Werke gehäuft hat, daß von seiner Sünde nichts übrigbleibt, der wird nach oben befreit und in den Himmel gesandt. Wer aber, um seine Sünden zu tilgen, keinen Vorrat an Tugend darbringen kann, muß im Feuer der Läuterung unsägliche Qualen leiden. Als ich hierher gelangte, dachte ich: Wie wird es mir ergehen? und solche Gedanken quälten mich Tag und Nacht. Einmal bin ich jenseits der Brücke gewesen, da hieß es: ›Deine Zeit ist noch nicht erfüllt, du darfst hier noch nicht erscheinen; gehe zurück!‹ und so erwarte ich noch meine Zeit. Geht ihr jetzt, Herrin, und erfahrt, was der Totenfürst euch zu sagen hat.«

Ich folgte einer Stimme, die mich rief, und trat durch einen Eingang hinter eine hohe Mauer. Dort thronte auf einem goldenen Stuhl unter einem Baldachin von köstlicher Seide der Fürst des Totenreichs, angetan mit purpurnem Staatsgewand, auf dem Haupte eine Krone tragend. Die Hände hielt er in der Stellung der Meditation (die linke den Ellbogen der rechten stützend, diese das Kinn). Vor ihm waren die verschiedensten Opfergaben ausgebreitet. Zu seiner Rechten stand ein Wesen mit Menschenleib und Ochsenkopf, in der Hand einen Spiegel haltend, der zur Linken aber hatte einen Affenkopf und hielt einen langen eisernen Maßstab in seiner Hand. Ein Dritter mit einem Moschustierkopf saß als

Schreiber vor ihm. – Außerdem umgaben den Fürsten Diener und Gesandte in großer Zahl mit schrecklichen Tierköpfen, ihre Augen wie Sonne und Mond. In ihren Händen schwangen sie Waffen, wie Speere, Schwerter, Pfeil und Bogen, Äxte, Stemmeisen, eiserne Hacken, Sägen, große Eisenhämmer, Schlingen usw. Sie schrien: »Gyob, gyob (schlag zu), song, song (geh, geh)«, pfiffen und riefen: »Ha, ha, hum, hum«, sprangen und tanzten herum, das zu sehen und zu hören eine große Furcht und unbeschreibliche Angst mich befiel.

Etwa dreihundert Männer und Weiber standen im Vordergrund, erwartend, daß man ihre guten Werke und Sünden prüfen würde. Unter ihnen waren auch solche von großem Ansehen, in Filz und kostbares Pelzwerk gekleidet, die Rosenkränze beteten und Gebetsmühlen in ihren Händen drehten. An einen von ihnen richtete der Totenfürst Schosgyal die Frage:

»Was hast du getan, als du noch im Lande der Menschen wohntest, um zur Sanggyaswürde ins Nirvana zu gelangen, an Opfern, im Lesen heiliger Religionsbücher, im Dienen und Geben an die Priesterschaft, im Wohlverhalten gegen deine Eltern, in Almosen an die Armen, in Gebetsübungen, im Verhelfen zur Erlösung der Geschöpfe? Wie hast du mit deinen drei Kräften den niedrigeren Mitgeschöpfen in guten Werken gedient? Wie hast du nach Ort und Zeit Göttern und Menschen genützt, daß sie in die Reiche der Seligen kommen? Über das alles gib Bericht!

Und was hast du alles getan, um dich von deinen Übeltaten zu reinigen, an Pilgerfahrten und Fasten? Was hast du dir für religiöse Pönitenzen aufgelegt? Wie steht es mit deinen Sünden, welche die Ursache wären, daß du an dem Ort der Pretas und Höllenbewohner Pein leiden müßtest? Hast du Vater- oder Muttermord begangen? Hast du unter der

Priesterschaft Zwietracht erregt, heilige Stätten entweiht, fromme Leute in ihrer Andacht gestört oder verführt? Hast du religiöse Bilder, Götter oder heilige Geräte beschädigt, Eide gebrochen, Priester oder deine eigenen Genossen beleidigt? Bist du gar selbst von der Religion abgefallen, oder hast du deine Gelübde nicht gehalten? Hast du fromme Pilger beraubt oder sonst irgendwie ihnen Schaden zugefügt, dir etwas angeeignet, was dir nicht freiwillig gegeben wurde? Hast du getötet, deine böse Lust befriedigt? An Wortsünden: hast du gelogen, verleumdet, böse Worte gegeben, unziemliche Reden geführt? An Gedankensünden: hast du schlechte Gesinnung, böse Gedanken, andern Schaden zu tun, Gedanken des Abfalls von der Religion gehegt? Dies alles bekenne der Wahrheit gemäß und verheimliche nichts.«

Der Mensch erwiderte: »Haltet zu Gnaden! Was ich bezüglich meiner guten Werke zu sagen habe, ist dieses: Ich habe der Religion starken Glauben gehalten, den Armen stets Mitleid bewiesen, von klein auf die Gebetsmühle gedreht. Ich hegte die Absicht, in den Priesterstand zu treten, aber meine Eltern und Verwandten ließen es nicht zu. Ob ich gleich im Hause meine Beschäftigung fand, habe ich doch allen Lamas und Religionslehrern gedient, die in unser Haus kamen, und sie mit dem, was ihnen nötig war, versorgt. Um sonst viel nach Religion und Belehrung zu fragen, dazu fehlte mir die Zeit. Dem Dschowo in Lhasa eine Kerze zu stiften, habe ich ein Stück Tee, in Form eines Ziegelsteins gepreßt, gesandt. Auch den Klöstern habe ich etwas Tee gegeben. Einen in der Bergeshöhle meditierenden Einsiedler habe ich 20 Jahre lang mit Speise und Trank versorgt, und als er seine Klause verließ, habe ich ihm ein Kleid gegeben. Ich habe, um ein heiliges Buch zu erwerben, $1^1/_{10}$ Unze Gold, ein Pferd und ein Stück Tee gezahlt. Den Eltern habe ich rechtschaffen gedient und sie im Alter wohl versorgt. Bei meinem Tode hatte ich nichts zu bereuen. Unter den Menschen hatte ich keine Feinde, habe auch niemand Schaden zugefügt. Stehlen, Rauben und Plündern war mir fremd. Seit meinem dreizehnten Jahre habe ich meine täglichen Gebete verrichtet und im Drehen der Gebetsmühle bin ich stets eifrig gewesen. Von dem Fleisch der zum Opfer getöteten Tiere habe ich gegessen. Wenn das als Sünde gerechnet werden sollte! Ich selbst habe kein Wesen getötet. Dies ist alles, was ich an Tugenden und Sünden zu bekennen habe.« Der Schosgyal antwortete: »Vergleicht mit dem, was er gesagt hat, die Berichte des Buches und des Spiegels, ob es Wahrheit oder Lüge ist.«

Nachdem Moschustier und Affe in Buch und Spiegel geforscht hatten, lautete ihr Bescheid:

»Er hat zweimal gefastet und einmal ein religiöses Fest gegeben. Die Gebetsmühle hat er fleißig gedreht; auch was er sonst zugunsten seiner guten Werke ausgesagt hat, ist der Wahrheit gemäß. Auf seiten seiner Sünden ist zu zählen: Er hat mit zwei Genossen einen großen Yak gestohlen, dann haben sie gewürfelt, wer von ihnen den Yak schlachten solle. Das Los hat ihn getroffen, und er hat das Tier getötet.«

Darauf erschien ein weißer Mann und sagte:

»Dieser Mensch hat unzählige gute Werke angehäuft, nicht ein Körnchen Sünde kann ihm angerechnet werden. Das Maß seiner Tugenden beträgt so viel!« und damit häufte er einen ganzen Berg kleiner weißer Steine auf.

Alsbald trat ein schwarzer Mann herzu und rief:

»Er hat zeit seines Lebens Sünden die Menge begangen und kann darum nicht zur Seligkeit der Götter und Menschen gelangen, für ihn gibt es außer der Hölle keinen Ort. So viel sind seiner Sünden.« Er schüttete ein Maß schwarzer Steinchen aus.

Die schwarzen und die weißen Steine wurden auf der Waage gewogen, aber seine Tugenden erwiesen sich als schwerer als seine Sünden, so daß er durch die Macht seiner guten Werke von den Sünden gereinigt ward.

Nun folgte das Urteil des Fürsten: »Daß du einen Menschenleib erhalten hattest, war dir von Nutzen gewesen. Wer den Weg der Religion wandelt, steigt zur erhabenen Lehre auf. Verfolge jetzt diesen goldgefleckten Weg.« Im Weggehen rief der Mensch: »Wohl! Sollte jemand von hier in das Land der Menschen zurückkehren, so sage er ihnen: Trachtet nach guten Werken und hütet euch vor der Sünde; dann werdet ihr vor aller Pein bewahrt und geht hinauf zum Himmel.«

Ein anderer Mann trat herzu und bekannte: »Meine guten Werke und Sünden gewissenhaft abzuschätzen verstehe ich nicht. An Geld und Gut besaß ich nicht mehr, als daß ich von der Hand in den Mund leben konnte. Mein Weib war auch nur wenig fromm. Außer der gesetzmäßigen Taxe hatte ich wenig zu geben. Die Lamas habe ich einige Male um Segen angefleht. Wenn fromme Pilger an die Tür klopften, ließ mein Weib es nicht zu, daß ich ihnen Almosen reichte.

Auf der Sündenseite habe ich zu beichten: Ich habe etwa 20 Fische und im Hause etwa 20 Hühner, Schweine, Ziegen und Schafe getötet. Unter meinen Mitmenschen habe ich zwei beraubt. Jetzt ist meine Reue zu spät.«

Er schlug an seine Brust, und vor Furcht überfiel ihn ein Zittern am ganzen Leibe. Die Waffenträger des Fürsten gaben ihrer Schadenfreude Ausdruck, indem sie riefen: »Ha, ha, hum, hum«, pfiffen und umhersprangen. Auch mich packte eine große Furcht.

»Nach dem, was er sagt«, sprach der Schosgyal, »ist seine Tugend nicht groß; forschet, ob es sich mit seinen Sünden in Wahrheit so verhält.«

»Ha, ha«, hieß es, »du kannst dich nicht von deinen Sünden reinigen. Fische hast du ein ganzes Faß voll getötet. 29 Hühner, 50 große und kleine Schweine, 43 Ziegen und Schafe, 6 Ochsen hast du umgebracht! Auf den Bergen hast du mehr Wild erlegt, als Ameisen in einem Haufen zu finden sind; sieh selbst im Spiegel nach und überzeuge dich. Vier fromme Pilger hast du beraubt.«

»Ja«, sagte der Fürst, »du hast nur Übles getan. Über den zeitlichen Gütern, Essen, Trinken und Kleidung, hast du verdorbenen Herzens das Geistliche vergessen und dein eigen Wohl nicht erkannt. Tiere töten, fromme Pilger und Priester berauben sind große und schwere Sünden. Führt ihn in die heißen und kalten Höllen, und weil er von Sünde und Raub gelebt hat, schüttet in seinen Mund feurige Kohlen und geschmolzenes Erz.«

Seine weißen Steinchen betrugen nur ein Maß, von schwarzen dagegen war ein ganzer Berg aufgehäuft.

Ihm wurde eine Schlinge über den Kopf geworfen, andere ergriffen ihn mit eisernen Haken an der Brust, und so zerrten sie ihn hinweg in die eiserne Folterkammer.

An seine Stelle trat ein Mongole, der einen Medizinbeutel trug.

»Ich bin auf Erden ein berühmter Arzt gewesen, hatte auch nennenswerte Besitztümer zu eigen. An guten Werken habe ich aufzuzählen: Ich habe ein Dorshod in Gold schreiben und dasselbe elftausendmal lesen lassen. Den Schreibern und Lesern habe ich eine Yak-Kuh, einen Yak-Ochsen, einen Helm, ein Schwert und eineinhalb Zentner Getreide gegeben. Zum Besten der Religion: zwei Panzer, drei Pferde, siebzehn Yaks und zwei Felder; dafür habe ich Gebete lesen lassen. Wer an meine Tür klopfte, ist nicht, ohne Almosen empfangen zu haben, wieder fortgegangen. Meine Morgen-

und Abendgebete habe ich nicht einmal ausfallen lassen. Von dem, was mir durch meine ärztliche Tätigkeit zufloß, habe ich nichts durch Wohlleben vergeudet, sondern viele Bedürftige damit unterstützt. Wenn man mich an Krankenbetten rief, habe ich meist die Betreffenden geheilt. Jedenfalls habe ich stets gewünscht, daß die Kranken nicht sterben, sondern bald genesen möchten. Schädliche Medizinen habe ich nie verabreicht. Bei meinem Tode haben mein Weib und meine Kinder ein großes Gewa gegeben. Ich habe kein lebendes Wesen getötet, die Haustiere habe ich mit Liebe gepflegt.«

Als man in den Spiegel und das Buch blickte, hatte es mit den guten Werken seine Richtigkeit. Im Sündenregister hieß es jedoch:

»Da ist ein Mann namens Schotar. Als du ihn in seiner Krankheit behandeltest, hegtest du böse Gelüste nach seinem Reichtum, reichtest ihm schädliche Mittel und verhindertest acht Monate lang seine Genesung, um sein Geld an dich zu bringen. In deinem Hause sind 175 Stück Yaks und Schafe geschlachtet worden.«

An seinen Steinchen waren die weißen der Zahl nach mehr, aber auf der Waage wogen die schwarzen schwerer.

Der Schosgyal urteilte: »Wenn du nicht die schädliche Medizin gegeben hättest, würdest du einen Götterleib erhalten haben. Nun aber bringt ihn in den siedenden Giftsee; und wie er Gift verabreicht hat, gießt ihm für eine kleine Weile kochendes Giftwasser in den Mund und schlagt ihm tausend Eisennägel in den Leib. Wenn er dann von allen Flecken gereinigt ist, seine Tugenden schwer, seine Sünden leicht wiegen, laßt ihn hinauf.«

Ihn mit eisernen Haken an der Brust ergreifend, zerrten sie ihn unter dem Geschrei: »Song, song, gyob, gyob« hinweg. Er aber rief noch im Scheiden:

»Wenn jemand wieder auf die Oberwelt gelangen sollte, so sage er den Ärzten, daß sie keine schädlichen Mittel verschreiben, damit sie einst nicht auch so große Qualen zu erdulden haben.«

Alle, die vor mir an diesen Ort gekommen waren, waren nun abgetan. Ich dachte: »Nun kommt die Reihe an mich.« Es befiel mich ein großes Zittern und Zagen.

Da sprach der Fürst: »Führt dieses Weib hierher«; er redete mich an und sprach: »Schoskyid, du bist in das Totenreich gekommen, um genau zu erfahren, wie die Sünden und Tugenden der Menschen gezählt und gerichtet werden. Geh nun und schaue den Ort der Pein und dann komme wieder hierher« ...

Der mich führte (einer mit einem Tigerkopf), sprach zu mir: »Wir dürfen hier nicht länger verweilen, komm!«

So gelangte ich wieder vor den Fürsten der Unterwelt. Dieser redete mich an:

»Deine Zeit ist noch nicht erfüllt. In deinem Namen und Geschlecht hat man sich geirrt, und du bist irrtümlicherweise hierher geführt worden. Die Hülle deiner Seele ruht noch auf deinem Bette. Im Buch und Spiegel sind von dir keine guten Werke verzeichnet. Diesmal gehe in dein Haus zurück. Wenn du später wieder hierhergelangst, so siehe zu, daß es dir nicht an guten Werken fehlt und du nichts zu bereuen hast. Den Nutzen der Tugend, die Strafe der Sünde hast du gesehen; gehe und verkündige den Menschen auf Erden meine Botschaft.«

8. Der Stûpa der Gänsehirtin

Vor einem früheren unmeßbaren Weltzeitalter tat der Bodhisattva-Mahâsattva Avalokiteschvara vor dem Buddha Amitâbha das Wunschgebilde, alle Lebewesen aus dem Sumpf des Sansâra zu erlösen. Als er maßlos viele Lebewesen aus dem Ozean des Sansâra befreit hatte, begab er sich in seinen Palast auf dem Gipfel des Berges Potala. Als er in dem Gedanken »Jetzt gibt es kein unerlöstes Lebewesen mehr« Umschau hielt, sah er, daß die Zahl der Wesen sich wieder ergänzt hatte, wie der reichliche Bodensatz eines starken Bieres das Bier wieder ergänzt. Im Gedanken »Ich bin nicht fähig, die Lebewesen aus dem Ozean des Sansâra zu befreien« kamen ihm die Tränen. Er wischte die Tränen mit den beiden Ringfingern ab und spritzte sie umher, indem er das Wunschgebet sprach: »In der Zukunft sollen die beiden Tränen zum Heil der Lebewesen wirken.« Die Tränen verkörperten sich im Lande der 33 Götter als zwei Töchter des Götterkönigs Indra, mit Namen die Göttermädchen Gangma und Gangtschungma. Da aber Gangtschungma himmlische Blumen stahl, wurde dadurch das sehr strikte göttliche Gesetz verletzt und sie stürzte ab zu einer menschlichen Wiederverkörperung. Sie wurde geboren am Orte Maguta in Nepal, als Tochter des Gänsehirten gSal-ba als Vater und der Gänsehirtin Pûrnâ als Mutter und trug selbst den Namen Gänsehirtin Samvarâ. Auch sie widmete sich der Aufzucht von Gänsen. Als sie dann mit vier Männern niederer Kaste geschlafen hatte, gebar sie vier Söhne: zuerst gebar sie einem Pferdehüter einen Sohn, dann einem Schweinehirten, dann einem Hundehüter und schließlich einem Gänsehirten, so daß im ganzen vier Söhne geboren wurden. Als sie darauf die Bezahlung für das Gänsehüten aufhäufte und auch die vier

Söhne im Stande der Haushalter (grihin) reichlich verdienten, und auch weiterhin der Rest des Lohnes aufbewahrt wurde, häufte sich großer Reichtum an. Da faßte die Gänsehirtin folgenden Entschluß: »Nachdem ich genügend Verdienst vom Gänsehüten aufgehäuft habe und auch meine vier Söhne als Haushalter reichlich verdienten und auch die Reste des Lohnes verwahrt wurden, habe ich viel Besitz erlangt. Damit aber dieser für uns alle wirksam wird, soll mein Gelübde auf einen Behälter des Geistes aller Buddhas, als ein Feld der Aufhäufung von religiösem Verdienst für die zahllosen Lebewesen, gerichtet sein. Wenn ich mich also anschicke, einen Tschörten (Stûpa) mit Reliquien des Buddha im Inneren zu errichten, muß ich zuerst dem Mahârâja des Landes die Bitte vortragen, einen Bauplatz zu bekommen.« Sie begab sich zum Mahârâja, verneigte sich, umwandelte ihn, beugte die Knie und bat mit zusammengelegten Händen: »O erhabener Mahârâja, ich arme Frau und Gänsehirtin habe als einzelner Mensch den Lohn des Gänsehütens gespart und auch meine vier Söhne von verschiedenen Vätern haben als Haushalter reichlich verdient. Da wir den Rest des Lohnes gespart haben, habe ich viel Besitz erlangt. Mein Gelübde, ein Feld der Aufhäufung von religiösen Verdiensten für die zahllosen Lebewesen, geht auf einen Behälter des Geistes aller Buddhas. Ich bitte um die Errichtung eines großen Stûpas mit Buddha-Reliquien im Inneren und bitte die Erlaubnis zu erteilen.« Auf diese Bitte hin sagte der Mahârâja zunächst nichts, da er die Angelegenheit nicht sogleich verstand. Als er sich nach einer Weile gefaßt hatte und die Sache überschaute, erhob sich in seinem Sinne der Gedanke: »Wie höchst wunderbar ist es doch, daß eine arme Frau, eine Gänsehirtin, als einzelner Mensch den Lohn des Gänsehütens gespart hat und auch die vier Söhne von verschiedenen Vätern als Haushalter gut verdient haben und daß sie auch den Rest des Lohnes gespart haben, um einen Stûpa von großem Ausmaß zu errichten!« Da gab er die Genehmigung mit den Worten: »Es darf so verfahren werden (bya ru rung).« Die Gänsehirtin wurde sehr froh und befriedigt, verneigte sich wiederum vor dem Mahârâja, umwandelte ihn viele Male und kehrte in ihr Haus zurück. Die Frau, ihre vier Söhne und ein Diener luden luftgetrocknete Ziegel einem Elefanten und einem Esel, die ihnen zur Verfügung standen, auf und beförderten sie so.

Als darauf das Fundament des großen Stûpa gelegt war und man beim Aufmauern bis zu den drei Stufen des treppenförmigen Teiles (bang-rim) gelangt war, hatten alle Leute von Nepal die gleiche Meinung: »Wenn die arme Gänsehirtin als einzelner Mensch einen Stûpa von solchen Ausmaßen errichtet, baut sie damit einen Stûpa wie der König, die Minister, die Wohlhabenden und alle angesehenen Leute. Das wird dazu führen, daß man die Stûpas dieser Leute verachtet und ihnen damit Schaden zufügt.« Alle Leute berieten miteinander und kamen überein, beim König vorstellig zu werden, daß nicht gebaut werden dürfe. Und alle Leute von Nepal kamen zusammen und baten den Mahârâja: »O erhabener Mahârâja, Ihr habt einen hochmögenden Irrtum begangen. Wenn die arme Gänsehirtin als einzelner Mensch einen Stûpa von solchem Ausmaß erbaut, dann errichtet sie einen Stûpa, welcher den ›Wurzeln des Verdienstes‹ von Euch, Majestät, der Minister, Wohlhabenden, kurz aller angesehenen Leute entspricht. Da uns allen Schaden entsteht, wenn man sie bauen läßt, bitten wir einmütig, daß Erde und Steine wieder an ihren Platz geschafft werden und daß man den Bau untersagt.« Der König äußerte sich wie folgt: »Ihr alle sollt gut zuhören! Weil ich es für höchst wunderbar erachtete, daß die arme Gänsehirtin als einzelner Mensch den Lohn des Gänsehütens gespart hat und auch die vier Söhne von verschiedenen Vätern als Haushalter gut verdient haben und daß sie den Rest des Lohnes gespart haben, um einen Stûpa von solchen Ausmaßen zu errichten – darum ist meinem Munde das Wort entflohen (Kha nas shor ro): ›Es darf so verfahren werden (bya ru rung).‹ Ich als König bin einer, der sich zu einer Sache nur einmal äußert.« Da so der Bau vor sich ging ohne Behinderung durch die anderen Menschen, obwohl sie es gern verhindert hätten, erhielt der Stûpa den Namen Bya-rung-kha shor.

Als man darauf sommers und winters ohne Unterbrechung weiterbaute, war der Bau in vier Jahren bis unterhalb vom kuppelförmigen Teil (bum-pa) vollendet. Die Gänsehirtin Samvarâ wußte zu jener Zeit, daß sie sterben mußte, und sprach zu ihren vier Söhnen und dem Diener: »Vollendet mein Gelübde, das Feld der Aufhäufung von religiösen Verdiensten für unendlich viele Lebewesen, nämlich diesen großen, vorzüglichen Stûpa! In sein Inneres tut bitte Buddha-Reliquien! Vollzieht auch die Weihe mit allem Pomp! Dadurch führt ihr nicht nur meine Absicht aus, sondern vollendet auch den Willen aller Buddhas der drei Zeiten und erwirkt für euch selbst großes Heil in diesem und dem künftigen Leben!« Darauf verschied sie. Und zu jener Zeit kamen Schall und Musik sowie ein göttlicher großer Blumenregen vom Himmel herab, auch eine Menge Regenbogen erschienen, und wegen des Segens der Errichtung dieses großen Stûpas erlangte die Mutter Gänsehirtin Samvarâ als Damtshig lha-mo (Göttin auf Grund ihres Gelübdes) mit Namen Pramohâ die Buddhaschaft. Darauf berieten sich die Söhne: »Wenn unsere alte Mutter auch als arme Gänsehirtin geboren war, so haben doch auch wir vier Söhne von verschiedenen

Vätern als Haushalter reichlich verdient und den Rest des Geldes gespart. Wenn nun dieser in Jambudvîpa köstlichste, höchst staunenswerte große Stûpa vollendet werden soll, müssen wir die Kuppel auf den Stûpa unserer Mutter aufsetzen, um uns ihr dankbar zu erweisen.« Nach erzielter Einigkeit hierüber luden die Söhne wie zuvor dem Elefanten und Esel Ziegel auf und mauerten drei Jahre weiter unter Hilfe des einen Dieners. Sie wurden zusammen im siebenten Jahre fertig und taten unterhalb des hölzernen Pfahles (yashti) ein Drona nach Art von Magadha Reliquien des Buddha Kâshyapa hinein. Dann bereiteten sie unermeßliche Massen von Opfergaben. Als man dann die Blumen für die Weihezeremonie ausstreute, erschienen in den himmlischen Bereichen über ihnen der Buddha Kâshyapa mit Gefolge, alle Buddhas und Bodhisattvas der zehn Himmelsrichtungen, eine Schar von Arhats mit unermeßlichem Gefolge, ferner die fünf Buddhas, die drei Schützer-Bodhisattvas, unermeßliche Scharen milder und zorniger Gottheiten wie aufgeblühte Sesamschößlinge in unvorstellbarer Zahl. Sie streuten Blumen, äußerten reichlich Segenswünsche, ließen mannigfache göttliche Musik ertönen und einen großen Regen von Götterblumen herabfallen. Die Gegend war ganz von wohlriechendem Räucherwerk durchduftet, die große Erde bebte dreimal, und von den Körpern der Buddhascharen verbreiteten sich unermeßlich viele Lichtstrahlen der Weisheit. So geschah es fünf Tage lang ohne Rücksicht auf Tag und Nacht.

9. Die Geschichte des Glücksschafes

Dieses Lied schütte ich wie eine Suppe aus. Der königliche Berg Meru ist der Lieblingsberg des Schafes. Erfrage, welches Schaf es ist! Wer weiß es? Die Bergweiden und die Täler sind die Lieblingsweiden des Schafes. Erfrage, welches Schaf es ist! Wer weiß es? Der Schwarzfluß mit den sieben Furten ist die Tränkstätte des Schafes. Frage, welches Schaf es ist! Wer weiß es?

Der hohe blaue Himmel ist die Festung der Sonne. Warum wird sie die Festung der weißstirnfleckigen Schwarzschafe genannt? Die zahlreichen Südwolken sind des Drachen Festung. Warum werden sie die Festung der weißstirnfleckigen Schwarzschafe genannt? Der weite Luftraum ist des Windes Festung. Warum wird er die Festung der weißstirnfleckigen Schwarzschafe genannt?

Der rote Felsberg Khyung thzang ist der Lieblingsberg des Schafes. Ich frage, welches Schaf es ist. Wer weiß es? Die Grasberge und die weiten Täler sind die Grasstätten des Schafes. Ich frage, welches Schaf es ist. Wer weiß es? Die weite Ebene mit den neun Tälern ist die Wohnstätte des Schafes. Ich frage, welches Schaf es ist. Wer weiß es?

Der königliche Berg ist des Khyung-Vogels Festung. Warum wird er des weißstirnfleckigen Schwarzschafes Festung genannt? Die hohen Felsberge sind des Geiers Festung. Warum werden sie die Festung des weißstirnfleckigen Schwarzschafes genannt? Die Felshöhlen sind des Kya-bra-Nagers Festung. Warum werden sie die Festung des weißstirnfleckigen Schafes genannt?

Der schneeweiße See ist der Lieblingssee des Schafes. Ich frage, welches Schaf es ist. Wer weiß es? Der Schwarzfluß mit den sieben Furten ist der Tränkeplatz des Schafes. Ich frage, welches Schaf es ist. Wer weiß es? Die einhundertacht Quellen sind das durstlöschende Wasser des Schafes. Ich frage, welches Schaf es ist. Wer weiß es?

Die weißen Gletscherberge sind des Löwen Festung. Warum werden sie die Festung des weißstirnfleckigen Schwarzschafes genannt? Die hohen Felsberge sind des Wildyaks Festung. Warum werden sie die Festung des weißstirnfleckigen Schwarzschafes genannt? Der lange Felsgrat ist des Schakals Festung. Warum wird er die Festung des weißstirnfleckigen Schwarzschafes genannt?

Die Ebenen und Hügel sind Wege der Schafherde. Ich frage, welches Schaf es ist. Wer weiß es? Die gelben Grasberge sind das Freifeld der Schafe. Ich frage, welches Schaf es ist. Wer weiß es? Die dunklen Felsberge sind die Spielplätze der Schafe. Ich frage, welches Schaf es ist. Wer weiß es?

Die dichten Waldberge sind des Tigers Festung. Warum werden sie des weißstirnfleckigen Schwarzschafes Festung genannt? Der dunkle Lang-Berg ist der Hirsche Festung. Warum wird er des weißstirnfleckigen Schwarzschafes Festung genannt? Die mit Gestrüpp bewachsenen Grasberge sind der Rinder Festung. Warum werden sie des weißstirnfleckigen Schwarzschafes Festung genannt?

Der hundertzackige Mang-Berg ist ein Lieblingsberg der Schafe. Ich frage, welches ist das Schaf? Wer weiß es? Die grauen Felsspalten sind die Verstecke der Schafe. Ich frage, welches ist das Schaf? Wer weiß es?

Die flache große Ebene ist der Wildesel Festung. Warum wird sie des weißstirnfleckigen Schwarzschafes Festung genannt? Das weite Flachland ist der Gräser Festung. Warum wird es des weißstirnfleckigen Schwarzschafes Festung genannt?

Der mächtige Felsblock ist der geheime Platz der Schafe. Ich frage, welches Schaf ist es? Wer weiß es? Die rote Felskuppe ist der Wandelplatz der Schafe. Ich frage, welches Schaf ist es? Wer weiß es? Die Bergwälder und die Talebenen sind die Bettlerschüsseln der Schafe. Ich frage, welches Schaf ist es? Wer weiß es?

Der scharfe Felsgrat ist des Za-Sterndämonen Festung. Warum wird er des weißstirnfleckigen Schwarzschafes Festung genannt? Die hügeligen Grasberge sind des Ingwers Festung. Warum werden sie des weißstirnfleckigen Schwarzschafes Festung genannt? Die dichten Bambusbestände sind der Schlange Festung. Warum werden sie des weißstirnfleckigen Schwarzschafes Festung genannt?

Die weißen Gletscherberge, die wie mit Filzmänteln bekleidet scheinen, sind in den Sommermonaten, wenn die Sonne strahlt, ein kühles Gebiet. Der Schafgeist wohnt dort. Die bunten Felsberge, welche wie Panzer umgürtet scheinen, sind in den Herbstmonaten, wenn die Gewitter kommen, der Platz, auf dem man zusammenkommt. Der Schafgeist wohnt dort. Der dichte Waldberg, der wie mit einer schwarzen Joppe bekleidet scheint, ist in den Wintermonaten der Wärmeplatz für die vor Kälte Zitternden. Der Schafgeist wohnt dort.

Die sechs großen Festungen, von mächtigen Schneebergen umgeben, sind die mächtigen Festungen der hundert und tausend Schafe. Die sechs großen Festungen, von der großen Ebene und dem See umgeben, sind der zehntausend und hunderttausend Schafherden mächtige Festungen. Die sechs großen Festungen, von den Grasbergen und Felsbergen umgeben, sind der zehntausend und hunderttausend Schafe mächtige Festungen.

10. Die Geschichte des toten Ngo-rub-can

In einem großen Lande wohnten sieben Brüder, welche Zauberer waren und Wunder taten. Für diese Leute gab es nichts, was sie nicht gekonnt hätten. Sie konnten einen Menschen tot und wieder lebendig machen; und vieles Außergewöhnliche konnten sie ausführen. Der König jenes Landes hatte zwei Söhne. Als der König und die Königin gestorben waren, hatten die beiden Kinder nichts zu essen und waren unglücklich. Da berieten sich beide, und der jüngere sagte: »Bruder, geh zu den Zauberern und lerne eine Zauberkunst! Wenn du eine Zauberkunst lernst, werden wir wieder zu essen haben.« Der ältere sagte: »Gut so!«, und beide gingen in das Haus der Zauberer und baten die Zauberer: »O Zauberer, lehrt doch, bitte, unseren älteren Bruder eine Zauberkunst!« Die Zauberer antworteten: »Gut, wir wollen ihn lehren.« Da freuten sich beide sehr. Der ältere Bruder blieb dort, und der jüngere ging wieder fort.

Die Zauberer lehrten den älteren Bruder: Zaubererde in Stein und Stein in Erde verwandeln, ferner die Stimme der Steinhühner, der Schneefasanen, der Ziegen, der Schafe nachahmen; sonst aber nichts. Den ganzen Tag ließen sie ihn Schafe hüten oder schickten ihn nach Holz.

Als ein und ein halber Monat vergangen waren, kam der jüngere Bruder ins Haus der Zauberer, zu sehen, was für Zauberkünste der ältere Bruder gelernt hätte. Er versteckte sich im Fenster und schaute zu, was für ungewöhnliche Kunststücke die Zauberer übten. Er sah lange zu, denn sie übten sich den ganzen Tag. Plötzlich hatte er alles gelernt.

Als die Sonne untergehen wollte, sah er seinen älteren Bruder mit den Ziegen vom Berge herunterkommen. Er ging mit dem Bruder ins Haus hinein und begrüßte die Zauberer.

Die Zauberer riefen: »He, Königssohn, warum bist du gekommen?« Er antwortete: »Ich bin gekommen, um zu sehen, was für Künste mein Bruder lernt!« Da sagten die Zauberer: »Dein Bruder hat alle Zauberkünste fertig gelernt. Nimm ihn wieder mit!« Da gingen die beiden vergnügt nach Hause.

Als sie zu Hause angekommen waren, sagte der jüngere Bruder zum älteren: »He, Bruder, zeige mir, was für Zauberkünste du gelernt hast!« und der ältere zeigte dem jüngeren seine Künste. Er holte Erde und verwandelte sie in Steine; er holte Steine und verwandelte sie in Erde. Dann ahmte er die Stimme der Steinhühner, der Schneefasanen, der Ziegen und der Schafe nach. Darauf fragte der Jüngere: »Was hast du denn noch gelernt?« Und der ältere antwortete: »Außer diesem habe ich nichts gelernt, nein, weiter habe ich nichts gelernt!«

Der jüngere Bruder dachte: »Ein gutes Kunststück hat er nicht gelernt!« Dann sagte er zum älteren: »He, Bruder, ich werde mich in ein gutes Pferd von schönster Farbe, welches gut traben kann, verwandeln! Führe das zum Verkauf und verlange 200 Rupien dafür. Bekommst du aber 100 Rupien, so gib es weg! Solltest du den Zauberern begegnen, so werden sie ›Wir wollen das Pferd kaufen!‹ sagen. Wenn du es verkaufst und sie dich fragen, ob du nicht auch das Zaumzeug geben willst, mußt du es ihnen nicht geben!« So sagte er ihm eindringlich.

Der jüngere Bruder verwandelte sich in ein schönes Pferd, und der ältere führte es zum Verkauf. Er begegnete einem großen Kaufmann, welcher sagte, er wolle 100 Rupien für das Pferd geben. Der Bruder gab es aber nicht her und führte es weiter. Dann begegnete er den Zauberern, welche sagten, daß sie 200 Rupien für das Pferd geben wollten, und so verkaufte er es ihnen. Als er aber sagte, er wolle das Zaumzeug nicht hergeben, erwiderten die Zauberer, daß sie dafür bezahlen wollten, und gaben 50 Rupien dafür. Da freute er sich sehr und ging nach Hause. Als er aber dort sein Geld ansah, war es zu Stein geworden.

Die Zauberer wußten, daß das Pferd jener Prinz wäre. Einer faßte es beim Schwanz, einer beim Zaumzeug, und so stellten sie es in ein finsteres Loch, ohne ihm Heu zu geben. Nach sieben Tagen faßten sie es wieder an und führten es zum Wasser. Da es das Bachwasser nicht trinken wollte, führten sie es zum Flusse. Dort erkannte das Pferd eine gute Gelegenheit zum Entfliehen. Während es das Wasser langsam trank, sah es einen Fisch vor sich schwimmen, verwandelte sich in diesen und floh im Wasser davon. Die Zauberer verwandelten sich nun in sieben Fischottern und verfolgten den Fisch. Als er dann gen Himmel blickend schwamm, sah er eine Taube am Himmel fliegen. Sofort schlüpfte er aus dem Fisch, verwandelte sich in die Taube und floh davon. Die Zauberer aber verwandelten sich in sieben Falken und verfolgten sie.

Indem er floh, kam er im innersten Winkel eines Tales an, in welchem sich ein Einsiedler befand. Er schlüpfte durch das Fenster der Einsiedelei und drinnen befand sich ein Einsiedler. Er sagte zu dem Großvater, dem Einsiedler: »Großvater, verstecke mich doch, es kommt jemand, der mich töten will.« Der Großvater sprach: »Wo soll ich dich denn verstecken? Ich habe doch sonst kein Zimmer!« Darauf erwiderte er: »Ich will mich in die Hauptkugel deines Rosenkranzes verwandeln und darin bleiben. Dann werden sieben Leute hierher kommen, welche zu allem, was du ihnen auch geben wirst: ›Wir brauchen das nicht!‹ sagen werden. Wenn sie dann: ›Gebt uns den Rosenkranz!‹ sprechen werden, sollst du den Rosenkranz verstreuen, aber die Hauptkugel zurückbehalten.« Der

Großvater sagte: »Gut, das werde ich tun!« Darauf verwandelte sich der Prinz in die Hauptkugel und blieb darin.

Die sieben Männer kamen nun in des Großvaters Zimmer und zeigten viele Zauberkünste. Obgleich der Großvater ihnen viel Gold und Silber anbot, sagten sie: »Das brauchen wir nicht! Gebt uns den Rosenkranz, uns zum Segen!« Nachdem der Großvater die Hauptkugel in die Hand genommen hatte, streute er den Rosenkranz auf den Boden. Jene Leute aber verwandelten sich in Vögel, welche die Perlen aufpickten. Da kam der Prinz aus der Hauptkugel heraus, schlug jeden Vogel mit einem Stock, und alle sieben Vögel starben.

Da sagte der Großvater: »He, Königssohn! Da sitz ich schon so viele Jahre in dieser Klause und verrichte religiöse Übungen, und nun sind diese sieben Leute hier gestorben! Ihre Sünden werden auf mich kommen!« Der Prinz erwiderte dem Großvater: »Ich kann nichts tun; mach du, o Großvater, was du tun kannst!« Da sagte der Großvater: »Wenn du ins Land der trockenen Leichname gehst und den Leichnam des Ngo-rub-can holst, wirst du alle lebendig machen können.« Darauf fragte der Königssohn: »Wo ist das Land der trockenen Leichname? Ich will hingehen!« Der Großvater zeigte ihm die Richtung jenes Landes und sprach: »Wenn du dorthin gehst, wirst du viele trockene Leichname sehen, von denen der eine oder der andere: ›Ich will mitgehen!‹ sagen wird. Einer aber, welcher: ›Ich will nicht mitgehen!‹ sagen wird, wird auf einen trockenen Baum steigen. Wenn er oben auf dem Baum angekommen ist, mußt du das Beil nehmen und den trockenen Baum über der Wurzel zu fällen anfangen. Dann sprich zu ihm: ›Trockener Leichnam, willst du herunter kommen!‹ Da wird er sich fürchten und herunter kommen. Dann stecke ihn in den Sack dKar-moi-ston-shon hinein, binde mit dem Seil rGya-stag-khra-bo zu, und bringe ihn hierher. Was der Leichnam auch spricht, du darfst nichts darauf erwidern!« Darauf gab der Alte ihm das Beil, den Sack dKar-moi-ston-shon und das Seil rGya-stag-khra-bo und der Königssohn ging nach dem Land der trockenen Leichen. Fürs Essen hatte der Alte ihm einen kleinen Steintopf und einen Löffel mitgegeben und gesagt: »Was du auch wünschen wirst zu essen, wirst du bekommen, sobald du mit dem Löffel im Topfe rührst.«

Darauf ging er fort und kam im Land der trockenen Leichname an. Es waren dort viele Leichname, von denen einige: ›Ich will gehen!‹ sagten. Gemäß der Belehrung des Großvaters sah er sich dort um. Da sagte einer: ›Ich will nicht gehen!‹ und kletterte auf einen dürren Baum. Nun nahm er das Beil, ging vor den dürren Baum und sagte: »Trockener Leichnam, willst du herunter kommen! Ich werde deinen dürren Baum über der Wurzel abschneiden.« Da fürchtete sich der Leichnam und kam augenblicklich herunter vor ihn. Darauf steckte er ihn in den Sack, band mit dem Seil zu und trug ihn auf dem Rücken davon. Als sie einige Tage gereist waren, sagte der Leichnam: »He, Königssohn!

Eine lange Nacht vergeht unter Märchenerzählen;
Ein langer Weg wird durch Reden gekürzt!

Entweder sollst du eine Geschichte erzählen oder ich!«

Darauf nickte der Prinz mit dem Kopf. Nun erzählte der Leichnam Ngo-rub-can eine Geschichte, und der Prinz ging dahin mit dem Kopf nickend.

11. Der Goldspeier und der Türkisenspeier

In einem großen Lande war einmal das Wasser rar geworden. Im hintersten Teil des Landes befand sich ein großer See, und in dem See wohnte ein Goldfrosch und ein Türkisfrosch. Wenn diese Gold- und Türkisfrösche nicht jährlich einen Menschen jenes Landes zu fressen bekamen, gaben sie dem Land kein Wasser. So opferten die Bauern der Reihe nach jährlich je einen Menschen. Nachdem das Los die Reihe aller Bauern herumgegangen war, traf es den König, zu den Fröschen zu gehen. Der Vaterkönig sprach: »Ich will gehen!« Der Königssohn aber sagte: »Nein, ich will gehen! Wenn der Vaterkönig selbst ginge, würden die Untertanen, ja alle Provinzen, zu mir sagen: Er versteht nicht uns zu schützen!« So setzte er seinen Kopf durch und ging.

Der Königssohn und der Ministerssohn waren große Freunde. Deshalb sagte der Ministerssohn: »Ich will mit dir gehen!« und setzte seinen Kopf durch. Die Leute des Landes brachten den Königssohn und den Ministerssohn auf den Weg und gingen bis zur Hälfte des Tales mit ihnen. Dann kehrten alle zurück. Als der Königssohn und der Ministerssohn bei dem See ankamen, sahen sie sich um. An dem See stand eine Goldweide. Da sie beide ermüdet waren, setzten sie sich unter der Goldweide in den Schatten. Der Königssohn schlief vor Müdigkeit ein und der Ministerssohn blieb wach.

Da kamen der Goldfrosch und der Türkisfrosch aus dem Wasser heraus und dieser sagte: »He, Goldfrosch, statt eines sind heute zwei Menschen gekommen!« Der Goldfrosch erwiderte: »Wenn diese zwei Leute eine Rute von der Goldweide abschneiden und uns beide damit schlagen würden, müßten wir sterben. Wer dann, wenn wir gestorben sind, den toten Goldfrosch aufißt, wird stets Gold spucken. Wer den toten Türkisfrosch ißt, wird stets Türkise spucken!« Nachdem sie so geredet hatten, gingen sie wieder in den See.

Da der Ministerssohn alles gehört hatte, was sie geredet hatten, sprach er zum Königssohn: »He, Königssohn, steh auf!« Dann schnitten sie jeder einen frischen Zweig der Goldweide ab und hielten ihn in der Hand. Als nun der Goldfrosch und der Türkisfrosch aus dem See stiegen, um sie zu fressen, gaben sie ihnen jeder eins mit der Rute ab, und der Goldfrosch sowie der Türkisfrosch starben alsbald. Darauf blieben sie noch drei Tage dort und aßen die Kadaver auf. Als alles aufgegessen war, fragte der Ministerssohn: »Wohin sollen wir jetzt gehen?«, und der Königssohn erwiderte: »Jetzt wollen wir in unser eigenes Land gehen!« Der Ministerssohn aber sagte: »In unser eigenes Land wollen wir nicht gehen! Weil Vater, Mutter und die Landsleute uns nicht brauchen konnten, haben sie uns hierher geschickt, dem Goldfrosch und dem Türkisfrosch zum Fraße. Wir wollen nach einem anderen Land auf die Wanderschaft gehen!« Und so gingen sie auf die Wanderschaft.

Als sie dann auf einer großen Ebene ankamen, fanden sie dort einige Götterkinder, Mädchen, die sich zankten. Das taten sie wegen eines Hutes, weil sie sich nicht einigen konnten, wie er verteilt werden sollte. Als die beiden dort angekommen waren, fragten sie: »He, ihr Mädchen, warum zankt ihr euch?« Ein Mädchen sagte: »Was wollt ihr hier? Wollt ihr nach oben, so geht hinauf, wollt ihr nach unten, so geht hinab!« Dann schimpfte sie. Der Ministerssohn aber sprach: »Worüber ihr euch auch zankt, ich will den Streit schlichten: Man wird noch sagen: Der ›Wanderbursch hat recht geschlichtet‹!« Da sagte ein Mädchen: »Wir haben alle zusammen einen Hut, darüber ist Streit.« Der Ministerssohn fragte: »Was ist denn mit dem Hut?« Und die antwortete: »Wenn man den Hut aufsetzt und sich bückt, kann einen niemand sehen. Der Hut ist eine Nebelkappe!« Da machte der Ministerssohn einen kleinen Pfeil und sagte: »Ich werde diesen Pfeil weit fortschießen! Wer von euch Mädchen diesen Pfeil findet, wird den Hut erhalten!« Dann schoß er den Pfeil ab, und alle Mädchen liefen, den Pfeil zu holen. Unterdessen setzten der Königssohn und der Ministerssohn zusammen den Hut auf. Als ein Mädchen, welches den Pfeil gefunden hatte, zurückkam, waren der Königssohn und der Ministerssohn nicht mehr zu sehen. Da gingen die Mädchen zankend davon.

Auch der Königssohn und der Ministerssohn gingen fort. Indem sie sagten: »Da haben wir einen guten Hut bekommen!« sahen sie wieder auf einer großen Ebene sieben Götterkinder, Knaben, sich zanken. Der Ministerssohn fragte: »He, ihr Kinder, warum zankt ihr euch denn?« Und ein Kind antwortete: »Was geht das dich an? Das ist unsere Angelegenheit.« So schimpfte es. Der Ministerssohn sprach: »Man wird noch sagen: Der ›Wanderbursch hat recht geschlichtet.‹ Ich will den Streit schlichten!« Da sagte ein Kind: »Wir haben einen Schuh des rechten Fußes. Wenn du fragst, was das für ein Schuh ist, so höre: Ohne daß man laufen müßte, kommt man mit ihm an dem Ort an, den man sich gedacht hat. Darüber streiten wir uns.« Da sprach der Ministerssohn: »Ich werde einen weißen Stein mit der Schleuder werfen. Wer diesen Stein findet und mit ihm vor mich kommt, soll den Schuh erhalten.« Dann warf er den Stein und die Kinder liefen, den Stein zu suchen. Unterdessen setzten der Königssohn und der Ministerssohn den von den Mädchen erhaltenen Hut auf. Als nun ein Kind, welches den Stein gefunden hatte, herankam, war niemand da. Da gingen die Kinder wieder zankend davon. Der Königssohn und der Ministerssohn aber stellten jeder einen Fuß in den Schuh, beteten und sagten:

»Mögen wir in ein Land kommen, welches keinen König hat!« Da kamen sie in einem Augenblick an den Eingang zu einem Land, welches weder König noch Minister hatte.

Am Eingang jenes Landes befanden sich eine Mutter und eine Tochter, welche Bier verkauften. Sie sprachen zur Tochter: »He, Schwester, gibt es kein Bier vom vierten Aufguß?« Das Mädchen antwortete: »Vierten Aufguß gibt's nicht. Wenn ihr den Preis bezahlt, gibt es richtiges Bier!« Sie sagten, daß sie bezahlen wollten, gingen ins Zimmer und tranken einen Krug Bier. Als das Mädchen: »Gebt nun den Preis!« sagte, spuckte der Königssohn Gold und der Ministerssohn Türkise aus. Da dachte das Mädchen: »Wenn ich diesen beiden Leuten viel Bier gebe, werden sie viel Gold und Silber spukken!« So holte sie wohlschmeckendes Bier, gab es ihnen, und als sie ganz betrunken waren, spuckten sie viel Gold und viele Türkise aus. Wie sie nun besinnungslos waren, sammelte das Mädchen sämtliches Gold und sämtliche Türkise ein. Dann trug sie die beiden fort und legte sie an den Rand des Abtritts, mit dem Gesicht nach unten. Der Ministerssohn wachte zuerst auf, roch den Gestank des Abtritts und weckte den Königssohn. Beide gingen ins Zimmer und schliefen weiter. Als sie am Morgen aufwachten, sagte das Mädchen: »Gestern wart ihr sehr betrunken und ich habe euch zum Schlafen dorthin gebracht.« Der Ministerssohn erwiderte: »Das hast du schön gemacht; du hast uns das Bett schön gemacht. Wir werden später die Freundlichkeit erwidern.«

Nachdem zwei Tage vergangen waren – jener König hatte keinen Sohn, sondern nur eine Tochter, und einen tüchtigen Schwiegersohn hatte er noch nicht gefunden –, ließ er allen Leuten im Land verkündigen: »Derjenige, der etwas Reines ausspeien kann, soll der Bräutigam der Königstochter werden!« Diese Rede wurde überall verkündigt. Um etwas Sauberes ausspeien zu können, aßen alle Leute wohlschmeckendes Essen. Am nächsten Morgen versammelten sich alle und wurden veranlaßt, auf einen Teller von Glockenmetall zu speien. Aber keiner spie etwas anderes aus als das Essen. Später ging man mit dem Teller vor die beiden, veranlaßte sie zum Speien, und der Königssohn spie reines Gold aus, während der Ministerssohn reine Türkise spie. Als man sie so Gold und Türkise speien sah, erstaunten alle Leute und riefen: »Die beiden sind von königlichem Stamm; sie müssen Bräutigame der Königstochter werden.« So wurden beide auf das Schloß geführt und blieben dort, nachdem man sie zu Königen jenes Landes gemacht hatte.

Dann wohnten beide mit jener Prinzessin zusammen; doch liebte die Prinzessin sie nicht von Herzen. Oben befand sich ein schönes Zimmer. Dorthin ging die Prinzessin jeden Tag mit etwas Wolle zum Spinnen und blieb den ganzen Tag darin. Am Abend kam sie wieder zurück. Eines Tages dachte der Ministerssohn: »Diese Prinzessin geht jeden Tag nach oben und schließt mit dem Schlüssel fest zu. Ich will gehen und nachsehen, was das ist.« Am nächsten Morgen setzte er sich den Nebelkappenhut auf, ging mit der Prinzessin zusammen in das schöne obere Gemach und blieb dort zum Umschauen. Die Prinzessin schloß mit dem Schlüssel fest zu, zündete ein Feuer an und saß da, indem sie in dem Feuer Weihrauch von süßem Geruch und Wacholderzweige verbrannte. Da ging die Sonne auf und um die neunte Stunde kam ein Götterkind vom Himmel herab, welches sich niederließ und mit der Prinzessin zu sprechen begann. Der Ministerssohn sah sich alles genau an und der Göttersohn sprach zur Prinzessin: »Liebe Prinzessin, von heute an werde ich nicht mehr kommen. Der Königssohn und der Ministerssohn sind beide gute Männer für dich.« Die Prinzessin erwiderte: »Wenn du nicht mehr kommst, werde ich sogleich sterben!« Da sprach das Götterkind: »Morgen werde ich kommen, um nachzusehen, was für Leute deine Bräutigame, der Königssohn und der Ministerssohn, sind. Ich werde mich in einen schönen Vogel verwandeln und auf die Spitze des Baumes, der vor der Tür steht, herabkommen.« Nachdem es das gesagt hatte, flog das Götterkind gen Himmel, die Prinzessin öffnete die Tür wieder, ging hinaus, bereitete das Essen für den Königssohn und den Ministerssohn und gab es ihnen.

Am nächsten Morgen ging die Prinzessin zum großen Baum vor der Türe, zündete ein Feuer an und räucherte Weihrauch und Wohlgerüche. Da sagte der Ministerssohn zum Königssohn: »Heute wird auf den Baum vor der Tür ein schöner Vogel herabkommen. Dieser Vogel ist uns feindlich gesinnt. Du mußt, das Schwert führend, zum Baum kommen und dort sitzen bleiben. Ich werde die Tarnkappe aufsetzen, auf die Spitze des Baumes steigen, den Vogel ergreifen und in das Feuer hineinwerfen! Dann mußt du das Schwert schwingen und den Vogel töten!« Solchen Rat hatten sie gepflogen. Als nun die Prinzessin tüchtig Feuer gemacht hatte und dasaß, indem sie den wohlriechenden Weihrauch anzündete, kam ein schöner Vogel vom Himmel auf die Spitze des Baumes herab. Da rief die Prinzessin: »He, Königssohn und Ministerssohn, ihr beide! Heute ist ein unvergleichlicher Vogel herabgekommen. Ob das wohl ein Göttervogel oder ein Nāgavogel sein mag?« Der Königssohn brachte sein Schwert und ging zum Baum, indem er sagte: »Dies ist ein sehr schöner Vogel, liebe Prinzessin!« Der Ministerssohn setzte die Tarnkappe auf, kletterte auf den Baum, ergriff den Vogel und warf ihn ins Feuer. Der Königssohn zog das Schwert heraus und schwang es. Die Prinzessin aber ergriff den Vogel und ließ ihn nicht vom Schwert treffen. Dann holte sie den Vogel aus dem Feuer heraus, und dieser flog schnell gen Himmel. Am folgenden Morgen ging die Prinzessin wieder nach oben und der Ministerssohn hinter ihr her. An jenem Tag kam das Götterkind etwa um Mittag und redete mit der Prinzessin. Er sah sich dasselbe an: Die Hände und Füße des Kindes waren ins Feuer gekommen, und der Knochen trat heraus. Dann sprach das Götterkind zur Prinzessin: »Von jetzt an werde ich nimmer wiederkommen, liebe Prinzessin! Als ich gestern kam, hat man mich ins Feuer geworfen. So wird man mich noch töten!« Als die Prinzessin heftig weinte, wurde ausgemacht, daß das Götterkind in jedem Monat einmal kommen sollte. Dann flog das Götterkind wieder in den Himmel.

Darauf kam die Prinzessin wieder herunter und erzeigte dem Königssohn und dem Ministerssohn große Liebe. Während nun der Königssohn mit dem Schwert an der Seite spazieren ging, ging der Ministerssohn aus, um zu sehen, was sich in einem Tempel befände, der im oberen Teil des Landes lag. Er ging mit der Tarnkappe auf dem Kopf und traf dort einen Priester im Tempel. Während er hineinblickte, holte der Priester ein Heiligenbild, breitete es in der Mitte des Zimmers aus, trat darauf und wälzte sich darauf herum. Dadurch wurde er in einen Esel verwandelt und rannte im Hause herum, wie ein Esel brüllend. Als er genug im Hause herumgerannt war, trat er wieder auf das Heiligenbild, wälzte sich darauf herum und war wieder in einen Priester verwandelt. Dann rollte er das Heiligenbild zusammen und stellte es weg. Darauf holte der Ministerssohn das Heiligenbild und lief zum Hause hinaus. Er ging nun an den Eingang jenes Landes zur Mutter und Tochter, welche Bier verkauften, und sagte: »He, Mutter und Tochter, habt ihr kein Bier? Gebt mir ein Bier!« Die Tochter erwiderte: »Wir haben Bier, komm herein!« So führte sie ihn herein und gab dem Ministerssohn wohlschmeckendes

Bier. Dann sprach die Tochter: »Lieber Minister, Ihr spuckt reines Gold und reine Türkise. Könnt Ihr mich das nicht lehren?« Der Ministerssohn antwortete: »Bring mir noch ein gutes Bier, dann will ich's dich lehren. Wenn ich's auch sonst niemand zeige, will ich es doch euch beide, Mutter und Tochter, lehren; denn neulich, als ihr dem Königssohn und mir Bier gabt, und wir betrunken waren, habt ihr uns ein schönes Bett gemacht und uns zu Bett gebracht.« Das gefiel der Tochter, und sie brachte noch ein gutes Glas Bier. Als dieses Bier ausgetrunken war, sagte der Ministerssohn: »Jetzt will ich's euch lehren!« Er breitete jenes Heiligenbild aus und sprach: »Geht jetzt beide auf jenes Heiligenbild und wälzt euch darauf herum.« So belehrte er sie. Gemäß dieser Rede des Ministerssohnes gingen beide darauf, rollten sich darauf herum, und im Augenblick waren beide in Esel verwandelt und rannten hinaus, indem sie wie die Esel schrieen. Der Ministerssohn versah den einen Esel mit einem Zaumzeug und ritt auf ihm; den andern führte er. So brachte er sie zum Schloß. Beim Schloß waren viele Arbeiter, welche Holz holten. Beide Esel übergab er jenen Leuten zum Holzholen, und diese ließen sie Tag für Tag Holz schleppen. Davon hatte der Ministerssohn dem Königssohn nichts gesagt. Wenn nun jene beiden Esel nach dem Holzschlag gingen, ritten die Leute auf ihnen und schlugen sie. Wenn sie nach dem Schloß kamen, war ihnen viel Holz aufgeladen, und sie wurden auch geschlagen. An allen Wirbeln des Rückgrates hatten sie eiternde Wunden.

Wenn man fragt, warum der Ministerssohn machte, daß sie so viel erlitten, so ist zu antworten: Als damals der Königssohn und der Ministerssohn betrunken waren, hatten die Frauen sie zum Abtritt getragen. Als Antwort auf jene Tat war es geschehen. Als nun der Königssohn heraustrat, kamen beide Esel herbei und weinten vor dem König. Der König war verwundert und fragte den Ministerssohn: »Lieber Minister, wie kommt es, daß diese beiden Esel vor mich kommen und weinen?« Der Ministerssohn antwortete: »Diese beiden Esel haben uns damals Bier gegeben, und als wir betrunken waren, haben sie uns auf den Abtritt gelegt. Als Antwort darauf habe ich sie zu Eseln gemacht.«

12. Die böse Stiefmutter

In einem großen Reiche lebte einmal ein Königssohn, und für diesen Königssohn hatte man noch keine rechte Braut gefunden. Da wurden alle seine Diener und seine ganze Umgebung in alle möglichen Länder geschickt, um zu sehen, ob daselbst eine passende Braut wäre. In einem andern großen Reich lebte auch ein König. Dieser König hatte keinen Prinzen, sondern nur zwei Töchter. Die ältere hieß Nyi-mai-kha-ti und die jüngere Zla-bai-kha-ti. Nachdem der König Nachricht von diesen beiden bekommen hatte, wurde ihm die edle Nyi-mai-kha-ti als Braut zugeführt. Sie gebar einen Prinzen, welcher Nyi-mai-od-gzer genannt wurde. Nachdem er geboren und sieben oder acht Monate alt geworden war, starb die Mutter. Als sie starb, sagte sie folgendes: »O König, ich fühle, daß ich sterben werde! Behalte mein Kind lieb und gib ihm, bitte, keine Stiefmutter!« Nachdem sie so gesagt hatte, biß sie sich in den Finger und starb.

Als dann ein oder zwei Jahre vergangen waren, dachte der König: »Ohne Frau kann ich nicht sein. Bringe ich aber eine andere, dann wird sie das Kind schlecht behandeln. Am besten wird es sein, wenn ich ihre jüngere Schwester Zla-bai-kha-ti hole. Sie wird den Sohn wie ihr eigenes Kind ansehen!« So holte er Zla-bai-kha-ti. Zla-bai-kha-ti gebar auch einen Prinzen, und als wieder zwei Jahre vergangen waren, wurde das Kind Zla-bai-od-gzer genannt. Da kam dessen Mutter ein böser Gedanke, und zwar folgender: »Der Sohn meiner älteren Schwester wird einmal König und mein Sohn dessen Diener werden!« Dann stellte sie sich krank, nahm Zinnober und Indigo in ihren Mund, legte sich schlafen und sagte: »Ich habe heftige Schmerzen!« Als sie darauf spukte und es rot und blau gemischt aus ihrem Munde lief, dachte der König: »Sie ist schwer krank!« Er fragte sie: »Liebe Frau, du bist offenbar schwer krank. Meine frühere Frau hatte auch diese Krankheit und starb daran. So wirst du auch sterben. Bei welcher Medizin könnte es denn besser werden?« Die Frau sprach: »Was für Medizin du auch immer geben magst, besser wird es nicht werden. Nur wenn du das Herz eines Prinzen herausnimmst und mir gibst, könnte ich genesen!« Als der König diese Rede hörte, wurde ihm sonderbar zumute und er sprach:

»Der eine Prinz ist mir das rechte Auge, mit dem ich sehe,
Der andre Prinz ist mir das linke Auge, mit dem ich sehe!
Wo soll ich mir einen andern Königssohn herholen?«

Die Frau antwortete: »Einen andern Königssohn wirst du nicht finden. Wenn du unser Kind Nyi-mai-od-gzer tötest, ist's recht!

Solang es einen grünen Zweig gibt, kann wieder ein Reis wachsen.
Erst wenn der Zweig vertrocknet ist, wächst kein Reis mehr!«

Der König dachte: »Diese Rede stimmt!« und beschloß, den Prinzen Nyi-mai-od-gzer am nächsten Morgen zu töten.

Da der jüngere Königssohn diese Rede gehört hatte, ging er zu Nyi-mai-od-gzer und sprach: »He, Nyi-mai-od-gzer, du sollst morgen getötet werden, um der Mutter als Medizin zu dienen. Was ist da zu tun?« Nyi-mai-od-gzer antwortete: »Ich werde fliehen!« So liefen beide Brüder in der Nacht davon, ohne sich etwas zu essen mitzunehmen. Da sie den Weg nicht wußten, verirrten sie sich in den Bergen. Nachdem sie fünfzehn Tage gewandert waren, ohne etwas zu essen zu haben, hungerten sie sehr. Ohne etwas zu finden, kamen sie am Fuß eines hohen Felsens an, schauten sich um und erblickten in der Mitte des Felsens eine Einsiedelei. Am Fuß derselben befand sich ein großes Tal, und in dem Tal ein Wald von Sandelholz. Als sie dort angekommen waren, starb Zla-bai-od-gzer vor Hunger. Da sammelte Nyi-mai-od-gzer weinend einiges Holz, verbrannte seinen Bruder und ging weiter.

Nun kam Nyi-mai-od-gzer halbtot vor der Tür der Einsiedelei an, klopfte an die Tür und der Einsiedler kam zur Tür heraus. Er führte ihn hinein, gab ihm zu essen, und nach sieben Tagen kam das Kind wieder zu Kräften. Darüber freute sich der Einsiedler sehr. Er blieb nun dort und holte für den Einsiedler Holz und Wasser. Jenseits der Einsiedelei lag ein großes Königreich und in dem obern Teil des Tales befand sich ein großer See. Um den See zu bewachen, wohnten dort zwei Löwen und wenn diese Löwen nicht alle sechs Jahre ein im Tigerjahr geborenes Kind zu fressen bekamen, gaben sie kein Wasser für das Land zum Berieseln her. So waren der Reihe nach alle im Tigerjahr geborenen Kinder geopfert und aufgebraucht worden. Weil man in jenem Jahr kein Kind mehr hergeben konnte, war kein Wasser ins Dorf gelaufen, und es war eine schwere Zeit gekommen. Da hieß es, daß bei dem Einsiedler ein im Tigerjahr geborenes Kind wohne, und dies hörte der König des Landes. Er erfuhr es folgendermaßen: Als das Kind für den Einsiedler in die Berge gegangen war, um Holz zu sammeln, war es mit den Ziegenhirten jenes Landes zusammengetroffen, und sie hatten den Kalender berechnet. Das hatten die Ziegenhirten dem König gesagt. Darauf gingen fünf Leute jenes Landes aus, das Kind zu holen. Als der Einsiedler jene fünf Leute kommen sah, steckte er das Kind in einen großen Topf, welcher mit etwas Nahrung versehen war, hinein. Dann kamen jene Männer vor der Einsiedelei an und sprachen zum Einsiedler: »Großvater Einsiedler! Es wird gesagt, daß du ein im Tigerjahr geborenes Kind besitzest. Gib es uns, denn unser Land hat kein Wasser und vertrocknet. Wenn Großvater einen Diener braucht, wollen wir einen Mann schicken!« Der Großvater sprach: »Wo soll ich ein Kind haben? Ich habe überhaupt keines!« Da wurden jene Leute zornig und schlugen den Großvater. Als aber das Kind hörte, wie der Großvater geschlagen wurde, kam es aus dem Topf heraus und sagte: »Schlagt den Großvater nicht; ich bin hier drin!« Als es aus dem Topf herausgekommen war, ergriffen jene Leute das Kind und führten es fort. Als der Großvater sah, wie es fortgeführt wurde, wurde er sehr traurig, aß nichts mehr und legte sich schlafen.

Indem jene Leute das Kind fortführten, brachten sie es zum Schloß des Königs, und jener König hatte eine Tochter. Sobald jene Tochter das Kind gesehen hatte, sprach sie: »Ich will mit ihm zusammen gehen!« Sie setzte ihren Kopf durch und ging mit Nyi-mai-od-gzer zusammen in den hintersten Teil des Tales. Da die Tochter auch fortging, wurden die beiden von Vater, Mutter und allen Einwohnern bis zur Hälfte des Tales begleitet. Von dort gingen Vater, Mutter und alle Einwohner wieder zurück. Nyi-mai-od-gzer und die Prinzessin aber schritten weiter. Als sie an die Stelle kamen, wo man den See sehen konnte, wurden sie beide sehr traurig, denn jetzt kam für beide die Trennung herbei. Sollten die Löwen den Prinzen fressen, dann war es für das Mädchen sehr traurig. Fraßen die Löwen aber das Mädchen zuerst, dann war das für den Königssohn sehr traurig. Indem sie so sprachen, gingen sie weinend weiter, bis sie vor den beiden Löwen ankamen. Als die Löwen sie weinen sahen, fragten sie: »He, ihr beiden, warum weint ihr?« Nyi-mai-od-gzer sagte: »Wir beide sind zu euch gekommen, um von euch gefressen zu werden, denn eins von uns ist zum Fraß bestimmt. Wird aber eins gefressen, dann wird es für das andere sehr traurig sein. Da wir so dachten, weinten wir!« Als die Löwen sie so reden und weinen sahen, fühlten sie Mitleid und sagten: »Wenn das für euch so traurig ist, wollen wir zufrieden sein, wenn wir auch nichts zu fressen bekommen. Statt euch beide, den Prinzen und die Prinzessin, zu fressen, wollen wir lieber das Wasser laufen lassen und zu einem andern See gehen.« Dann ließen sie soviel Wasser ab, wie nötig war, und die zwei Löwen begaben sich in das obere Tal eines anderen Landes.

Da freuten sich die beiden Kinder und gingen in ihr Land zurück. Dort freuten sich auch Vater, Mutter und alle Einwohner. Als ein Monat verstrichen war, sagte Nyi-mai-od-gzer zur Prinzessin: »O Prinzessin, ich will jetzt fortgehen; ich bleibe nicht hier!« Darauf antwortete die Prinzessin: »Wenn du gehst, will ich mitgehen!« Der Prinz sprach: »Wohin willst du denn gehen, indem du Vater, Mutter, Land und Schloß verläßt? Ich habe weder Vater noch Mutter, weder Schloß noch Land; ich werde in der Einsiedelei des Großvaters bleiben!« Aber die Prinzessin setzte ihren Kopf durch und ging mit ihm. Dabei trug sie nur eine Schüssel zum Waschen, einen Kupfertopf und eine Katze mit sich. So ging sie mit Nyi-mai-od-gzer. Dann kamen sie bei der Einsiedelei des Großvaters an und klopften an die Tür. Der Großvater hatte vor Kummer nichts gegessen, seit man Nyi-mai-od-gzer ergriffen und den Löwen zum Fraße fortgeschleppt hatte. Deshalb konnte er nur langsam zur Tür herauskommen. Als er an der Tür angekommen war, hinausschaute und Nyi-mai-od-gzer erkannte, freute sich der Großvater sehr. Auch der Prinz freute sich, den Großvater anzutreffen und die beiden Kinder blieben etwa einen Monat lang dort.

Dann nahmen die beiden Abschied vom Großvater und kamen in das Land des Nyi-mai-od-gzer. Dessen König und Zla-bai-kha-ti lebten in Trauer, weil sie ihre Kinder verloren hatten. Da rief ein Fuchs von unterhalb des Schlosses:

»Im oberen Teil des Landes geht die Sonne auf!
Im unteren Teil des Landes kommt ein König und eine Königin geschritten!«

Als er diese Stimme hörte, ging der Vaterkönig auf das Dach hinaus, blickte sich um und sah den Prinzen Nyi-mai-od-gzer mit jener Prinzessin kommen. Er nahm Bier und Butter in die Hand und ging hinaus. Der Prinz und die Prinzessin kamen am Tor an. Der Vaterkönig freute sich, und alle gingen in das Schloß hinein. Als sie hineingekommen waren, fragte Zla-bai-kha-ti: »Lieber Prinz Nyi-mai-od-gzer, wohin ist denn Zla-bai-od-gzer, mein Kind, gegangen?« Nyi-mai-od-gzer antwortete: »Damals als die Mutter so böse war, flohen wir beide. Als wir fünfzehn Tage gelaufen waren, ohne etwas zu essen zu haben, konnte er nicht weiter laufen. Er ist in einem Tal, wo viele Sandelbäume stehen, gestorben.« Als die Mutter diese Rede hörte, starb sie augenblicklich.

13. Die dankbaren Tiere

In einer großen Stadt lebte ein Brahmane. Da er keinen Menschen um sich hatte, konnte er sein Feld nicht bestellen und wurde sehr arm. Eines Tages bedachte er: »Da ich die Felder nicht besorgen kann, will ich alle Felder verkaufen und Kaufmann werden. Wenn ich dies tue, werde ich meinen Lebensunterhalt finden.« So verkaufte er alles, Haus und Felder, verschaffte sich weißes, schwarzes und rotes Tuch, lud alles auf einen Esel und begab sich auf die Wanderschaft.

Er kam auf eine große Ebene. Dort hatten mehrere Kinder eine Maus gefangen und hatten ihr einen Strick an die Nase gebunden. Eins zog sie nach vorn und eins nach hinten, und so verursachten sie ihr viele Schmerzen. Als der Brahmane dorthin kam und sah, was für Schmerzen die Maus erlitt, sagte er zu den Kindern: »He, ihr Kinder, was hat euch die Maus zuleid getan? Quält das Tier nicht, sondern laßt es gehen, bitte!« Da schimpften die Kinder auf den Brahmanen:

»Willst du hinauf, so geh hinauf.
Willst du hinab, so geh hinab!«

Der Brahmane sprach: »Wenn ihr die Maus loslaßt, will ich euch eine Belohnung geben!« Und so gab er ihnen das weiße Tuch. Da ließen sie die Maus los, und der Brahmane ging fröhlich weiter.

So wanderte er und kam auf eine Wiese. Dort waren einige Mädchen, die einen Bären gefangen hatten. Sie hatten ihm einen Strick durch die Nase gezogen; einige ritten auf ihm, und andere schlugen ihn von hinten mit Stöcken. Der Brahmane fühlte Mitleid mit ihm und sprach zu den Mädchen: »He, ihr Mädchen, warum quält ihr den Bären so? Wenn ihr ihn loslaßt, will ich euch eine Belohnung geben!«

Indem er so sagte, gab er ihnen das schwarze Tuch. Sie ließen den Bären los, und als die Mädchen unter sich das Tuch teilten, ging er weiter.

Der Brahmane wanderte und kam in einen großen Wald. Dort waren einige Klosterschüler, welche einen Affen gefangen hatten. Sie hatten ihm einen Strick durch die Nase hingezogen. Einige ritten auf ihm, andere schlugen ihn von hinten mit Stöcken. Der Brahmane fühlte Mitleid mit ihm und sprach zu den Klosterschülern: »He, ihr Klosterschüler, ihr wollt Lamas sein? Fangt einen Affen und schlagt ihn! Warum schlagt ihr ihn? Laßt ihn los!« Da schimpften die Lamas auf den Brahmanen:

»Willst du hinauf, so geh hinauf.
Willst du hinab, so geh hinab!

Was kümmert dich unsere Sache?« Als aber der Brahmane ihnen das rote Tuch als Belohnung gab, ließen sie den Affen los.

So war der Brahmane um allen Besitz gekommen. Indem er den Esel führte, erreichte er eine große Stadt. Dort blieb er und bedachte, daß er nichts zu essen hätte. Dann überlegte er: »Ich will in das Schloß des Königs gehen!« Als es Nacht geworden war, band er den Esel bei einem Grasplatz an und ging zum Stehlen in das Schloß. Er trat in das Schloß, erreichte die Schatzkammer und trug einen Kasten mit Gold davon. Ehe er aber ganz ins Freie gekommen war, war er von der Königin und einer Magd gehört worden. Diese machten Lärm, so daß es die Diener alle hörten. Diese ergriffen ihn und schleppten ihn vor den König. Der König war erzürnt darüber, daß seine Schatzkammer erbrochen war. Er ließ den Dieb in eine große Kiste stecken, den Deckel schließen und mit Nägeln befestigen. Dann sagte er: »Werft sie ins Wasser!« und einige Diener wurden ausgesandt, sie ins Wasser zu werfen, und das geschah.

Sie wurde vom Wasser davongeführt, bis sie an der Stelle hängen blieb, wo der Brahmane vorher am Rand einer Ebene einer Maus Gutes erwiesen hatte. Die Maus, welcher er früher Gutes erwiesen hatte, kam vor die Kiste und kratzte daran. Der Brahmane hörte das und fragte: »Wer ist das, der an der Kiste kratzt?« Die Maus antwortete: »Ich bin es; wer bist du denn?« Der Brahmane sprach: »Ich bin ein Brahmane, der Feld und Haus verkauft hat. Dafür erwarb ich drei Stück Tuch und einen Esel. Da dachte ich: Ich will das mitnehmen und verkaufen, und ging davon. Ein Stück Tuch gab ich zum Besten einer Maus weg, eines zum Besten eines Bären und eines zum Besten eines Affen. Als ich dann nichts mehr besaß, meinte ich, ich sollte im Schloß des Königs auf Diebstahl ausgehen. Als ich das tat, hörte es der König, steckte mich in diese Kiste und warf mich ins Wasser.« Als er das erzählte, fiel der Maus ein, was er ihr Gutes getan hatte.

Dann ging die Maus davon, um den Bären und den Affen zu suchen. Als sie beide gefunden hatte, brachte sie sie herbei, und alle zusammen öffneten die Kiste und holten den Brahmanen heraus. Der Brahmane hungerte und war dem Tode nahe. Da sagten Bär und Affe zur Maus: »Gehe, suche und bringe etwas Weizen und Gerste für ihn zum Essen!« Da ging die Maus und brachte bald, was sie gefunden hatte: Weizen, Gerste, Aprikosen, Walnüsse. Diese gab sie dem Brahmanen, und er genas.

Gerade gegenüber der Stelle war eine große Ebene. Weil auf der diesseitigen Ebene viel Gras war, blieben sie alle daselbst über Nacht. Als sie nun von der gegenüberliegenden Ebene eine Flamme, so groß wie die einer Lampe, leuchten sahen, sagten sie: »Du, Maus, bist ein guter Gänger! Geh, sieh nach, was das für eine Flamme ist. Wenn wir gehen und es ist ein Mensch dort, dann sieht er uns. Wenn du gehst, sieht dich kein Mensch!« Die Maus stieg auf etwas Pferdemist, der im Flusse schwamm, und fuhr hinüber. Als sie nachsah, war kein Mensch dort; vielmehr sah sie, daß die Flamme aus der Mitte eines viereckigen Steines leuchtete. Obgleich sie ihn fortzutragen gedachte, konnte sie ihn nicht heben. So ging sie zurück und sprach zum Affen und zum Bär: »Es ist kein Mensch dort; die Flamme leuchtet aus einem viereckigen Stein. Ich gedachte, ihn fortzutragen, konnte ihn aber nicht heben!« Darauf ging der Affe, ihn zu holen, und im Augenblick hatte er ihn gebracht. Daß dieser Stein eine Kostbarkeit war, wußten sie. Deshalb legten sie ihn vor sich, erzeigten ihm Ehrfurcht und beteten:

»Möge auf dieser großen Ebene ein Schloß und ein Dorf entstehen!
Möge der Brahmane König in diesem Schlosse werden!
Mögen ihm viele Untertanen und Diener erstehen!«

Indem sie so beteten, entstand ein großes Schloß auf dieser Ebene, bei dem sich viele Untertanen und Diener befanden. Darauf trugen sie den Brahmanen hinein, machten ihn zum König in diesem Schloß und sagten zu ihm: »Wer auch immer sagt: Gib mir diesen Edelstein! so gib ihn nicht her!« Dann gingen die Maus, der Bär und der Affe jedes wieder an seinen Ort.

Der Brahmane aber blieb dort als König. Eines Tages kam ein großer Kaufmann vor jenes Schloß und bedachte: »Früher war nichts als Gras auf dieser Ebene; nun aber ist ein sehr schönes Schloß und ein Dorf hier entstanden. Ich will einmal in das Schloß hineinschauen!« So ging der Kaufmann in das Schloß. Dort befand sich der Brahmane, welcher König geworden war. Der Kaufmann sprach: »He, König, auf dieser Ebene war nichts als etwas Gras. Jetzt ist da ein Schloß und ein großes Dorf gebaut. Wer hat das gemacht?« Der König erwiderte: »He, großer Kaufmann, dieser Stein ist der Erschaffer von Schloß und Dorf!« Und er zeigte ihm den Edelstein. Der Kaufmann kannte diesen Edelstein wohl und sprach: »O König, leihe mir diesen Stein auf sieben Tage!« Worauf der König erwiderte: »Dieser Stein wird keinem Menschen gegeben!« Als der Kaufmann sagte, er wolle den Edelstein nach sieben Tagen wiederbringen, gab er ihm den Edelstein. Der Kaufmann ging hinaus und trug den Edelstein, während der Brahmane ihm nachschaute. Das Schloß sowie das Dorf folgten dem Kaufmann nach. Der Brahmane kam aber wieder zu seiner vorigen Kiste zurück.

Da sah die Maus, daß der Brahmane wieder vor der Kiste saß und Schloß und Dorf verschwunden waren. Drum ging sie zum Affen und Bären und sprach: »He, Affe und Bär, ihr beiden! Das Schloß und Dorf, wo der Brahmane war, sind verschwunden, und der Brahmane ist wieder vor seiner früheren Kiste angelangt!« Da gingen der Affe, der Bär und die Maus zu dem Brahmanen und fragten: »Was ist dir denn geschehen? Wo sind denn das Schloß und das Dorf hingekommen?« Der Brahmane antwortete: »Ein großer Kaufmann ist zu mir gekommen. Er sagte, ich möchte ihm jenen Edelstein auf sieben Tage borgen. Und als er ihn forttrug, gingen auch das Schloß und das Dorf mit ihm zusammen fort!« Da verfolgten der Affe, der Bär und die Maus den Kaufmann. Und als sie den zehnten Tagesmarsch vollendet hatten, kamen sie vor dem Schloß und dem Dorfe an. Da hielten sie einen Rat und sprachen: »Heut nacht gehe du, Maus, und sieh dich überall drinnen um, wo der Edelstein ist. Wenn wir gingen, würde man uns sehen!« Die Maus erwiderte: »Gut, ich werde gehen!« Als es dann Nacht wurde, blieben der Affe und der Bär vor der Tür, während die Maus hineinging. Indem sie überall nachsah, bemerkte sie, daß in einem Zimmer Weizen und Gerste aufgehäuft waren. In deren Mitte war der Edelstein versteckt, und auf den vier Seiten waren als Hüter vier Katzen angebunden. Als die Maus die Katzen sah, fürchtete sie sich und lief zurück. Sie kam zum Affen und Bären, um es ihnen zu erzählen und sprach: »He, Affe und Bär, ihr beiden! Der Edelstein ist da; aber er ist sehr sicher versteckt. In einem Zimmer ist Weizen aufgehäuft. Er ist in der Mitte versteckt, und auf den vier Seiten sind vier Katzen als Wächter angebunden. Ich fürchtete mich vor den Katzen und konnte nicht weiter gehen.«

Da berieten der Affe und der Bär die Maus und sprachen: »Maus, du mußt nachsehen, wo der Kaufmann liegt. Dann mußt du zu ihm gehen und seine Haare und seinen Bart abbeißen! Wenn er's aber merkt, laufe davon!« Die Maus tat, wie ihr gesagt worden war, ging zum Kaufmann und biß ihm seine Haare und seinen Bart ab. Da wachte der Kaufmann auf, zündete ein Licht an und sah nach. Da waren sein Haar, seine Augenbrauen und sein Bart, alles, abgebissen. Der Kaufmann sprach: »Das hat eine Maus angerichtet. Bringt die Katzen her, die den Edelstein hüten!« Nun band man zwei beim Kopfkissen fest und zwei bei der Fußdecke. Als die Maus das gesehen hatte, rief sie noch einige Mäuse herbei. Sie rollten den Edelstein fort, und als der Morgen anbrach, war er bis zur Tür gekommen. Da sagte die Maus: »He, Affe und Bär, ihr beiden, der Edelstein ist bis zur Tür gebracht!« Nun brachen Affe und Bär, beide, die Tür auf, und als der Edelstein draußen wieder in ihre Hände gekommen war, freuten sie sich alle und trugen ihn davon.

Als sie nun zum großen Fluß kamen, ritt der Affe auf dem Bären, während die Maus im Ohr des Affen saß. Den Edelstein trug aber der Affe im Munde. Als sie in die Mitte des Wassers gekommen waren, wurde der Bär boshaft und sprach: »Seht einmal, Affe und Maus, ihr beiden, wie stark ich bin, daß ihr beide auf mir reitet! Wie stark bin ich doch!« Da dem Affen die Maus im Ohr saß, konnte er nicht gut hören; und weil er den Edelstein im Munde hatte, konnte er nicht zum Bären sprechen. Als der Bär seine Rede noch einmal laut wiederholte, dachte der Affe: Er wird uns noch ins Wasser werfen, fürchtete sich und rief: »Ja, der Bruder Bär ist sehr stark.« Da fiel der Edelstein aus dem Mund des Affen ins Wasser, worüber sie alle sehr betrübt waren. Als der Affe das Flußufer erreichte, machte er Lärm und rief: »Heut wird ein Krieg beginnen gegen alle, die im Wasser wohnen. Flieht, oder baut euch eine Burg am Rande des Wassers!« Auf diesen Ruf kamen alle Fische und sprachen: »Bitte, Bruder, bau uns eine Burg!« Da führte der Affe alle Fische an die Stelle, wo der Edelstein lag, und ließ sie aus dem Wasser Steine bringen. Sofort brachte alle Fische Steine herbei, und ein Fisch brachte den Edelstein. Da sprach er zu den Fischen: »Es wird nicht Krieg werden; ihr könnt alle wieder gehen!« Und die Fische gingen alle wieder ins Wasser zurück.

Dann begaben sie sich alle auf die Ebene, wo das Schloß und das ganze Dorf angekommen waren. Dort wurde der Brahmane wieder als König eingesetzt, der Edelstein wurde ihm übergeben und in die Wand als Schatz eingefügt. Darauf sprach die Maus zum Brahmanen: »O König, von jetzt an zeige den Stein niemandem. Als wir ihn vom Kaufmann holten, habe ich viel erlitten. Mein ganzes Haar ist draufgegangen.«

14. Die Schakale und der Tiger

Es war einmal eine Schakalfamilie, die in der Nähe eines Dorfes ein sehr angenehmes Leben führte, solange sich die Hunde, ihre Feinde, nicht zu sehr vermehrt hatten. Aber als ihnen diese zu viele böse Stunden bereiteten, sahen sie sich gezwungen, einen ruhigeren Wohnsitz zu suchen.

Sie machten sich auf, und wanderten immer weiter in den tiefsten Dschungel hinein, bis sie zu der Höhle eines Tigers gelangten.

Die kleinen Schakale wichen erschrocken zurück, als der Tigergeruch ihnen entgegenschlug, doch der alte Schakal besänftigte sie: »Seid nur ruhig, Kinder, ich kenne die Tiger und weiß sie zu behandeln.«

Er wagte sich vorsichtig hinein und sah sich in der Tigerhöhle um. Er fand dort eine Menge Wildfleisch, und zu seiner großen Freude war der Tiger gerade nicht zu Hause.

Da rief der Schakal seine Familie herbei und lud sie ein, sich's gut schmecken zu lassen. Nachdem sie sich alle gesättigt hatten, sagte der Schakal zu der Schakalin: »Ihr könnt nun ruhig mit den Jungen ein wenig schlafen, ich werde derweil auf den Hügel gehen und nach dem Tiger Umschau halten. Wenn ich ihn kommen sehe, werde ich einen Stein in die Höhle werfen. Dann wecke sofort die Kinder und laß sie aus Leibeskräften heulen. Ich werde dich dann fragen, warum sie so unruhig sind, und du antworte mir, daß sie großen Hunger haben und endlich fressen möchten.«

Während die Schakalin und ihre Jungen es sich in der Tigerhöhle behaglich gemacht hatten, hielt der alte Schakal Wache. Nach einiger Zeit hörte er Blätter rascheln und Zweige brechen, und beim Morgengrauen konnte er zwischen den Baumstämmen die Umrisse des Tigers erkennen.

Der Verabredung gemäß warf er einen Stein in die Höhle und bald hörte man die Schakaljungen brüllen.

»Was heulen denn die Kinder so«, rief der Schakal.

»Sie sind ungeduldig, weil sie großen Hunger haben«, war die Antwort.

»Sag ihnen, sie brauchen nicht lange zu warten, der Tiger muß bald heimkommen und dann können wir alle feinen Tigerbraten essen.«

Als der Tiger diese Worte hörte, wurde er stutzig und dachte: Was ist denn das für ein fremdes Tier, das sich in meine Höhle wagt und auf meine Heimkehr lauert, um mich zu fressen. Das müssen ja furchtbar wilde Bestien sein. Und ohne sich die Sache noch lange zu überlegen, machte er kehrt und rannte so schnell er konnte.

Nachdem er eine Zeitlang kopflos drauflos gerannt war, begegnete er einem alten zahnlosen Pavian.

»Wohin läufst du so, lieber Tiger«, fragte ihn der Pavian.

»Du sollst es erfahren. Merkwürdige wilde Tiere sind in meine Höhle eingedrungen. Wenn ich mich nicht irre, nennen sie sich Schakale. Zufällig hörte ich, wie sie darüber sprachen, daß sie mich fressen wollten. Zum Glück habe ich feine Ohren und konnte mich, noch bevor sie mich gesehen hatten, retten.«

Der Pavian begann zu lachen und konnte gar nicht aufhören. »Oh, was bist du für ein verrückter Tiger«, und sein ganzer Körper schüttelte sich nur so. »Hast du denn noch nie von Schakalen gehört. Weißt du nicht, daß du die Schakale fressen könntest und nicht sie dich? Komm mit, ich werde dir schon zeigen, wie man diese Bestien behandelt.«

Der Tiger beruhigte sich etwas, doch zögerte er, ob er sich wieder der Gefahr, gefressen zu werden, aussetzen solle. Aber der Affe sprach ihm Mut zu und um ihm ein Gefühl der Sicherheit zu geben, schlang er seinen Schwanz um den Körper des Tigers.

Als sie sich der Höhle näherten, wurde der Tiger immer ängstlicher. Er verlangsamte seine Schritte und blieb oft stehen.

Der Schakal, der gerade Ausschau hielt, erblickte schon von weitem das sich nähernde merkwürdige Paar.

Da rief er recht laut: »Das ist schön, Bruder Affe, daß du dein Versprechen hältst, bring ihn schnell, wir sind schon bald verhungert. Aber warum bringst du uns nur einen Tiger, ich dachte, du würdest uns mindestens zwei oder drei bringen.«

Als der argwöhnische Tiger diese Worte hörte, dachte er, daß ihn der Affe in eine Falle gelockt habe. Sofort machte er kehrt und rannte, ohne sich umzudrehen, schnell wieder in den Wald zurück.

Der Pavian, der seinen Schwanz noch immer um den Leib des Tigers geschlungen hatte, konnte sich nicht befreien und er blieb an den Tiger gekettet.

Während sich der Tiger im dichten, undurchdringlichen Dschungel einen Weg bahnte, wurde der Affe gegen die Bäume geschleudert, zwischen den Zweigen geschleift und bald war er ganz zerschlagen.

Als der Tiger endlich Atem holte und sich umzusehen wagte, fand er nur einige blutige Überreste des Affen.

Der Tiger ist nie wieder in seine Höhle zurückgekehrt und die Schakalfamilie lebte dort glücklich und zufrieden, bis sie starb.

15. Der Tiger und der Mensch

Einst lebte in einem großen Walde eine Tigerfamilie. Als der Tigervater sein Ende nahen fühlte, rief er seine drei Söhne zu sich und sprach zu ihnen: »Meine Kinder, der Tiger ist der Herr des Dschungels. Er tut alles, was er will, er erbeutet andere Tiere, wenn er Lust hat und niemand kann ihm Widerstand leisten. Doch da gibt es noch ein Tier und vor diesem müßt ihr euch hüten. Es allein ist mächtiger und schlauer als der Tiger. Dieses Tier heißt Mensch und ich warne euch feierlich, bevor ich sterbe, vor ihm. Versucht es nicht, ihn zu erbeuten und zu töten.«

Nachdem der Tiger so gesprochen hatte, legte er sich auf die Seite und starb.

Die drei jungen Tiger hörten ehrfurchtsvoll den Worten ihres sterbenden Erzeugers zu und versprachen zu gehorchen. Die beiden älteren Brüder waren auch folgsam und hörten auf seinen Rat. Ihre Aufmerksamkeit lenkten sie auf Rehe und Wildschweine, aber wenn sie den Menschen nur rochen, machten sie sich aus dem Staube. Doch der jüngste Tiger war ein selbständiger und trotziger Geist. Als er älter und stärker wurde, geriet er in Zorn, wenn er an die ihm auferlegte Beschränkung seiner Jagdlust dachte.

Wie ist sie wohl, diese Kreatur Mensch, die ich nicht erwürgen darf, dachte er oft. Alle erzählen, daß sie ein hilfloses Geschöpf sei, ihre Stärke nicht mit meiner zu vergleichen sei und daß ihre Klauen und Zähne gerade lächerlich seien. Und ich, der ich den stärksten Hirschen überrennen und den stolzesten Eber erbarmungslos zerreißen kann, sollte nicht auch den Menschen töten und fressen können?

Nachdem er noch eine Weile hin und her gedacht hatte, beschloß er, den ihm bekannten Dschungel zu verlassen und zu versuchen, den Menschen aufzuspüren. Seine beiden Brüder und seine Mutter rieten ihm weinend ab, erinnerten ihn an die Worte des sterbenden Vaters, doch ohne Erfolg. Eines Morgens ging der junge Tiger davon.

Er war noch nicht weit gelangt, als er einen alten Ochsen traf. Er war dünn und abgemagert und seine Haut zeigte Spuren von Schlägen.

Doch der junge Tiger hatte bisher noch keinen Ochsen gesehen und betrachtete ihn voll Neugierde. Nachdem er um ihn herumgegangen war und ihn von allen Seiten angeguckt hatte, sprach er: »Darf ich fragen, was für ein Tier du bist? Vielleicht ein Mensch?«

»Nein, wahrhaftig nicht«, antwortete das unbekannte Tier. »Ich bin nur ein armer Ochse.«

»Ach«, sprach der Tiger, »dann kannst du mir vielleicht erzählen, was für ein Tier der Mensch ist. Ich bin gerade auf der Suche nach ihm und habe die Absicht, ihn zu töten.«

»Hüte dich vor den Menschen, junger Tiger«, sprach der Ochse. »Das ist ein gefährliches und treuloses Geschöpf. Sieh mich an. Als ich noch ganz jung war, stand ich in den Diensten des Menschen. Ich mußte schwere Lasten tragen. Die Spuren kannst du noch auf meinem Rücken sehen. Viele Jahre verrichtete ich brav und treu alle Sklavenarbeit. Als ich noch jung und stark war, da sorgte man auch für mich und schätzte mich hoch. Doch kaum wurde ich alt und unfähig zur Arbeit, schickte man mich in diesen wilden Dschungel. Da ich alt geworden bin, will man sich nicht weiter um mich kümmern. Ich warne dich inständig vor dem Menschen. Versuche es gar nicht, ihn zu töten. Er ist schlau und gefährlich.«

Doch der junge Tiger lachte nur und ging weiter. Bald kreuzte ein alter Elefant seinen Weg, der im Walde dahertrottete und mit seinem Rüssel Gras und Blätter rupfte. Das alte Tier hatte eine verrunzelte Haut und kleine triefäugige Augen. Seine Haut wies viele Spuren von Mißhandlungen auf.

Der junge Tiger betrachtete überrascht das merkwürdige Tier, ging auf den Elefanten zu und fragte:

»Was bist du denn für ein Tier? Bist du vielleicht ein Mensch?«

»Nein, wahrlich nicht«, antwortete das Tier. »Ich bin nur ein alter, verbrauchter Elefant.«

»Dann kannst du mir vielleicht erzählen«, sprach der Tiger, »wie der Mensch ist. Ich möchte ihn töten und fressen.«

»Hüte dich vor den Menschen, junger Tiger«, antwortete der alte Elefant, »das ist ein treuloses und gefährliches Tier. Sieh mich nur an, einst war ich Herr des Dschungels, aber die Menschen zähmten mich und machten mich zu ihrem Sklaven. Sie legten auf meinen Rücken einen Sattel, meinen Kopf zwängten sie in Riemen und stachen mit eisernen Stöcken nach mir. Solange ich jung und stark war, ging es noch. Da hielten sie mich gut, gaben mir zu essen, soviel ich wollte, und ich hatte einen eigenen Diener, der mich wusch und pflegte. Aber als ich alt wurde, und nicht mehr so viel arbeiten konnte, da jagten sie mich hinaus in den Wald. Wenn du meinen Rat befolgen willst, weiche den Menschen aus. Es kann für dich nur schlecht enden.«

Doch der junge Tiger lachte geringschätzig und ging seines Weges. Nach langer Wanderung hörte er plötzlich Lärm, und als er dem Schall folgte, erblickte er einen Holzhacker, der einen Baum fällte. Nachdem der Tiger ihm eine Zeitlang zusah, trat er aus dem Dickicht und ging stracks auf den Mann zu. Er erkundigte sich, was für ein Tier er sei.

Der Holzfäller antwortete: »Bist du ein unwissender Tiger! Kannst du denn nicht sehen, daß ich ein Mensch bin.«

»Wirklich«, antwortete der Tiger, »da habe ich doch Glück. Ich suche gerade einen Menschen, um ihn zu fressen. Das paßt gut, daß ich dich treffe.«

Der Holzfäller begann zu lachen.»Du willst mich fressen? Weißt du denn nicht, daß der Mensch viel zu klug ist, um sich von einem Tiger töten zu lassen. Komm ein bißchen mit. Ich will dir zeigen, was ein Mensch alles vermag. Du kannst von ihm noch manches lernen.«

Der Tiger dachte: »Es kann nie schaden, Neues zu erfahren«, und er folgte dem Menschen, der ihn zu seinem aus starken Balken gezimmerten Haus führte.

»Was ist denn das?« fragte der Tiger, als er die Hütte erblickte. »Das nennt man ein Haus«, antwortete der Mensch, »und ich will dir nur zeigen, wozu solch ein Haus gut sein kann.«

Er ging hinein und schloß die Türen.

»Jetzt kannst du sehen«, sprach er zu dem Tiger, »was für dumme Geschöpfe ihr seid, vergleicht man euch mit den Menschen. Ihr armen Tiere, ihr lebt in einer Höhle im Walde und schützt euch weder vor Wind und Regen, noch vor Kälte und Hitze. Ihr seid stark, und doch könnt ihr es nicht fertigbringen, ein solches Haus zu bauen. Siehst du, dieses habe ich selbst gemacht. Hier bin ich geborgen. Wenn ich in meinem Hause bin, kümmert mich weder das Wetter noch fürchte ich die Angriffe der wilden Tiere.«

Als der junge Tiger diese Worte hörte, kam er in große Wut.

»Mit welchem Recht besitzt ein so häßliches schwaches Geschöpf wie du bist, ein so hübsches Haus. Sieh meine herrliche Mähne, meine großen Zähne und Krallen, meinen mächtigen Körper. Es ziemt sich viel eher mir, in diesem Haus zu wohnen. Komm sofort heraus und übergib es mir.«

»Aber gern«, sprach der Mann, trat aus dem Haus und ließ die Tür offen, worauf der Tiger hineinspazierte.

»Nun sieh mich an«, rief stolz der junge Tiger. »Passe ich nicht besser als du in dieses schöne Haus?«

»Wirklich, du hast recht«, antwortete der Mann und riegelte die Tür von außen zu. Dann nahm er seine Axt und ging davon und ließ den Tiger im verschlossenen Haus, damit er Hungers sterbe.

16. Die Geschichte von der Redlichkeit

Nachdem der junge Tiger vergeblich versucht hatte, aus dem Hause zu brechen, legte er sich müde hin und dachte über den Verrat des Menschen nach. Dann sprang er von neuem auf und versuchte, die Wände zu durchbrechen. Aber sie waren stark und gaben nicht nach. Der Tiger war verzweifelt und bald litt er Hunger und Durst. So vergingen zwei oder drei Tage.

Der Tiger war in einem bedauernswerten Zustand, als er durch eine Türspalte ein kleines Bisamwild erspähte, das an dem nahen Flüßchen seinen Durst stillen wollte.

Der Tiger rief dem Bisamwild zu: »Brüderchen, komm bitte schnell. Öffne die Tür. Ich bin hier eingeschlossen, und da ich nichts zu essen und zu trinken habe, fürchte ich zu sterben.«

Das Bisamwild war sehr erschrocken, als es den Tiger hörte. Doch als es ihn wehrlos sah, näherte es sich dem Hause.

»Ach, lieber Tiger, ich bin sehr traurig, daß es dir schlecht ergangen ist. Doch fürchte ich mich, die Tür zu öffnen, um dich herauszulassen, denn du würdest mich sicher fressen.«

»Ach nein, wo denkst du hin«, antwortete der Tiger, »du

kannst mir vertrauen. Ich verspreche es dir redlich, daß wenn du mich aus dem Haus befreist, ich dir nichts Böses antue.«

Nach diesem Versprechen ging das Bisamwild an die Tür, schob den Riegel zurück und der Tiger sprang voll Freude heraus.

Doch kaum war er in Freiheit, warf er sich über das Bisamwild und sprach: »Es tut mir sehr leid, mein liebes Tier, doch bin ich so verhungert, daß für mich nur dieser Ausweg bleibt. Ich muß dich sofort fressen.«

»Das ist häßlich von dir«, antwortete das Bisamwild. »Du hast mir versprochen, mich nicht zu fressen. Als ich dir eine so große Wohltat erwies, dachte ich wirklich, daß du dein Wort auch redlich halten würdest.«

»Redlich?« sprach der Tiger. »Was ist Redlichkeit. Ich glaube nicht daran!«

»Glaubst du nicht?« antwortete das Bisamwild. »Nun gut, wetten wir. Wir wollen die ersten drei lebenden Wesen, die wir treffen, fragen, ob es so ein Ding wie die Redlichkeit gibt; wenn sie sagen, solches gibt es nicht, dann kannst du mich fressen. Doch wenn sie sagen, Redlichkeit gibt es, so mußt du mich laufen lassen.«

»Gut«, sprach der Tiger. »Ich bin mit der Wette einverstanden.«

Die beiden machten sich nun auf den Weg und bald kamen sie zu einem großen Baum, der einsam am Wegrand stand.

»Guten Morgen, lieber Baum«, sagte das Bisamwild. »Wir möchten dir eine Frage vorlegen, die du uns beantworten sollst.«

Der Baum bewegte seine Äste und fragte mit freundlicher Stimme: »Fragt mich nur. Ich bin gern bereit, euch zu helfen.«

»Die Sache ist die«, sprach das Bisamwild. »Vor kurzer

Zeit fand ich den Tiger in dem Hause eines Holzfällers eingeschlossen. Da rief er um Hilfe, und bat mich, die Tür des Hauses zu öffnen. Er versprach mir redlich, mir nichts Böses anzutun, wenn ich ihn befreie. Ich öffnete also die Tür und ließ ihn heraus. Doch kaum war er frei, warf er sich auf mich und wollte mich fressen. Als ich ihm Vorwürfe machte, daß er unredlich wäre und sein Wort gebrochen hätte, erklärte er, daß es so etwas wie Redlichkeit in der Welt nicht gäbe. Da haben wir gewettet, daß wir die ersten drei Wesen befragen würden. Wenn sie erklären, daß es Redlichkeit nicht gibt, wird mich der Tiger töten. Andernfalls muß er mich freilassen. Bitte, lieber Baum, sage uns nun deine Meinung.«

Nachdem der Baum alles gehört hatte, bewegte er langsam seine Äste in dem Wind und sprach:

»Deine Geschichte geht mir sehr nahe, liebes Bisamwild. Doch so gern ich dir helfen würde, kann ich es nicht, da ich ehrlich antworten muß. Sieh mich an. Hier steh ich am Wegrand und bin immer bereit, Menschen und Tieren Schatten zu spenden und sie zu erfrischen. Die Reisenden, die vorbeikommen, versäumen nicht, bei mir Kühlung zu suchen. Sie bringen auch die armen Tiere zu mir, damit sie sich ausruhen. Und dann, sind sie mir vielleicht dankbar? Lehrt sie mein Beispiel, wie sie selbst sein sollen? Weit gefehlt. Kaum haben sie sich ausgeruht und erfrischt, gehen sie ihres Weges, natürlich ohne Dank. Obendrein brechen sie meine zarten Äste und gebrauchen sie als Stöcke, um die müden Tiere anzutreiben. Nennst du das vielleicht Redlichkeit? Ich muß dich armes Bisamwild betrüben. Aber so etwas wie Redlichkeit gibt es in dieser Welt nicht.«

Das kleine Bisam war sehr niedergeschlagen, als es diese Worte vernahm und ging traurig mit dem Tiger weiter. Bald erblickten sie eine weidende Büffelkuh mit ihrem Kälbchen.

Die alte Kuh begnügte sich mit den kärgsten Grasstellen, während sie ihrem Kalb, das lustig drauflosfraß, die üppigsten und saftigsten Weiden zeigte.

Der Tiger und das Bisamwild näherten sich der Kuhmutter und das Bisamwild sprach zu ihr: »Einen schönen guten Morgen, liebe Kuh. Dieser Tiger und ich haben einen Streit und du könntest uns vielleicht deine Meinung sagen.«

Die Kuh glotzte mit großen Augen und antwortete bedächtig: »Sprich nur, sprich, liebes Tier. Ich bin gern bereit, dir meine Ansicht zu sagen.«

Das Bisamwild erzählte nun alles, was geschehen war, wie schon vorhin dem Baum und bat die Kuh, ihm zu sagen, ob sie an die Redlichkeit glaube.

Die alte Kuh kaute langsam an den Gräsern und antwortete dann ernst:

»Gern würde ich dir beistehen, liebes Bisamwild, wenn ich nur könnte. Doch denke ich über meine eigenen Erfahrungen nach, so kann ich dir nicht helfen. Sieh mich bitte und dieses Kälbchen an. Wenn es jung und zart ist, nähre und betreue ich es sorglich. Erst gebe ich ihm meine Milch und später such ich ihm die beste Weide und begnüge mich selbst mit dem Geringsten. Doch was geschieht später, wenn das Kalb groß geworden ist? Erinnert es sich vielleicht dankbar seiner alten Mutter? Weit gefehlt. Kaum ist es groß genug, jagt es mich sogar von meinen Weideplätzen, und die alte schwache Kuh kann sich nicht einmal wehren. Nennst du das vielleicht gerecht? Nein, nein, meine Erfahrungen zeigen, daß es so etwas wie Redlichkeit nicht gibt.«

Als das Bisamwild dies gehört hatte, wurde es sehr traurig und hoffte nicht mehr dem Tod entgehen zu können. Doch es bat den Tiger, ihrer Wette gemäß noch das dritte Wesen zu fragen.

Sie gingen weiter und trafen einen Hasen, der ihnen langsam entgegenspazierte.

»Ach, lieber Hase«, sprach das Bisamtier, »könntest du uns nicht einige Augenblicke widmen und deine Meinung sagen über den Streit zwischen dem Tiger und mir?«

»Gewiß«, antwortete der Hase und blieb stehen. »Ich bin begierig, eure Geschichte zu hören.«

Das Bisamtier erzählte wieder ausführlich alles und bat den Hasen um seine Meinung. »Zwei haben uns schon geantwortet, beide sind der Ansicht, daß es so etwas wie Redlichkeit nicht gibt. Du bist der Dritte, von deiner Meinung hängt mein Leben ab.«

»Wie?« antwortete der Hase. »Ich habe das Ganze noch nicht begriffen. Das ist eine sehr merkwürdige Geschichte. Ich kann erst meine Meinung geben, wenn ich alles genau verstanden habe. Wie war es nun? Du sagst, du warst in des Holzfällers Hütte eingeschlossen?«

»Nein, nein«, unterbrach ihn der Tiger. »Ich war eingesperrt.«

»Ach, jetzt versteh ich«, sagte der Hase. »Das Bisamwild hat dich in die Hütte eingeschlossen?«

»Aber nein«, unterbrach ihn jetzt das Bisam. »Du scheinst die Geschichte noch immer nicht begriffen zu haben. So war es nicht.«

»Nun«, sagte der Hase, »das ist eine verwickelte Angelegenheit. Es fällt mir schwer, sie ganz zu begreifen. Ich würde euch vorschlagen, mir an Ort und Stelle genau zu erklären, wie sich alles zugetragen hat.« Der Tiger und das Bisamwild waren mit diesem Vorschlag einverstanden und alle drei wanderten zu der Hütte des Holzfällers. Als sie angelangt waren, sprach der Hase: »Erklärt mir noch einmal, wie es war. Wo warst du, liebes Bisamwild, als der Tiger um Hilfe rief?«

»Hier, ich war an diesem Flüßchen und trank«, antwortete das Wild und ging zum Fluß.

»Und du, Tiger? Wo warst du?« fragte der Hase.

»Ich war drin in der Hütte«, antwortete der Tiger und ging hinein in das Haus.

»Und das Haus war so verschlossen«, sagte der Hase und verriegelte die Tür. Dann ging er lachend mit dem geretteten Bisamwild auf und davon.

Der eingeschlossene Tiger aber starb bald vor Hunger.

17. Die Geschichten vom Fuchs, Löwen, Bär und Wolf, diesen vieren.

1.

Als der Fuchs und der Bär, beide, vor dem Heim des Löwen erschienen, fragte der Löwe: »Wer ist da?« Und der Fuchs und der Bär sprachen: »Guten Tag, Bruder Löwe, wir sind's! Gib uns Quartier!« Der Löwe antwortete: »Ich will euch Quartier machen, kommt herein!« So behielt er sie drinnen. Der Löwe fand eine Ziege und tötete sie. Darauf sprach der Löwe: »He, Bär und Fuchs, ihr beiden! Nehmt den Magen aus dieser Ziege heraus und bringt ihn an den Fluß zum Waschen!« Fuchs und Bär trugen beide den Ziegenmagen davon und brachten ihn an das Ufer des Flusses zum Waschen. Da sprach der Fuchs zum Bären: »He, Bär, wir zwei wollen etwas von dem Fleisch essen!« Der Bär antwortete: »Wenn wir das Fleisch essen, wird der Löwe uns beide töten!« Da sagte der Fuchs: »Ich werde ein Mittel gebrauchen, daß der Löwe das nicht merkt!« Dann aßen die beiden die Hälfte des Magens. Darauf belehrte der Fuchs den Bären folgendermaßen: »Sieh, Bär, wenn der Löwe spricht: Ihr habt das Fleisch gegessen, es ist nichts da! mußt du, Bär, dastehen, und auf die Erde blicken!« Als er ihn so belehrt hatte, nahm er ihn mit. Nun kamen die beiden vor dem Löwen an. Der Löwe erkannte, daß ein Teil des Fleisches gefressen war und sprach: »He, Bär und Fuchs, wer hat die Hälfte des Fleisches gefressen?« Da stand der Bär da und blickte auf die Erde. Der Fuchs blickte lügnerischerweise zum Himmel und gab dem Löwen ein Zeichen mit dem Finger in der Richtung zum Bären. Da wurde der Löwe wütend und tötete den Bären im Augenblick.

2.

So blieb der Fuchs allein übrig. Am folgenden Tag schickte der Löwe den Fuchs, um wieder einen Magen zu waschen. Der Fuchs begab sich an das Ufer des Flusses, um den Magen zu waschen. Indem er wusch, blickte er auf sein Spiegelbild im Wasser und fraß den Magen ganz auf. Dann kam er lärmend an, und der Löwe sprach zu ihm: »He, Fuchs, was ist los?« Der Fuchs erwiderte: »O Bruder Löwe, wieso bist du allein Löwe? Dort ist noch ein Wasserlöwe! Der hat mir den Magen geraubt!« Der Löwe sprach: »Welchen anderen Löwen gibt es außer mir? Du hast den Magen gefressen und lügst!« Darauf antwortete der Fuchs: »Ich lüge nicht! Möge der Bruder Löwe selbst kommen und nachsehen!« So führte er den Löwen an eine Stelle, wo das Wasser tief war. Der Löwe blickte ins Wasser und sah im Spiegel des Wassers, daß da ein andrer Löwe war. Da überkam den Löwen der Zorn. Mit dem Ruf »den will ich töten!« sprang er ins Wasser, und das Wasser führte ihn davon. Der Fuchs stellte sich, als ob er weinen müßte, hielt sich ans Ufer des Flusses und saß dort, indem er Lärm machte.

3.

Als dann der Löwe gestorben war, wurde er ans Ufer des Flusses getrieben. Der Fuchs zog die Haut des Löwen ab, zog sie sich an und ging wieder in das Haus des Löwen, wo er sich hinsetzte. Da kam die Mutter Löwin mit zwei Kindern herbei. Die Mutter Löwin wußte nicht, daß der dort Sitzende der Fuchs sei und glaubte, es sei der Löwe. So ließ sie beide Kinder vor dem Fuchs und ging davon, um Nahrung zu suchen. Bis die Löwin zurückkam, hatte der Fuchs beide Löwenkinder getötet und war fortgelaufen. Als die Mutter Löwin zurückkam, waren beide Kinder tot. Da setzte sich die Mutter Löwin hin und weinte.

4.

Der Fuchs ging weiter und kam vor der Tür des Wolfes an. Der Wolf selbst war nicht da, nur zwei Kinder waren zu Hause. Beide Kinder wurden vom Fuchs getötet. Als die Mutter Wölfin vom Berge aus sah, daß ihre Kinder getötet wurden, kam sie schnell herbeigerannt. Bis sie ankam, war aber der Fuchs geflohen.

5.

Da wurde der Vater Wolf sehr böse und gedachte, den Fuchs zu töten. Der Fuchs dachte: »Der Wolf wird kommen und mich töten!« Deshalb machte er einen Plan. Er ging an den Rand eines Felsens und setzte sich dort hin, indem er Leim kochte. Der Wolf kam dahin und fragte ihn: »Ei, Fuchs, bist du's nicht, der meine Kinder getötet hat?« Der Fuchs sprach: »Das bin ich nicht, Bruder! Ich bin ein Leimsieder vom Felsenrand!« Darauf fragte der Wolf: »Wenn du den Leim gekocht hast, was willst du damit machen?« Und der Fuchs antwortete: »Wenn der Leim gekocht und auf die Augen geschmiert wird, kann man das Götter- sowie das Menschenland sehen! Dazu erhält man etwas Wohlschmeckendes zu essen!« Der Wolf glaubte seiner Rede und sagte: »Bitte, Fuchs, schmiere mir etwas auf die Augen!« Der Fuchs sprach: »Schön, ich werde etwas aufschmieren!« und schmierte den Kleister ganz und gar über die Augen des Wolfes. Da rief der Wolf: »O Fuchs, ich kann nichts sehen!« Der Fuchs sprach: »Wolf, du mußt deine Augen zumachen und sie in die Sonne halten. Dann wirst du's sehen!« Der Wolf machte die Augen zu und hielt sie in die Sonne, worauf dieselben fest verkleistert wurden. Dann schlich sich der Fuchs davon. Da der Wolf mit seinen Augen nichts sehen konnte, rutschte er von vielen lockeren Berghängen herunter. Dann kratzte er beide Augen mit den Vorderpfoten, und am zweiten Tage öffneten sich allmählich beide Augen des Wolfes.

6.

Nun wurde der Wolf zornig und ging aus, den Fuchs zu suchen. Der Fuchs sammelte gerade von einer Weide die dünnen Zweige und trug sie auf einen hohen Berg, wo er sich hinsetzte, um einen Korb zu flechten. Als der Wolf dorthin kam, sprach er: »He, Fuchs, bist du nicht der, welcher meine Augen zugeklebt hat?« Jener antwortete: »Das bin ich nicht. Der, welcher am steilen Fels Leim siedete, geht für sich; und der, welcher am Abhang des Hügels Körbe flicht, geht für sich!« Der Wolf glaubte seiner Rede und sprach: »Was willst du machen, wenn du diesen Korb geflochten hast?« Der Fuchs antwortete: »Wenn dieser Korb fertig geflochten ist, bekommt der, welcher hineinkriecht, Fleisch und Butter, soviel er braucht.« Da der Wolf hungrig war, sagte er, daß er da hineingehen möchte. Der Fuchs sprach: »Nein, ich laß dich nicht hinein!« Da aber der Wolf wieder und wieder bat, ließ er ihn hineinkriechen und machte die Öffnung des Korbes fest zu. Dann kugelte er den Wolf hinunter, und dieser schlug sich sehr heftig, da es von der Spitze des Berges bis zu seinem Fuße sehr weit war.

7.

Wieder wurde der Wolf sehr böse und ging aus, den Fuchs zu suchen. Der Fuchs war an einen Ort gegangen, an dem viel Sand war, und hatte einen Sack hingetragen. Dort saß er und maß Sand ab. Als der Wolf auch dorthin kam, sprach er: »He, Fuchs, bist du nicht der, welcher mich vom Berg heruntergekugelt hat?« Der Fuchs antwortete: »Das bin ich nicht. Der, welcher am steilen Fels Leim siedete, geht für sich; und der, welcher am steilen Fels Körbe flocht, geht für sich. Ich bin einer, der Sand abmißt!« Der Fuchs sprach: »Wenn der Sand gemessen ist, will ich ihn in den Sack füllen und auf den Bruder Wolf laden. Dann will ich darauf reiten! Und wenn ich dann rufe: ›Der Fuchs reitet auf dem Wolf!‹, werden die Dorfleute alle Fleisch, Butter und Bierkrüge herbeibringen, und wir werden reichlich zu essen bekommen!« Der Wolf glaubte seiner Rede und sagte: »Das wollen wir tun!« Dann lud der Fuchs den Sand auf den Wolf und band ihn mit einem Strick fest. Oben darauf ritt er selbst. Sie gingen zum Dorf und der Fuchs rief: »Der Fuchs reitet auf dem Wolf! Bringt uns Essen und Bier heraus!« Solchen Lärm machte der Fuchs. Als die Leute sie so herbeikommen sahen, liefen sie sogleich mit Stöcken herbei. Da sprang der Fuchs von oben herunter und lief davon. Der Wolf, der den Sand trug, konnte nicht fliehen. Die Leute prügelten mit den Stöcken und töteten den Wolf.

8.

Der Wolf und der Bär hatten aber beide Verwandte. Als diese hörten, daß der Wolf und der Bär beide vom Fuchs getötet waren, gingen sie zur Löwin und sagten zu ihr: »O Löwin, unser Wolf und unser Bär sind beide durch List vom Fuchs getötet worden.« Darauf antwortete die Löwin: »Auch unsern Löwen hat er getötet. Darnach hat er auch unsere zwei Kinder umgebracht. Er hat viel Unheil angerichtet. Darum geht ihr beide, sucht ihn und bringt ihn hierher! Ich werde ihn töten!« So gingen die beiden Freunde des Wolfes und des Bären aus, den Fuchs zu suchen. Der Fuchs lag gerade an einem Wege, und als beide dorthin kamen, sprachen sie zu ihm: »Fuchs, der Löwe läßt dir sagen: Du sollst zu ihm kommen. Wir beide sind gekommen, dich zu holen!« Obgleich der Fuchs sich fürchtete, sprach er doch: »Ich werde kommen!« Auf jenem Wege sah man gerade einen Lama mit aufgespanntem Sonnenschirm reiten. Da sprach der Fuchs: »He, Wolf und Bär, seht einmal beide! Wir wollen zusammen den Schirm und den Sack des Lamas stehlen!« Der Wolf und der Bär antworteten: »Wie werden wir das stehlen?« Und der Fuchs belehrte sie so: »Wir müssen spielend vor dem Lama herlaufen. Der Lama wird denken: Die kann ich ergreifen! und von seinem Pferd herunterkommen. Dabei wird er seinen Schirm und Sack ablegen und uns verfolgen. Da müßt ihr beide plötzlich schnell laufen und den Schirm und Sack, beides, holen und euch davonmachen. Ich werde dann auch bald kommen!« Darauf sagten Wolf und Bär beide: »Gut so!« Dann tat der Fuchs, als ob er lahm wäre und lief langsam vor dem Lama her. Der Lama dachte: »Dieser Fuchs ist lahm, wenn ich einen Stein nach ihm werfe, werde ich ihn erlegen!« Er stieg vom Pferd herab und legte Schirm, Sack und Schuhe, alle drei, beiseite. Auch das Pferd ließ er dort, nahm einen Stein und rannte hinter dem Fuchs her. Der Fuchs lief davon, indem er dafür sorgte, daß der Lama nahe hinter ihm blieb. Auf diese Weise kam der Lama weit fort. Als der Wolf und der Bär sahen, daß der Lama schon weit abgekommen war, nahmen sie den Schirm, den Sack und die Schuhe des Lamas und flohen ins Gebirge. Als er sie dahinlaufen sah, rannte der Fuchs auch im Augenblick ins Gebirge. Wie der Lama zurückkam, waren Schirm, Sack und Schuhe, alle drei, verschwunden. Darum ritt er auf seinem Pferde weiter. Fuchs, Wolf und Bär fanden sich wieder zusammen. Der Fuchs sprach: »Weil deine Kinder sich darüber freuen werden, nimm du, Bär, den Schirm mit! Du, Wolf, nimm die Schuhe zum Verfolgen der Ziegen! Wenn du hinter den Ziegen herläufst, binde Schuh und Fuß mit einem starken und dicken Faden fest zusammen!« Dann forderte er ihn zum Ziegenjagen auf. »Und du, Bär, wenn du zu deinen Kindern kommst, mußt du den Schirm aufspannen. Dann werden sich die Kinder freuen! Ich werde unterdessen den Mehlkloß essen!« Indem er so sprach, aß er ihn aus dem Sack. Darauf sagten der Wolf und der Bär: »Nun komm, wir wollen zum Löwen gehen!« Der Fuchs erwiderte: »Vorher sollte der Wolf die Schuhe anziehen und einmal versuchen, eine Ziege zu jagen! Und der Bär sollte einmal den Schirm aufspannen und sehen, wie die Kinder sich darüber freuen werden! Ich werde hier warten!« Beide, der Wolf und der Bär, glaubten ihm und gingen fort. Der Wolf hatte die Schuhe fest angezogen. Wie er nun hinter den Ziegen herlief und die Hirten ihn jagen sahen, nahmen sie ihre Stöcke und gingen dorthin. Dem Wolf waren die Schuhe zu groß, so daß er nicht rennen konnte. Beide Hirten schlugen auf ihn ein und töteten ihn. – Der Bär spannte den Schirm auf und ging zu seinen Kindern.

Die Kinder erschraken, so daß sie von der Spitze des Felsens bis zu seinem Fuß hinunterfielen. Als das die Mutter sah, sprang auch sie herab. So kamen Mutter und Kinder am Fuß des Felsens an und waren tot. Der Fuchs aber fraß den Mehlkloß, war gesund und fröhlich und legte sich schlafen.

18. Ameisengeschichten

1.

In einem ausgedehnten Lande lebte ein großer König. Er hieß Khri-thob. Dieser König hatte eine Tochter namens Nyi-dar-*mhan*. Ferner lebte in einem anderen ausgedehnten Lande ein großer Minister namens dKar-ri-thob. Dieser Minister hatte einen Sohn, für den der Minister die Tochter des Khri-thob zur Ehe erbat. Der König verlangte für die Tochter einen hohen Preis: 100 Ladungen Gerste für das Einladungsbier, 50 Ladungen Gerste für das Hochzeitsbier, 200 Ladungen Gerste für die erste Milch, und im Falle einer Trennung 1900 Silberlinge. Obwohl er so viel verlangte, erlegte der Minister den Preis in einem Augenblick. Darauf sprach der Minister zu König Khri-thob, daß die ganze persönliche Ausstattung der Prinzessin aus Gold gefertigt sein müsse. Da wurde der König sehr traurig in dem Gedanken, wie er so viel Gold auftreiben solle.

Da rief der König den Adel und alle Untertanen zusammen und ordnete an: »Wer Gold hat, muß es mir bringen, ich werde ihm statt dessen Silber geben.« Aber er bekam trotzdem kein Gold. Da sprach der Wesir zum König: »Majestät, es gibt Gold im Innern des Sees. Menschen können nicht ins Innerste des Sees gelangen, so sehr sie sich auch bemühen.

Doch die Ameisen verfügen über das Mittel, ins Innere des Sees zu gelangen. Man muß sich des Königs der Ameisen bemächtigen.« Der König sprach: »Wie kann man den König der Ameisen aus dem Innern der Erde hervorholen?« Der Minister antwortete: »Wenn man den Himmel regnen läßt, werden alle aus der Erde hervorkommen. Dann wird es am besten sein, einige festzuhalten, und ihnen zu sagen: Zeigt uns euren König! Wenn du so verfährst, wirst du den König der Ameisen bekommen.«

Zu jener Zeit lebte ein Einsiedler am oberen Ende des Tales. Zu dem wurde ein Mann entsandt, um ihn zu veranlassen, Regen zu machen. Wenn es ein wenig regnete, ging der Wesir hinaus, um sich umzusehen. Er konnte sich einiger Ameisen von beachtlicher Größe bemächtigen. Er brachte sie ins Schloß zum König. Der König sprach: »Ihr Ameisen, sagt mir, wer euer König ist! Wenn ihr das nicht tut, werde ich euch töten und vernichten.« Der König der Ameisen befand sich aber in dieser Gruppe, und als der menschliche König so sprach, geriet er in Furcht und sprach: »Ich bin es.« Darauf sagte der menschliche König: »König der Ameisen, du mußt alle deine Ameisen versammeln und ihnen befehlen, Gold aus dem See zu bringen. Wenn du es nicht tust, wirst du umgebracht.« Da machte sich der Ameisenkönig auf und versammelte alle seine Ameisen. Es waren ungefähr zweitausend.

An ihrer Spitze begab er sich zum Ufer des Sees. Darauf band er Seidenfäden um die Taillen aller Ameisen. Und indem er sie der Reihe nach aussandte, brachte jede der Ameisen ein halbes Tola Gold aus dem See. Sie dehnten ihre Goldbeschaffung über einen Monat aus, und als der verstrichen war, hatte man viel Gold bekommen. Da war der menschliche König hochzufrieden, und für die Ameisen wurde viel Mehl und Butter verknetet und ein Fest veranstaltet. Dann entließ man sie. Die enge Taille der Ameisen aber kommt vom Druck der Seidenfäden, als sie in den See gingen, um Gold zu holen.

Man holte nun einen Goldschmied herbei, der das Gold zu Schmuck, Ketten und Broschen verarbeitete. Dann sandte der Minister die Brautkäufer aus, hundert Nyopa, sieben bKraschispa, sieben Trommler, sieben Klarinettenspieler und drei 'Bor-'go. Sie alle gingen zum Schloß des Königs Khri-thob. Sieben Tage dauerte das Hochzeitsfest. Als die sieben Tage um waren, wurde die Braut mitgenommen, und der Minister war sehr zufrieden, denn er dachte: Alle die Gegenstände sind aus Gold! Auch dort bei dem Minister wurde sieben Tage lang die Hochzeit gefeiert. Hinfort lebten beide, der König und der Minister, in Herrlichkeit und Freuden.

2.

Dies ist eine andere Ameisengeschichte.

In einem großen Lande lebte ein bedeutender König. Eines Tages begab sich der König zum Vergnügen zu einer großen Ebene, wo er ein großes Fest veranstaltete. Einige Tausend Gäste nahmen an dem Fest teil. Als das Mahl beendet war, gingen sie fort. Darauf wurde der Reis, der aus der Gäste Mund gefallen war, auf den Erdboden gefegt. Allen auf den Boden gefallenen Reis brachten dort aufgetauchte Ameisen fort und versteckten ihn in der Erde. Als sie den Reis versteckt hatten, kam der große König eines anderen Landes, um gegen den König, der das Fest gegeben hatte, Krieg zu führen. Die ganze Armee macht halt an der Stelle, wo das Fest stattgefunden hatte. Da es dort weder Holz noch Wasser gab, blieb das ganze Heer hungrig.

Als die Ameisen sahen, daß das ganze Heer nichts zu essen hatte, holten sie allen Reis aus der Erde hervor und schenkten es dem Heer, und alle Soldaten wurden zufriedengestellt. Da sprach der Heerführer zu den Ameisen: »Ihr Ameisen, woher habt ihr all diesen gekochten Reis genommen?« Die Ameisen antworteten: »O König, in diesem Lande auf der anderen Seite gibt es einen großen König. Jener König kam zu dieser Stelle, um hier ein großes Fest zu geben. Als das Fest zu Ende und die Nahrungsmittel gegessen waren, gingen alle fort, und der von ihren Mündern herabgefallene Reis wurde fortgeworfen. Den haben wir gesammelt, als sie gegangen waren, und in der Erde verborgen.«

Darüber verwunderte sich der General und sprach zu den Truppen: »Ich habe den Eindruck, daß der König über eine große Armee verfügt und ein großes Land hat. Es wäre besser für uns, nicht gegen sie zu kämpfen. Ich glaube, wir können nichts gegen ihn tun.« Mit diesen Worten führte er seine Armee zurück.

19. Die törichte Füchsin

Es war einmal eine Füchsin, die ging im Wald spazieren und traf dort einen Tiger. Da fragte der Tiger die Füchsin: »Tante Füchsin, ist dir an einem kleinen Imbiß gelegen?« »Durchaus«, antwortete die Füchsin. Als sie zu einem Haus gelangten, schüttelte der Tiger sein Fell und fragte die Füchsin: »Sehe ich schreckenerregend aus?« Die Füchsin antwortete: »Ja, so ist es«. Dann hob der Tiger seinen Schwanz hoch und peitschte damit dreimal die Erde, nachdem er ihn dreimal über seinen Kopf geschwenkt hatte, und fragte die Füchsin: »Sind meine Augen rot geworden?«, was die Füchsin wieder bejahte. Da sprang der Tiger in den Hof, riß ein Pferd, nahm die eine Hälfte des Kadavers ins Maul, die zweite auf den Rücken und sprang zurück. Er hieß die Füchsin die zweite Hälfte tragen, worauf diese sprach: »Ich kann es schon tragen, aber dann wirst du dich schämen müssen«. »Warum soll ich mich schämen?« fragte der Tiger. Die Füchsin meinte: »Wenn ich als das schwächere Tier neben dir großmächtigem Raubtier eine so große Last tragen würde, dann dürften alle anderen Raubtiere dich verhöhnen«. Der einfältige Tiger glaubte, daß dies wahr sei, und trug die Last selbst in den Wald, wo sie aufgefressen wurde.

Die Füchsin bewunderte sehr das Gehabe des Tigers und faßte den Entschluß, ebenso zu handeln. Als sie eines Tages durch den Wald schnürte, begegnete sie einem jungen Fuchs und fragte ihn: »Ist dir an einem Imbiß gelegen?« Als er dies bejahte, begaben sie sich vor die Tür einer menschlichen Behausung, wo im vergangenen Monat ein Schwein geschlachtet worden war. Als die Füchsin das festgestellt hatte, schüttelte sie ihr Fell und fragte den jungen Fuchs: »Sehe ich schreckenerregend aus?« – »Nein, gar nicht«, antwortete der junge Fuchs. Da ergrimmte die Füchsin und sprach: »Du Dummkopf, du mußt sagen ›ja‹«. Da sprach er: »Ja«. Nun schwenkte die Füchsin ihren Schwanz dreimal über den Kopf und schlug dann dreimal damit die Erde. Dann fragte sie den jungen Fuchs: »Sind meine Augen rot geworden?« Als er dies verneinte, ergrimmte sie wieder und fuhr ihn an: »Du Dummkopf, ›Ja‹ mußt du sagen«, was er dann auch tat. Da nun die Füchsin nicht wie der Tiger über die Mauer springen konnte, kroch sie durch eine Wasserröhre, wo sie auf eine Katze traf, die auf Mäuse lauerte. Die Katze hielt die Füchsin fälschlich für eine Maus und zerkratzte ihr das Gesicht, so daß sie wieder zurückweichen mußte. Als die Füchsin wieder gekommen war, sprach der junge Fuchs: »Tante Füchsin, wenn auch dein Gesicht zuerst nicht rot war, jetzt ist es rot«.

20. Der Rabe und der Frosch

Einst hatte ein Rabe einen Rabenfreund und machte sich auf, ihn zu besuchen. Weil dieser Freund sehr dick war, fragte er ihn: »Freund, wie hast du es angestellt, so dick zu werden und eine so fettglänzende Farbe zu bekommen?« Dieser antwortete: »Ich habe immer Frosch gegessen«. Sofort begab sich der Rabe zum Flußufer. Am Flußufer fand er einen glotzäugigen Frosch. Den fing er und brachte ihn auf ein Hausdach. Er wetzte seinen Schnabel und traf Anstalten, ihn aufzufressen. Da sprach der Frosch: »Wenn du mich hier frißt, habe ich gar keine Angst. Aber bitte sei gnädig und friß mich nicht am Flußufer!« Der Rabe dachte, es müsse schöner sein, ihn am Fluß zu fressen und brachte ihn dorthin. Er wetzte vergnügt seinen Schnabel an einem Stein, doch als er sich zum Fressen anschickte, sprang der Frosch plötzlich ins Wasser hinein. Da war der Rabe sehr traurig.

21. A-khu ston-pa, der tibetische Eulenspiegel

1.

Einst lebte in Tibet ein ungewöhnlicher Mann namens A-khu ston-pa. Der war sehr gerissen. Wie man in Tibet sagt, soll er eine Inkarnation des Ârya Avalokiteshvara gewesen sein.

Einmal begab er sich in das Dorf 'Phen-po. Unterwegs traf er einige Kinder, die Fische gefangen hatten. Während sich nun die Kinder entfernten, um weitere Fische zu fangen, stahl A-khu die Fische, briet sie am Feuer und verzehrte sie. Die Fischschwänze jedoch sammelte er und steckte jeweils einen in ein Mauseloch.

Als dann die Kinder zurückgekommen waren, baten sie A-khu, er möge ihnen die Fische geben. A-khu antwortete ihnen, die Fische seien entwischt und in Mauselöcher geschlüpft. Da aber die Kinder den Worten des A-khu nicht glaubten, sprach dieser: »Wenn ihr es nicht glaubt, dann laßt uns doch zusammen hingehen und nachsehen!« Also führte A-khu die Kinder zu den Mauselöchern. In jedem Mauseloch steckte aufrecht ein Fischschwanz. A-khu sprach zu den Kindern: »Seid vorsichtig, das ist gefährlich«, und er zog persönlich behutsam die Fischschwänze heraus. Es war aber nichts mehr da als die abgefressenen Fischschwänze. »Schaut nur her, wenn das nicht die Mäuse abgenagt haben, wer wohl sonst?« So sprach er und die Kinder waren davon überzeugt.

2.

Einst hatte A-khu ston-pa von seinem Freunde Gru-gu mda-thogs ziemlich viel Geld geliehen. Diese Schuld sollte er sehr bald zurückzahlen. Aber da er das nicht wollte, nahm er seine Zuflucht zu einer List. Als er nämlich eines Tages auf dem Bar-bskor von Lhasa einherschritt, kam auch Gru-gu mda-thogs auf dem Weg daher, der rund um den Markt führt. Als A-khu daher dort den Gru-gu mda-thogs erblickte, hielt er schleunigst die größte der am Bar-bskor befindlichen Fahnen fest, welche den Namen Tushita trägt. »O A-khu«, sprach Gru-gu mda-thogs, »was machst du denn hier? Willst du mir jetzt nicht die Schuld zurückbezahlen?« A-khu antwortete: »Ach, ich habe hier eine sehr wichtige Tätigkeit, Freund. Sprich im Augenblick nicht von meiner Schuld! Wenn du fähig bist, diese Arbeit zu tun, dann gehe ich, um Geld aufzutreiben.« Gru-gu meinte: »Ich kann das schon machen.« Da sagte A-khu: »Also halt die Fahne fest! Wenn die

Spitze der Fahne eine Bewegung macht, dann schrei aus Leibeskräften ›Der Hauptmast der Lehre fällt um‹!« Mit den Worten »das kann ich« hielt jener die Fahne fest. Als er nun sah, daß sich die Spitze der Fahne ein wenig bewegte, schrie er aus Leibeskräften: »Der Hauptmast der Lehre fällt um!« Da fiel eine Menge Leute über ihn her, verprügelte ihn tüchtig und ließ ihn dann laufen. Zu dieser Zeit hatte sich A-khu schon weit entfernt. Die Spitze der Fahne bewegte sich ein wenig im beständig wehenden Wind. Sie fiel aber weder um noch brach sie entzwei, es passierte überhaupt nichts.

22. Der Tod der Elster

Vor Zeiten gab es in der indischen Stadt Magadha einen Großkönig namens Mahâdeva; dieser hatte zum Priester den Âtshârja Abhiprâjamitra. Als an einem Tage der Âtshârja samt dem Könige zum Gipfel eines hohen Berges gelustwandelt war, gelangte aus der Niederung nach oben ein berauschter, mit dem gelben geistlichen Gewande bekleideter, sich ungebührlich betragender Geistlicher. Darob empfand der König Ekel und sprach zum Âtshârja: »Ein berauschter Geistlicher dient den Menschen unten zum Scherz und Spott.« Der Âtshârja entgegnete: »Es mag sein, o großer König; allein es hat vor Zeiten der Buddha Çâkjamuni sich also über das Unstatthafte geäußert: Ist auch tot das Rind, ist der *Bezoar* doch da, ist auch tot das Moschustier, ist doch der Moschus da, ist auch tot der Tiger, so bleibt das bunte Fell, ist berauscht auch der Geistliche, ist doch am Halse das Reliquienkästchen. Ist die Tshampaka-Blume auch mangelhaft, so dürfen doch die anderen gewöhnlichen Blumen sich ihr nicht gleichstellen, übertreten meine Zuhörer auch das Sittengesetz, so dürfen doch die anderen gewöhnlichen Menschen sich ihnen nicht gleichstellen. Ist auch der König mangelhaft, so dürfen doch die gewöhnlichen Menschen niederer Kaste sich ihm nicht gleichstellen; ist auch der Tiger mangelhaft, so dürfen doch die gewöhnlichen Raubtiere sich ihm nicht gleichstellen. Wie sehr man auch das Kamel herabsetzen mag, so darf doch keine gewöhnliche Geiß sich ihm gleichstellen. Wie mangelhaft auch der Pfau sein mag, so darf doch kein gewöhnlicher Vogel sich ihm gleichstellen. Treibt man mit dem berauschten Geistlichen Scherz und Spott, so tritt Verfinsterung der Gebieter und Untertanen ein.« Als der König nach diesen Worten sich sehr schuldig fühlte, reichte der Âtshârja ihm die Hand und sprach: »Es ist gut. Soll ich dir jetzt eine Geschichte aus alter Zeit von der Elster erzählen?« Der König, damit zufrieden, hieß ihn erzählen und der Âtshârja sprach: »In längst vergangener Zeit lebte ein König Açoka. Nicht sehr weit von dem Palaste dieses Königs hielt sich an einem Kreuzwege ein Elsterpärchen Körner auflesend und verzehrend auf. Da kam des Weges gegangen ein Bhikshu, angetan mit dem geistlichen Gewande, in der rechten Hand einen Avîra-Zweig, in der linken einen Stab haltend, am Halse aber hatte er ein Reliquienkästchen. Als das Weibchen ihn erblickte, fragte es: »Wer ist der da unten des Weges Kommende?« Das Männchen sprach: »Es ist ein mit gelbem Gewande bekleideter Ehrwürdiger.« Das Weibchen meinte: »In dem gegenwärtigen entarteten Zeitalter sind die Menschen sehr wenig gutgesinnt und sehr lasterhaft; der Bhikshu, obwohl ein Ehrwürdiger, ist uns unbekannt; ob der hin und her schwankende Mann gut sein sollte?« Das Männchen sprach: »Dieser mit gelbem Gewande bekleidete Bhikshu wird andern Wesen kein Leid zufügen; sollte er ein Leid zufügen, so ist er kein Buddha-Sohn. Aus den Wiedergeburten Çâkjamuni's wissen wir, daß, nachdem der die Schar anführende Flamingo-König, von fünfhundert Flamingos umringt, in dem vollendetsten Glück bei dem Buddha die Lehre gehört hatte und gläubig geworden war, er, auf dem Wege ausruhend, von einem bösen, sündhaften König, der nach Flamingo-Fleisch Verlangen trug, ums Leben gebracht wurde. Die dem Gesetz der Vögel folgende Schar blieb auf der Stelle und erfuhr kein Leid. Der jetzigen schlimmen Zeit ist nicht zu trauen. Bleiben wir nicht hier, sondern ziehen wir fort!« Mit diesen Worten kletterte das Weibchen an einem Baumstamm empor. Das Männchen sagte: »Aus dem trefflichen Goldlichtsûtra wissen wir, daß der König Mahâsattva einer Tigerin seinen Leib hingab. Ein Bhikshu, der der Welt entsagt hat, ist seltener als der Udumbara. Bekommt man das Reliquienkästchen zu sehen, so ist dies nicht verschieden vom Anblick des Buddha. Jetzt muß ich das Reliquienkästchen sehen.« Mit diesen Worten blieb das Männchen dort sitzen. Es gelangte der Bhikshu dahin und es redete das Elstermännchen ihn also an: »Mit dem Schmuck der drei Lehrstücke ausgestatteter Çâkja-Sohn, Schatzkammer der ehrwürdigen sieben Kleinodien, der du die Mittel kennst die Wesenheit der Leere zu erfassen, o Bhikshu, der du mit dem rotbraunen Gewande geschmückt bist, komm her. Ich bin durch die Macht früherer Taten unter den Tieren geboren und kann in diesem Leben nicht des rotbraunen Gewandes teilhaft werden; allein, bekomme ich das Reliquienkästchen zu Gesicht, so ist es ebensoviel, als wenn ich den Buddha erblickte. Um also die durch das Geschick angesammelte Sündhaftigkeit zu reinigen, geruhe mir das Reliquienkästchen zu zeigen.« Der Bhikshu aber schwang seinen Stab herum und schlug darauf los, so daß er einen Flügel der Elster zerbrach. Als dies des

Königs Açoka Rinderhirt gesehen hatte, sprach er zum Bhikshu: »He, Freund und Bhikshu voll des Rausches, ein Çâkja-Bhikshu, der der Welt entsagt hat, fügt anderen Wesen keinen Schaden zu; fügt er einen Schaden zu, so ist er kein Geistlicher, ist er kein Sohn des Siegreichen; der Elster so den Flügel zu zerschlagen, ist der Lehre nicht gemäß.« Jener verschlagene Bhikshu antwortete: »Die beflügelten Vögel sind böser Gesinnung; die trügerische Elster ist von großer Bosheit; sie hatte vor, mir das Reliquienkästchen zu rauben. Deshalb habe ich nach ihr meinen Stab geworfen und ihr einen Flügel zerschlagen. Deshalb wolle du nur mir nicht zürnen.« Da flog das Weibchen vom Baume zu dem Zusammengesunkenen hinab; die Augen mit Tränen gefüllt, sprach es: »O Jammer, ach, o weh! Mein Männchen du, mit großer Scheu der unliebsamen Lehre Ruf verkündend, mit frommem Sinn der Lehre treu ergeben, den, der Lehre nicht gehorchend, des After-Bhikshu's Stecken traf. Zu dem, der Nahrung mir gesucht, kann jammernd ich nur sprechen. Als solcher Befreiung nachstrebend der Papagei mit türkisblauen Flügeln das Kleinod vom Leben eingebüßt hatte, entstand um ihn ein Streit der Kinder. Wenn auch gelangt zum höchsten Grade der Geduld, wärst du, wenn du gehorchet meinen Worten und wenn du gelangt zum Baumesgipfel, nun bar der Schmerzen. Jetzt ist der schlimme Geistliche da, der schlechte Bhikshu ohne Scham. Solchen Hingang sehend, fühle ich das Herz mir bersten. Allein was soll man bei dem Jammer machen!« Also sprechend jammerte das Weibchen und weinte, das Männchen, als es weiter sich gewälzt, sprach also: »Im Munde mag der Seufzer nun verschwinden! Da ich deinem Worte nicht gehorcht, ist mir ein solcher Schmerz erwachsen; allein dem Bhikshu, dem Ehrwürdigen, mögest du nun nicht mehr zürnen. Erfährt man Schmerz, so übe man Geduld; die

Buße der Geduld erzeugt die Buddhaschaft, der Zorn der Ungeduld bringt in die Hölle. Wolle du den Bhikshu's nur nicht zürnen. Frühere Taten sind gereift. Wenn die Zeit des Sterbens kommt, wird der Tierleib hier verlassen, Götter- oder Menschenleib erlangt, der treffliche Befreiungspfad betreten. Von nun an werden, wenn ich sterbe, alle Schmerzen gleich ihr Ende haben, wird der Zeitraum der Glücks- und Unglückstaten sein. Wolle du nicht selber Schmerz bereiten.« Da sprach das Weibchen: »O weh, o Jammer, du mein Mann! Was werd' ohne dich ich wohl beginnen? Wenn versammelt sich der Vögel Schar, der lieblich redende König der Vögel Kokila, der Minister der weißgeschwänzten Geier, der redekundige Türkis-Papagei, der als geistlicher Herr geborene Tschakravâka, der allwissende Vögel-Bonpo, der ehrwürdige Wiesen-Wachtelkönig, die ehrwürdige kraftlose Zwitscherin, der Falke und Mäusehabicht, der Magnat Uhu der alte, der Oheim Totenrichter Rabe, Bräutigam der blaue Tänzer, die in Felsenhöhlen meditierende Taube, der Chiliarch Wiesen-Spatz, die zarte Wald-Nachtigall, die trügerische Goldgans, wenn alle Vögel sich versammeln, was soll ohne dich ich dann beginnen; wie soll ich dann, wenn ich befragt bin, sprechen?« Also sprach und weinte sie, das Männchen aber sagte: »O Liebliche, hör du her! Wenn die ganze Vogelschar versammelt ist (wenn Glück und Unglück eintritt, muß Glück man tragen, Unglück tragen), sprich dann zur Vogelschar also. Meine Sterbensworte mußt du lernen, nicht darfst den Auftrag du vergessen; also mußt zur Vögelschar du sprechen: zu Kokila, dem Könige der Vögel: ›Zeit und Stunde nicht beachtend, laß den lieblichen Gesang ertönen, heitre auf den Sinn der Menschen; obwohl schlechtem Vieh ein Freund, sollst du bei ihm nicht lange weilen‹, zum Minister, dem Weißschwanz-Geier, sprich: ›Auf des Himmels-Höhe schwebend, hege Güte zu der Vögel Schar, nicht nimm du Fleisch zur Nahrung, nähr' von Sprossen dich und Leichen; überstolz mußt du nicht lange um dich blicken!‹ Zum redekundigen Türkis-Papagei: ›Erfasse du des Königs Sinn und mache nicht zu viel der Worte.‹ Zum geistlichen Herrn Tschakravâka: ›Es soll die Buddha-Lehre blühn und wenn die Wesen abwärts streben, sind auf den Pfad der Befreiung sie zu leiten.‹ Zum allwissenden Vögel-Bonpo: ›Kunde muß man gut erteilen, räumen fort die Hindernisse, Dämone von der Wiege scheuchen.‹ Zum ehrwürdigen Wiesen-Wachtelkönig: ›Wenn des Buches Blätter du liesest, sollst du deutlich, klar und lieblich deinen Vortrag halten, dem Gabenspender jedes Hindernis beseitigen.‹ Zur ehrwürdigen kraftlosen Zwitscherin: ›Wenn der Jahreszeiten Maß du nimmst und sie in dreihundert Sprachen überträgst, hüte dann dich vor des Falken Gier; in den Lüften weile du nicht lange; dein niedres Nest im Feldrain bauend, decke du die eignen Jungen; nicht laß die Eier du im faulen Neste; suche in der Einsamkeit des Nestes Stätte.‹ Zum Richter, dem Falken und Mäusehabicht sprich: ›Einlaß nicht dem äußern Feind gestattend, Güte hegend zu der Schar der Vögel, mußt übergroßen Hunger du nicht lange haben.‹ Zum Magnat Uhu mit gelbem Schnabel: ›Bei Tage in dem Loche weilend, in der Nacht die Nahrung sammelnd, schone du das Kleinod Leben, laß deine Stimme nicht ertönen, nicht das schlimme Omen ha ha hören.‹ Zum Oheim dem Totenrichter Rabe: ›Freundlich sei du mit den Neffen hier, leih Vermögen du den Kindern, lenke du des Landes Herrschaft, gib Ausdruck du den guten Plänen.‹ Zum Bräutigam dem blauen Tänzer: ›Dem Ohnmächtigen bürde keine Last du auf, der Schwache hat an sich genug.‹ Zu der in der Felsenhöhle meditierenden Taube: ›. . . die Wünsche all' erfüllt, im Innern keinen bösen Plan erfassend, abends an des Wassers Oberfläche lange nicht Betrachtung übend, suche du nicht weit die Nahrung.‹ Zum Oberfeldherrn dem rotköpfigen Spatz: ›Beginn mit andern keinen Streit, weil' nicht lange auf dem Wege; kommt hervor der blaue Mäusehabicht, mußt du hin und her zur Seite schlüpfen; am Ende von des Eingangs Oberschwelle wolle nicht des Nestes Stätte du bereiten; deinen Jungen dien' ein Steineshaufen; in der Mitte hoch nach Süden, auf hohem Boden such des Nestes Stätte, dann ist es warm und fest zugleich.‹ Dem Hahn mit ausdauernder Männerstimme: ›Bei Tage langen Ruf wünschend, suche Nahrung du, der Vögel Rinderhirt; in der Nacht auf der Stange weilend, gib in der Dämmerung nicht schlimmen Ruf; bei Tagesanbruch melde du die Zeit; ohne von dem Stab der Toren getroffen zu werden, hadre mit den Rechtsverletzern.‹ Zur zarten Nachtigall des Waldes: ›Nicht verletzend und nicht verleumdend, ohne auf der Menschen Lüge einzugehen, melde alles treu der Wahrheit.‹ Der trügerischen Goldgans: ›Des Dankes gegen deine Eltern nicht vergessend, des Leibes, der Rede und des Geistes Dienste leihend, den tugendhaft wandelnden geistlichen Frauen Aufmerksamkeit spendend, mußt du, wenn du vom Jenseits Seligkeit wünschest, das zur Seligkeit Nötige tun.‹ «

Ferner sprach das Weibchen: »Wer wird jetzt, wenn du gestorben, zur Sommerzeit, wenn der Hagel rauscht, der Regen fällt, die Jungen mit dem Flügel decken? Wer wird in der kalten Winterzeit, wenn sogar die Steine in Splitter bersten, die Jungen mit dem Flügel decken? Wer wird in der Frühlingszeit, wo man Nahrung suchend sie nicht findet, den Jungen das Leben fristen helfen? Wer wird in der Herbstzeit, wenn die Früchte ihren Saft entfalten, Gewürm uns spenden? Wer wird zur Zeit, da man zur Stadt gelangt, die Nahrung mir bereiten? Wer wird, wenn ins Haus der Feind gelangt, dann mir Schutz bereiten? Wer wird, wenn ich auf den Feind mit Groll gerate, mir als Stütze dienen? Wer wird, wenn ich, was ich im Herzen hab', nicht sagen kann, mir im Gespräch Genosse sein? Wer wird im Nest mir Schlafgenosse sein? Ohne Glück und Unglück mitzuteilen, werde ich, wenn das Lebensmaß zu Ende ist, sterben und niemand da sein, der mich betrauert. Zur Zeit der schönsten Lebensblüte, ohne daß betroffen mich Krankheiten der vier Elemente, werde von dem Bhikshu ich zu solcher Handlung nun gebracht. Stirbst du, so werde ich dich nicht verlassen, sondern früher selbst vom Fels mich stürzen.« Als sie so gesprochen und schon zum Sturze schritt, sprach das Männchen: »O Liebliche, ist richtig auch was du gesprochen, so werden, wenn durch die Tat ich umgekommen, du dein Leben dir zuvor genommen, später niemand mehr als Freund sich findet, beide wir nicht mehr vorhanden, unsre Jungen Hungertodes sterben. Ist auch solche sündige Tat durch den Bhikshu selbst geschehen, sollst zu solcher Tat du nicht dich schicken; sollst denken an den Schutz den Jungen, nach mir tun, was heilsam ist.«

Als das Männchen so gesprochen, redete das Weibchen: »Weh mir, o Jammer, zu wahrem Mitleid du geboren, nachdem gesund in solche Lage du gekommen und dann ins Jenseits du gegangen, gelobe ich, nun drei der Jahre auf dem Lager zu weilen, aus den Augen Tränen fließen lassend, werde dann, bis wiederum verflossen drei der Jahre, warten, Gräser mir und Wasser mir versagen. Der Bhikshu, der sich deiner nicht erbarmt, hat auf mich nun unheilvolle Tat gebracht.« Also sprach das Weibchen, während regengleich die Tränen fielen, unentschlossen, was es tun sollte. Da dachte das Elstermännchen also: »Da ich nun das Leben lasse, mein Weib in diesem Zeitraum auf dem Schmerzenslager bleibet und weder die Lehren dieser Welt noch Worte den

Schmerz beseitigen können, muß ich mit Hinblick auf die Vergänglichkeit der Welt und auf das Verlangen, von den Schmerzen des Kreislaufs erlöst zu werden, selber noch im Schmerz verweilend, eine Lehre über die Folgen und Früchte der Taten vortragen.« Also sprach es da zum Weibchen: »O Liebliche, wir beide, du und ich, sind infolge eines Wunsches zur Zeit des Buddha Dîpaṁkara fortwährend als Gefährten geboren worden. Frühere Taten haben sicher ihre Folgen; als Folge früherer Zeit ist jetzt der Schmerz da; in der Macht der Schein-Welt noch befindlich, mußt du meine Worte hören. Ist Geburt da, ist auch Tod da; dieser Leib, gemischt aus Fleisch und Blut, ist der Geburt, des Todes teilhaft; wer hat gleich wie des Wassers Schaum, gleich wie des Frühlings Blume, wenn die Zeit des Todes kommt, noch Macht, welches Wesen, das geschaffen, noch Bestand?« Ferner sprach das Elstermännchen: »Wenn ich von hier scheide, tret' ich auf den Pfad der Einsicht; wolle du nun nicht mehr jammern; höre jetzt meine Worte: Das Ende des Gebornen ist der Tod, das Ende des Zusammengesetzten ist die Trennung, das Ende des Angehäuften ist das Schwinden.«

23. Die beiden Fischotter und der Schakal

In längst vergangener Zeit lebten an einem Flußufer zwei Fischotter, welche von Zeit zu Zeit ins Wasser stiegen und Fische aufs Trockne holten; zu der Zeit aber, da sie aufs Trockne gingen, kehrten die Fische ins Wasser zurück, so daß jene nichts vorfanden. Darauf berieten sich beide und beschlossen, daß die eine von ihnen ins Wasser steigen, die andere auf dem Trockenen bleiben und sie dann die Beute gemeinschaftlich haben sollten. Es stieg darauf die eine ins

Wasser, die andere aufs Trockene. Die ins Wasser gestiegene scheuchte die Fische und zog sie aufs Trockene, die auf dem Trockenen gebliebene aber tötete sie; die im Wasser gebliebenen tötete die im Wasser befindliche Fischotter. Als nun der Fischhaufen groß geworden war, sagte die eine: »Teile nun du.« Die andere entgegnete: »Ich werde nicht teilen.« – »Weshalb?« – »Ich möchte nicht, daß ich ein Versehen beginge.« Die andere sagte: »Verhält es sich so, so könnte auch ich ein Versehen begehen.« Als beide nun in Gedanken versunken dastanden, kam der Schakal Mukhara an sie heran und fragte: »O Nichten, weshalb seid ihr so in Gedanken versunken?« – »O Oheim, wir haben Fische gefangen.« – »Weshalb teilt ihr sie nicht?« – »O Oheim, aus Furcht vor Unrecht.« – »Meinst du nicht, daß Mukhara kopfüber aus Furcht vor Unrecht nach der Hölle gehen würde?« Mukhara dachte: »Da die beiden Anstand nehmen, will ich die Teilung vornehmen.« Als er darauf eine Schildkröte, welche die beiden Ottern beständig bediente, erblickt hatte, ging der Schakal auf die eine derselben zu und fragte: »Nichte, was hast du hier getan?« – »O Oheim, ich bin ins Wasser getaucht und nachdem ich hineingetaucht, habe ich die Fische gescheucht, welche aufs Trockene gezogen und von dieser getötet wurden.« – »O Nichte, wenn man, ins Wasser gegangen, auch nur ein wenig finge, ginge Mukhara bestimmt ins Wasser. Die auf das Trockene gesandte Otter hat Gefahren durch Baumstämme, durch Dornen, durch wilde Tiere, durch Menschen und durch Erdspalten. Ferner wenn sie die Fische nicht tötete, wozu würde dein Scheuchen helfen! Kurz, da der ganze Fang eigentlich nur durch ihre Kraft zustande kam, so mußt du nehmen, was sie gibt, und keinen Widerspruch erheben.« Da der Schakal sie so ins Herz treffend eingeschüchtert hatte, sprach die Otter kein Wort. Darauf ging er zur andern Fischotter und sprach: »O Nichte, was hast du hier getan?« – »O Oheim, ich bin aufs Trockene gegangen und habe die aufs Trockene geworfenen Fische getötet.« – »O Nichte, wenn man aufs Trockene gegangen auch nur ein wenig finge, würde Mukhara immer auf das Trockene gehen. Die ins Wasser gegangene Otter hat Gefahr durch die Wellen, durch die Schildkröten, durch die Alligatoren, durch die Krokodile und das Wasser; ferner, wenn sie nicht die Fische gescheucht hätte, wie hättest du sie getötet! Kurz, was hier an Fischen gefangen, das ist durch ihre Kraft geschehen; deshalb mußt du mit dem, was sie gibt, zufrieden sein.« Als die Otter durch ihn ins Herz getroffen und eingeschüchtert war, saß sie da, ohne etwas zu sagen. Mukhara sagte: »O Nichte, hier ist ein Mittel, durch den Laut des Çloka die Teilung ohne Unrecht vorzunehmen.« Diese zwei entmutigt sagten: »O Oheim, nimm du die Teilung vor.« Mukhara machte drei Teile: den einen Teil die Fischschwänze, den zweiten die Fischköpfe, den dritten die Mittelstücke und sprach den Vers: »Wer auf der Fläche geht, erhält die Schwänze, wer in die Tiefe geht, die Köpfe, wer im Gesetze weilt, erhält den Mittelkörper.« Mukhara dachte: »Nachdem ich diese beiden betrogen, werde ich den Fang bekommen.« Er nahm den Mittelkörper eines großen Fisches und begab sich zu seiner Mutter. Diese voll Freude fragte ihn in einem Çloka: »Mukhara, von woher kommst du, da du einen großen Fisch ohne Kopf und Schwanz gebracht, woher kommst du so beglückt?« Er antwortete: »Gleichwie der Schatz des Königs, der Recht und Unrecht nicht kennt, durch das, warum die Toren streiten, vermehrt wird, werden wir zur Genüge Nahrung haben.« Sie auch sprach den Çloka: »O Mukhara, du bist schön, der du andere bewältigt, überaus brav; jene beide sind zufrieden und auch du hast reiche Beute.«

24. Bestrafte Habgier

In längst vergangener Zeit traf ein Jäger einen Elefanten mit einem vergifteten Pfeil; als er bemerkte, daß er ihn getroffen, ging er dem Pfeil nach und tötete den Elefanten. Durch einen Unstern gelangten fünfhundert Räuber, welche ein Gebirgsdorf geplündert hatten, in jene Gegend und erblickten den Elefanten. Da damals gerade eine Hungerzeit war, sprachen sie: »Da wir dieses Fleisch gefunden haben, so lasset zweihundert und fünfzig von uns das Fleisch des Elefanten zerschneiden und braten, zweihundert und fünfzig aber Wasser holen.« Da meinten diejenigen, welche des Elefanten Fleisch zerschnitten und kochten: »O Geehrte, da wir solche Arbeit getan und so viel Diebsgut zusammengebracht haben, weshalb sollen wir jenen davon abgeben! Lasset uns vom Fleische, soviel uns beliebt, essen und den Rest vergiften; jene werden das vergiftete Fleisch essen und sterben, das Diebsgut wird aber unser sein.« Nachdem sie also sattsam vom Fleisch genossen hatten, vergifteten sie den Rest. Diejenigen, die nach Wasser gegangen waren, hatten ebenfalls, nachdem sie Wasser zur Genüge getrunken hatten, den Rest vergiftet. Als sie nun gekommen waren und diejenigen, die das Fleisch gegessen hatten, Wasser tranken, die aber das Wasser getrunken hatten, das Fleisch genossen hatten, starben sie alle.

Da kam ein Schakal, durch die Banden der Zeit gefesselt, an jene Stelle und erblickte alle jene Leichname. Mit aus Begierde erwachsener Freude dachte er: »Da mir überaus große Beute erwachsen ist, will ich sie der Reihe nach vornehmen.« Er packte den Bogen mit dem Rachen und fing an, die Bogensehnenknoten zu zernagen. Da riß die Sehne und des Bogens Ende fuhr ihm in den Gaumen, so daß er umkam. Der

Schakal sprach den Çloka: »Man soll wohl sammeln, aber nicht übermäßig ansammeln; seht, wie der nach dem Gesammelten gierige Schakal verblendet, durch den Bogen getötet wurde.«

25. Die tugendhaften Tiere

In längst vergangener Zeit lebten in einem dichten Walde des Kâçi-Landes vier Tiere: ein Haselhuhn, ein Hase, ein Affe und ein Elefant. Da sie zueinander Zuneigung gefaßt hatten, lebten sie zusammen einträchtig, überaus zufrieden, ohne Streit und ohne Furcht und verbrachten die Zeit in Freuden. Zu einer anderen Zeit fiel es ihnen ein, daß, obwohl sie bei gegenseitiger Zuneigung einträchtig, überaus zufrieden, ohne Streit lebten, sie doch nicht wüßten, wen sie verehren, hochschätzen und hochhalten sollten und sie sich dabei nach dem Alter richten müßten. Sie fingen an miteinander sich zu beraten, um zu erfahren, wer von ihnen der älteste sei. Da wies das Haselhuhn auf einen Feigenbaum hin und fragte: »Geehrte, von welcher Größe hat jeder von uns diesen Feigenbaum gesehen?« Der Elefant sagte: »Als ich mit der Herde dieses Weges gegangen bin, habe ich die Größe desselben gleich der meines Körpers gesehen.« Der Affe sagte: »Als ich mit der Herde dieses Weges gegangen bin, habe ich seine Größe mir gleich gesehen.« Da sagten die Tiere: »Du bist älter als der Elefant.« Der Hase sagte: »Als der Baum zwei Blätter hatte, habe ich mit der Zunge die Tautropfen von denselben geleckt.« Da sagten die Tiere: »Du bist älter als diese beiden.« Das Haselhuhn sagte: »Ihr habt also den Feigenbaum von solcher Größe gesehen?« Sie bejahten es. »Als ich Samen gegessen hatte, habe ich an dieser Stelle den

Dünger fallen lassen, aus welchem dieser Baum emporgewachsen ist.« Die Tiere sagten: »Wenn es sich so verhält, so bist du unter uns am ältesten.« Darauf fing der Elefant an, allen Ehre zu erweisen, der Affe dem Hasen und dem Haselhuhn, der Hase aber dem Haselhuhn. Sie erwiesen auf diese Weise je nach dem Alter einander Ehre und wandelten in dem dichten Walde auf und ab, und wenn sie sich in eine offene und abschüssige Gegend begaben, so ritt der Affe auf dem Elefanten, der Hase auf dem Affen, auf dem Hasen aber das Haselhuhn. Als nun die Zuneigung und Verehrung noch zugenommen hatten, da entstand ihnen solcher Gedanke, daß, da die Zuneigung und Verehrung zugenommen hätten, sie sich auch ein wenig noch anderer Tugenden befleißigen sollten. Auf die Frage, wie dies zu tun sei, sagte das Haselhuhn: »Man muß sich der Tötung lebender Wesen enthalten. Welcher Art sind diejenigen von uns, die lebende Wesen töten?« Das Haselhuhn sagte: »Es gibt sowohl Blätter, Blumen und Früchte, die mit Leben ausgestattet sind, als auch solche, welchen es fehlt. In Zukunft wollen wir das Belebte aufgebend das Leblose genießen.« Sie fingen also an, das Belebte aufzugeben und das Leblose zu genießen. Dann dachten sie: »Nachdem wir nun der Tötung des Lebendigen entsagt haben, aber noch nicht der Aneignung des Nichtverliehenen, so wollen wir auch der Aneignung des Nichtverliehenen entsagen. Welcher Art sind diejenigen von uns, welche Nichtverliehenes sich aneignen?« Das Haselhuhn sagte: »Es gibt im Besitz befindliche Wurzeln, Blätter, Blumen und Früchte, aber auch unbesessene, deshalb wollen wir in Zukunft die im Besitz befindlichen aufgebend nur die unbesessenen genießen.« Sie fingen nun an, das im Besitz Befindliche aufgebend das Unbesessene zu genießen. Sie dachten: »Wir haben nun der Aneignung des Nichtverliehenen entsagt, aber noch nicht der Buhlerei; wir müssen auch der Buhlerei entsagen. Worin besteht unsere Buhlerei?« Das Haselhuhn sagte: »Da wir erlaubte Verbindungen eingehen und auch nicht erlaubte, so müssen wir fortan nur erlaubte Verbindungen eingehen, nicht aber unerlaubte.« Sie gingen also die erlaubten Wege und gaben die unerlaubten auf. Sie dachten: »Wir haben nun der unerlaubten Liebe entsagt, aber noch nicht der Lüge; wohlan, wir wollen auch der Lüge entsagen. Worin besteht denn unser Lügen?« Das Haselhuhn sagte: »Da wir alles durcheinander gesprochen haben, wollen wir in Zukunft nicht mehr durcheinander sprechen, sondern nur wohlbedachte Worte zur rechten Zeit.« Sie sprachen nun nicht mehr allerlei durcheinander, sondern nur wohlbedachte Worte zu rechter Zeit. Sie dachten: »Wir haben der Lüge entsagt, aber noch nicht der schamlosen Berauschung durch berauschende Getränke; wohlan, wir wollen auch der schamlosen Berauschung durch berauschende Getränke entsagen. Welcher Art sind diejenigen von uns, die sich schamlos mit berauschenden Getränken berauschen?« Das Haselhuhn sagte: »Da es berauschende Früchte gibt, aber auch nicht berauschende, so wollen wir in Zukunft die berauschenden Früchte aufgebend nur die nichtberauschenden genießen.« Sie fingen nun an, die berauschenden Früchte aufgebend nur die nichtberauschenden zu genießen. Als sie nun in den fünf Gelübden gehörig fest waren, sprach das Haselhuhn: »Geehrte, da wir nun in den fünf Gelübden gehörig fest sind, wollen wir auch andere in den fünf Gelübden befestigen.« Jene sprachen: »So wollen wir tun. Wen soll aber jeder von uns in denselben befestigen?« Der Affe sagte: »Ich werde alle Affen darin befestigen.« Darauf sagte der Hase: »Ich werde alle Hasen und behaarten Tiere darin befestigen.« Der Elefant sagte: »Verhält es sich so, so werde ich die Elefanten, Löwen,

Tiger und Bären alle darin befestigen.« Das Haselhuhn sagte: »Wenn es sich so verhält, so will ich nun auch die noch nicht bekehrten Fußlosen, Zweifüßler, Vierfüßler und Vögel alle in den fünf Gelübden befestigen.« Darauf befestigten sie in dem Kâçi-Lande alle lebenden Wesen des Tierreichs, soviel es deren gab, in den fünf Gelübden. Da sie einander keinen Schaden zufügten und in dem dichten Walde nach ihrem Wissen und Belieben lebten, so sandte durch ihre Kraft die Gottheit von Zeit zu Zeit Regen und wurde die Erde stets mit Blumen, Fruchtbäumen und Saaten ausgestattet. Da auch der König sah, wie die Menschen, ohne einander Schaden zuzufügen, lebten und die Erde stets mit Blumen, Fruchtbäumen und Saaten ausgestattet war, sagte er: »Da ich nach dem Gesetze herrsche, so ist dies meine Kraft.« Seine Gattinnen, die Prinzen, die Minister, seine Krieger, Stadt- und Landbewohner meinten, es sei ihre Kraft. Da der König sah, daß diese alle es für ihre Kraft ansahen, staunte er, ließ die Zeichendeuter rufen und fragte, allein sie wußten es nicht. Da gab es unweit von Vârâṇasî einen Lusthain, in welchem ein mit den fünf Klarsichten begabter Rischi wohnte, der den in Vârâṇasî wohnenden Menschenscharen, die ihm Verehrung bezeigten, weissagte. Zu diesem Rischi begab sich der König, berührte seine beiden Füße und sprach: »O großer Rischi, da alle in meinem Lande befindlichen, dem Tierreiche angehörigen lebenden Wesen, ohne einander zu schaden, nach Wissen und Belieben leben und die Gottheit zu rechter Zeit Regen sendet, die Erde aber stets mit Blumen und Fruchtbäumen und Saaten ausstattet, so habe ich gedacht, daß, da ich nach dem Gesetze herrsche, es meine Kraft sei, da aber die Gattinnen, die Prinzen, die Minister, die Krieger, die Land- und Stadtbewohner meinen, daß es ihre Kraft sei, so bin ich in großes Staunen geraten; es ist deshalb billig, daß du den Zweifel darüber lösest, wessen Kraft es sei.« Er entgegnete: »O großer König, es ist dies nicht deine Kraft, auch nicht der Gattinnen, nicht der Prinzen, nicht der Minister, nicht der Krieger, nicht der Stadt- und nicht der Landbewohner, sondern in deinem Lande gibt es vier lebende Wesen, deren Kraft es ist.« Der König sagte: »Wenn es sich so verhält, so will ich sie sehen gehen.« Der Rischi sprach: »Was wünschest du sie zu sehen?, sondern den Lebenswandel, welchen sie ergriffen haben, diesen ergreife auch du und wandle nach demselben.« – »Welchen Lebenswandel haben sie denn ergriffen?« – »Die fünf Gelübde.« – »O großer Rischi, welcher Art sind diese fünf Gelübde?« – »O großer König, es sind diese: den lebenden Wesen das Leben nicht zu nehmen, fremdes Eigentum nicht rauben, nicht unerlaubte Verbindung eingehen, nicht lügen, nicht berauschende Getränke trinken.« Der König sagte: »O großer Rischi, wenn es sich so verhält, so will auch ich diese fünf Gelübde übernehmen und nach ihnen leben.« Darauf begann der König diese fünf Gelübde zu übernehmen und danach zu wandeln. Als der König die fünf Gelübde übernommen und nach ihnen wandelte, taten die Gattinnen es ebenso, die Prinzen, die Minister, die Krieger, die Stadt- und Landbewohner übernahmen die fünf Gelübde und fingen an nach ihnen zu wandeln. Als die Vasallen-Könige hörten, daß der König Brahmadatta, seine Gattinnen, Prinzen, Minister, Krieger, Stadt- und Landbewohner die fünf Gelübde übernommen und nach ihnen wandelten, so fingen auch sie mit ihren Gattinnen, Prinzen, Ministern, Kriegern, Stadt- und Landbewohnern zusammen an, die fünf Gelübde übernehmend sie zu beobachten. Die Mehrzahl der Menschenscharen von Dshambudvîpa übernahm die fünf Gelübde und fing an, dieselben zu halten. Wer damals in Dshambudvîpa starb, der wurde, wenn sein Leib unterging, in der Tushita-Region der 33 Götter wiedergeboren. Als der Götterkönig Çakra den Kreis der Götter so erweitert sah, sprach er den Vers: »Die im Büßerwalde mit Verehrung und Hochachtung weilenden Haselhuhn-Schüler haben die Welt in der Lehre unterrichtet.«

26. Der heuchlerische Kater

In längst vergangener Zeit lebte ein Anführer einer Mäuseschar mit einer Umgebung von fünfhundert Mäusen und gab es einen Kater namens Agnidsha. In seiner Jugendzeit tötete dieser, wo er wohnte, in der Umgegend alle Mäuse. Als er aber zu anderer Zeit alt geworden mit seiner Überlegenheit keine Mäuse mehr fangen konnte, dachte er: »Früher habe ich in der Jugendzeit durch meine Überlegenheit Mäuse fangen können, da ich jetzt nicht mehr es vermag, muß ich irgendeine List bereitend sie verzehren.« Er fing an verstohlenerweise Mäuse zu suchen. Bei diesem Suchen erfuhr er, daß es eine Schar von fünfhundert Mäusen gebe. Als er an einer von dem Mäuseloche nicht sehr entfernten Stelle trughafte Bußübung ausübte, sahen die Mäuse, als sie hin- und herliefen, ihn mit frommer Haltung stehen. Aus der Entfernung fragten sie ihn: »Oheim, was machst du?« Der Kater antwortete: »Da ich in meiner Jugend viel untugendhafte Handlungen verübt habe, tue ich jetzt, um sie auszugleichen, Buße.« Die Mäuse meinten, er habe nun das sündhafte Leben aufgegeben und es entstand in ihnen aus dem Glauben erwachsenes Zutrauen. Als sie nun täglich, nachdem sie ihren Kreis gemacht hatten, in das Loch zurückkehrten, packte der Kater immer die letzte derselben und verzehrte sie. Als aber nun die Schar immer kleiner wurde, dachte der

Anführer: »Da meine Mäuse an Zahl abnehmen, dieser Kater aber gedeiht, muß es irgendeine Ursache geben.« Er fing deshalb an, den Kater zu betrachten; als er ihn dick und behaart sah, dachte er: »Ohne Zweifel hat dieser die Mäuse getötet, deshalb muß ich die Sache ans Tageslicht bringen.« Als er nun aus einem Verstecke sorgfältig achtgab, sah er, wie der Kater die letzte Maus verzehrte, und näher tretend sprach er aus der Entfernung den Vers: »Da des Oheims Körper zunimmt, meine Schar dagegen abnimmt und wer Früchte und Wurzeln ißt, nicht dick und dichtbehaart werden kann, ist dies keine aufrichtige Buße, sondern nur des Vorteils wegen; dadurch, daß die Zahl der Mäuse abnimmt, hast du, Agnidsha, Gedeihen.«

27. Die rachsüchtige Krähe

In längst vergangener Zeit setzten die Männer von Râdshagriha und der König irgendeiner Angelegenheit wegen fest, zwei Totenäcker anzulegen, um auf den einen die Männer, auf den andern die Frauen zu werfen. Als zu einer anderen Zeit ein Zwitter gestorben war, konnte er weder auf dem einen noch auf dem andern Totenacker Platz finden. In einer Gegend von Râdshagriha gab es einen Lusthain mit Wurzeln, Früchten und Blumen vorzüglicher Art und verschiedenen Singvögeln. Es wohnte dort ein Rischi geschorenen Hauptes, der sich von Wasser, Wurzeln und Früchten nährte und mit einem Fell und Baumrinde bekleidet war. Da dort auf einem dreieckigen Felde eine Rizinusstaude wuchs, warf man den Leichnam des Zwitters dahin. Den Geruch des Leichnams witternd, kam ein Schakal und fing an, den Leichnam des Zwitters zu verzehren. Eine Krähe hatte auf dem

Wipfel des Rizinusbaumes ihr Nest gebaut und nistete daselbst. Es fiel ihr ein, den Schakal zu preisen, damit dieser ihr die Überreste des Fraßes gebe, und sie fing also in einem Verse an sein Lob zu singen: »Da ich dir, dem mit dem Halse eines Löwen, mit dem Rücken eines Stieres ausgestatteten, meine Verehrung bezeige, so geruhe du zum Frommen des Bittenden mir geneigt zu sein.« Der Schakal blickte auf und sprach ebenfalls in einem Verse: »Vorzüglichster der Vögel, der du durch die Lüfte wandelst, der du alle Gegenden erhellest, schön gleich einem Edelsteine auf dem Wipfel eines vorzüglichen Baumes weilend.« Die Krähe antwortete: »Da ich zu dir heruntergekommen bin, um einen Hochbeglückten zu sehen und dir als dem Könige der Tiere Verehrung bezeige, geruhe du, zum Frommen des Bittenden gnädig zu sein.« Der Schakal sprach: »Du, deren Hals dem Pfauenhalse gleich ist, du Krähe, schön von Aussehen, du Vorzüglichste der Freudenbringer, steig herab, damit du nach Belieben speisest.« Die Krähe flog herab und fing an in Gemeinschaft mit dem Schakal den Leichnam des Zwitters zu verzehren. Als der Rischi dies sah, sagte er in einem Verse: »O weh, von fern schon habe ich dich erblickt, dich, der du im Schatten des elendsten Baumes schamlos nistest und den elendsten Leichnam verzehrest.« Als die Krähe dies hörte, sprach sie unwillig den Vers: »Was geht es diesen Kahlkopf an, daß hier Löwe und Pfau am trefflichsten Fleische sich nährend durch fremde Gabe ihr Dasein fristen.« Auch der Rischi wurde ungehalten und sprach den Vers: »Sehet hier die Vereinigung des Schamlosen. Der elendste der Vögel ist die Krähe, der elendste der Vierfüßler der Schakal, der elendste der Bäume der Rizinusbaum, der elendste der Menschen der Zwitter, der elendste der Äcker der dreieckige.« Da erwuchs der Krähe übergroßer Unwille, sie begab sich in des Rischi Küche und fing an sich umzusehen. Da sie dort nichts sah, zerschlug sie die Krüge und Töpfe und flog davon. Als der Rischi in die Küche trat und die Krüge und Töpfe zerschlagen sah, wußte er, daß kein anderer, sondern nur die böse Krähe dies angerichtet habe und sprach in einem Verse: »Demjenigen, der, ohne daß ihm dergleichen gesagt wird, mit schamloser Bosheit die Küche zerschlagen hat, soll man niemals, sei etwas zu loben oder zu tadeln, auch nur das geringste sagen; ein Vernünftiger erlangt beständig nur dadurch Ruhe, daß er schweigt.«

28. Ochsen als Zeugen

In einer Gebirgsgegend lebte ein Hausbesitzer, dem, als er geheiratet hatte, eine Tochter geboren wurde. Da er Ackerbauer war, pflügte er selbst seine Felder. Als der elternlose Sohn eines Hausbesitzers an einem Tage mit einer Tracht Holz aus dem Walde in die Nähe jenes Feldes gelangt war, legte er das Holz ab, erholte sich ein wenig und fragte: »O Oheim, weshalb ackerst du selbst? Es ist doch sicher, daß du im Dorfe Dorfangelegenheiten zu besorgen hast; weshalb treibst du im Walde Sachen des Waldes?« – »O Neffe, ich habe weder Söhne noch Brüder.« – »O Oheim, gib mir den Pflug, ich werde für dich ackern, du aber ruhe!« Mit diesen Worten fing er an zu pflügen. Der Hausbesitzer kam mit Reisbrei herbei und forderte ihn auf zu essen. Nachdem beide das Mahl beendigt hatten, sagte der Hausbesitzerssohn: »O Oheim, ich kenne dein Haus nicht, geh du nun, ich werde pflügen; am Abend aber komm mir entgegen.« Der Hausbesitzer ging, der Hausbesitzerssohn pflügte eine Weile und ließ dann die beiden Ochsen neben dem Felde weiden. Am Abend nahm er eine Tracht Gras und machte sich auf, um nach dem Gebirgsdorf zu gehen. Der Hausbesitzer kam ihm entgegen und führte ihn in sein Haus. Der Hausbesitzerssohn führte die Ochsen in den Stall, breitete Streu aus, räucherte und setzte ihnen Gras vor. Der Hausbesitzer bedachte, daß der Jüngling ihm Gutes tue und er ihm seine Tochter zur Frau geben wolle. Er sagte ihm: »O Neffe, tu alles zur Zufriedenheit und ich werde dir meine Tochter zur Frau geben.« Er fing dort an, ein Haus zu bauen, und als ein Ochse ihm auf das Reisfeld lief und er ihn nicht von dort fortscheuchen konnte, schalt er ihn, warf ein Holzscheit nach ihm, wodurch ein Horn abbrach, weshalb der Ochse Hornbruch genannt wurde. Als ein anderes Mal der Ochse wiederum aufs Feld gelaufen war und er ihn nicht zurückscheuchen konnte, schalt er ihn, warf eine Sichel nach ihm, wodurch ihm der Schwanz abgeschnitten wurde, weshalb er den Namen »Stumpfschwanz« erhielt. Beide Namen verkürzte man dann zu »Bruchstumpf«. Zu einer anderen Zeit sagte der Jüngling zum Hausbesitzer: »O Oheim, erfülle das, was du versprochen hast.« Der Hausbesitzer sagte zu seiner Frau: »O Gute, bereite alles zur Hochzeit; ich will die Tochter verheiraten.« Die Frau sagte: »O Herr, da die Tochter keinem versprochen ist, wie soll sie verheiratet werden?« Er antwortete: »Ich werde sie verheiraten.« – »An wen?« – »An diesen Hausbesitzerssohn.« Die Frau sagte: »Soll ich etwa die Tochter diesem Unbemittelten, der wie weißer Pfeffer gewachsen ist, zur Frau geben? Ich werde sie dahin verheiraten, wo ich Kleidung und Nahrung finde.« Der Mann entgegnete: »O Gute, da mir der Jüngling Gutes erweist, werde ich, wenn er fortgeht, selbst das Feld pflügen müssen.« Die Frau antwortete: »Ich kann diesem armen Schlucker meine Tochter nicht geben.« Da dachte der Hausbesitzer: Wenn ich dem Jüngling sage, daß ich ihm die Tochter nicht gebe, wird er bereits heute fortgehen und ich werde in Not geraten. Er wollte ihn also hinhalten. Der Jüngling forderte ihn also nochmals auf, sein Versprechen zu erfüllen. Er entgegnete: »O Neffe, da ich für einen großen Kreis von Verwandten Reisbrei bereiten muß, so bringe zuvor die Reisernte zustande.« Er tat dies und forderte ihn dann auf, die Hochzeit zu feiern. Der Hausbesitzer antwortete: »O Neffe, da Zukkerrohr notwendig ist, so bringe zuvor die Zuckerrohrernte zustande.« Der Jüngling tat dies und erneuerte seine Forderung. Der Hausbesitzer sagte: »O Neffe, da Brote notwendig sind, so bringe zuvor die Weizenernte zustande.« Der Jüngling tat dies und verlangte Erfüllung des Versprechens. Der Hausbesitzer sagte: »Da der frühere Reis zu Ende ist, so veranstalte noch eine Ernte.« Der Jüngling dachte: Da diese Dinge sich nicht zu derselben Zeit machen lassen, er mich aber hinhält, will ich in eine große Versammlung von Menschen treten und ihn zur Antwort nötigen; gibt er mir die Tochter nicht, so werde ich es veranstalten, daß sie mir aus dem Palast des Königs in Güte gegeben werde. Er trat in eine große Versammlung von Menschen und sprach: »O Oheim, veranstalte die Hochzeit.« Der Hausbesitzer schalt ihn und sprach: »O Freunde, diesem Manne, der bei mir als Taglöhner arbeitet, werde ich doch nicht meine Tochter geben!« Der Jüngling dachte: »Da ich weder Geld noch die Tochter von ihm erhalten habe, werde ich ihm einen kleinen Schaden zufügen und fortgehen.« Nachdem er den Tag über mit den Ochsen geackert hatte, schlug er sie mit der Gerte, band sie in der Sonne an einen dürren Baum und ging davon. Durch die Natur der Dinge konnten nicht lange nach Erschaffung der Welt auch die Tiere sprechen und so sprachen die beiden Ochsen zu ihm: »O Mann, du bist fortwährend gegen uns wie Vater und Mutter gewesen, hast uns beständig mit Güte behandelt; weshalb hast du jetzt, nachdem du den Tag über gepflügt, uns mit der Gerte geschlagen und gehst du fort, nachdem du uns in der Sonne an einen dürren Baum gebunden? O Mann, haben wir dir irgendein Unrecht getan?« – »Ihr habt mir nicht das geringste Unrecht getan, euer Herr aber hat mir Unrecht getan.« – »Auf welche Weise?« – »Er hat mir seine Tochter versprochen, sie aber mir nicht gegeben.« – »Weshalb gehst du nicht in den Palast des Königs?« – »Ich habe keine Zeugen.« – »Geh nur, wir werden Zeugen sein.« – »Werdet ihr mit menschlicher Sprache reden?« – »Nein, du sollst aber deine Beteuerung also einrichten: Uns mußt du sieben Tage lang im Stall anbinden, uns weder Gras noch Wasser geben, am siebenten Tage an einer Stelle loslassen, wo Gras und Wasser in Fülle vorhanden sind, dann tritt vor den König und sage ihm: Wenn ich die Wahrheit rede, sollen diese Ochsen weder das Gras fressen noch das Wasser trinken.« Der Hausbesitzerssohn ging in den Palast des Königs und sprach: »O König, jener Hausbesitzer hat mir seine Tochter versprochen, sie mir aber dennoch nicht zur Frau gegeben.« Der König fragte: »Hast du irgendwelche Zeugen?« – »Ja, o König.« – »Sind es Menschen oder nicht?« – »Nein, es sind keine Menschen, sondern Ochsen.« – »Können sie menschliche Sprache reden?« – »Nein, allein meine Worte werden also als wahr befunden werden: ich werde diese Ochsen sieben Tage lang im Stall anbinden, ohne Gras und ohne Wasser lassen, am siebenten Tage aber sie an einer Stelle loslassen, wo Gras und Wasser in Fülle vorhanden sind. Dann werden die Ochsen, um die Wahrheit meiner Worte darzutun, so lange als der König mir nicht Glauben schenkt, weder das Gras verzehren noch Wasser trinken.« Der König sprach zu den Ministern: »Verehrte, richtet die Sache so ein.« Die Minister ließen die Ochsen im Stall anbinden. Bruchstumpf fragte: »Geht die Sonne im Westen auf? Weshalb läßt man uns nicht los?« Die andern sagten: »Wir haben es dem Sohn des Hausbesitzers versprochen, daß, wenn er uns sieben Tage im Stall angebunden, ohne uns Gras und Wasser zu geben, und uns am siebenten Tage an einer gras- und wasserreichen Stelle losläßt und er vor dem Könige beteuert, daß, wenn er die Wahrheit spricht, diese Ochsen weder Gras fressen noch Wasser trinken werden, wir, so lange der König es nicht glaubt, weder Gras fressen noch Wasser trinken werden.« Bruchstumpf sagte: »Wenn man mich freiläßt, esse ich auch Steine, von Gras schon gar nicht zu reden.« – Die Ochsen sagten: »Der Hausbesitzerssohn hat sich gegen uns fortwähren wie ein Vater und eine Mutter benommen; also handle nicht also.« – Bruchstumpf sagte: »Freilich ist es wahr, daß er uns wie ein Vater und eine Mutter behandelt hat, allein da er mich Bruchstumpf genannt hat, will ich es nicht tun, sondern wünsche vielmehr, daß sein Bauch platze.« Der Hausbesitzerssohn ging von Zeit zu Zeit zu den Ochsen und fragte: »O Ochsen, wie geht es euch?« Sie antworteten: »Uns geht es gut, dir aber nicht.« – »Weshalb?« – »Bruchstumpf hat hier gesagt, daß er, wenn man ihn freiließe, sogar Steine verzehren würde, von Gras gar nicht zu reden.« – »Soll ich also entweichen?« – »Tu das nicht, sondern durchlöchere die Nase von Bruchstumpf; wenn er Gras fressen oder Wasser trinken wollen wird, werden wir mit den Hörnern seine Nase packen und in die Höhe heben. Zu dieser Zeit mußt du sagen: Diese weisen auf die Sonne, weil sie andeuten wollen, daß die Sonne als fünfter Welthüter Zeuge sei.« Der Jüngling fing an, ihm die Nase zu durchbohren. Der Ochse sagte: »Verehrte, schauet her, wie er mich verunglimpft.« Sie antworteten: »Schweig still, er will dich ausschmücken.« Am siebenten Tage ließ der König, nachdem er seine Minister versammelt hatte, diese Ochsen auf eine gras- und wasserreiche Stelle führen, und Bruchstumpf war im Begriff, einen Mundvoll Gras zu nehmen. Die andern Ochsen aber packten ihn mit den Hörnern an der Nase und schauten zur Sonne. Der König fragte die Minister: »O Verehrte, weshalb schauen diese Ochsen gegen die Sonne?« Da sprach ein Minister: »Es geschieht deshalb, weil sie andeuten wollen, daß nicht sie allein Zeugen sind, sondern auch der fünfte Welthüter, die Sonne, ebenfalls Zeuge ist.« Der König staunte und sprach zu den Ministern: »O Verehrte, da die Tiere sogar Zeugnis abgelegt haben, so sorgt dafür, daß der Hausbesitzer diesem Jünglinge die Tochter gebe.« Der Hausbesitzer gab, vom Hausbesitzerssohn besiegt, diesem die Tochter.

29. Der Schakal als Verleumder

In längst vergangener Zeit lebte in einem Walde eine trächtige Löwin. Nun ist es die Art der Löwinnen, daß sie zu der Zeit, wo sie werfen sollen, Fleischvorräte ansammeln. Die Löwin, welche einer Rinderherde folgte, traf eine Kuh, welche gekalbt hatte und ihr Kalb hütend der Herde nachging. Sie tötete die Kuh und schleppte dieselbe auf ihr Lager. Das Kalb, welches an der Mutterbrust saugen wollte, folgte ihr nach. Die Löwin wollte anfangs auch das Kalb töten, bedachte sich aber, da das Kalb ihrem Jungen, sobald sie es geworfen haben würde, ein Gespiele sein werde. Sie warf ein männliches Junges und säugte dieses samt dem Kalbe. Als beide herangewachsen waren, erkrankte die Löwin und sprach vor ihrem Tode also: »O Kinder, da ihr beide dieselbe Brust gesogen habt, seid ihr Brüder; die Welt ist voll von bösen Verleumdern; hütet euch, wenn ich gestorben sein werde, solchen euer Ohr zu leihen.« Der Löwe, der sich an dem trefflichen Fleisch der Gazellen, die er erlegte, nährte und ihr Blut in Fülle trank, wurde groß und ebenso der Stier, welcher das treffliche, vom Löwen geschützte Gras fraß und das reine Wasser genoß. Dem Löwen, als König der Tiere, folgte ein alter, sehr gieriger, die Überbleibsel verzehrender Schakal nach. Wenn der Löwe treffliche Gazellen getötet, ihr treffliches Fleisch verzehrt und ihr treffliches Blut geschlürft hatte und furchtlos dasaß, wagte es keiner der anderen kleineren Tiere ihm zu nahen; nur der alte Schakal kam dann heran, um die Überbleibsel des trefflichen Fleisches und Blutes zu genießen, wodurch sein Fell, sein Fleisch und sein Blut gediehen. Als der Löwe ein anderes Mal das treffliche Fleisch der Gazellen verzehrt und das treffliche Blut geschlürft hatte, begab er sich eiligst nach seinem Lager, woselbst er mit dem Stiere spielte; unterdessen aber verzehrten die kleineren Tiere die Überbleibsel. Der Schakal dachte: Ich will zuerst nachsehen, wohin der Löwe gegangen ist. Als er ihm nachgegangen war, sah er, wie er mit dem Stier spielte und meinte, daß dieser Stier der Widersacher seines Magens sei und er deshalb jene beiden entzweien müsse. Mit hängenden Ohren trat er vor den Stier. Der Stier fragte: »Oheim, hat sich etwa heißer Wind erhoben?« – Der Schakal entgegnete: »O Neffe, ein sehr glühender Wind hat sich erhoben.« – »Was ist denn geschehen?« – »Der Löwe hat gefragt: ›Wohin ist denn der zu meinem Fleischvorrat gehörige Stier hingegangen? Wenn ich kein anderes Fleisch finde, dann werde ich diesen Stier verzehren.‹« – Der Stier entgegnete: »O Oheim, uns beiden hat die Mutter, als sie starb, gesagt: ›O Kinder, da ihr beide dieselbe Brust gesogen habt, seid ihr Brüder; da die Welt voll ist von bösen Verleumdern, hütet euch, nach meinem Tode einem derselben euer Ohr zu leihen.‹

Da sie ein solches Vermächtnis hinterlassen hat, so sprich du nicht also!« – Der Schakal sagte: »O Neffe, da du nun meine wohlgemeinten Worte nicht hörst, wirst du ins Verderben rennen.« Der Stier fragte: »O Oheim, wie wird denn der Verlauf sein?« Der Schakal entgegnete: »O Neffe, der Löwe wird aus seinem Lager hervorkommen, sich ausrecken und, nachdem er sich ausgereckt, wird er gähnen und, nachdem er gegähnt hat, nach allen vier Seiten blicken und, nachdem er nach allen vier Seiten geblickt hat, dreimal brüllen und, nachdem er vor dich getreten ist, denken: Dieser wird mich töten; wisse dies.« Darauf begab sich der Schakal mit herabhängenden Ohren zum Löwen. Der Löwe fragte: »Oheim, hat sich etwa heißer Wind erhoben?« Der Schakal entgegnete: »O Neffe, es hat sich ein sehr glühender Wind erhoben!« – »Was ist denn geschehen?« – »Dieser Stier hat gesagt: ›Wohin ist mein Gras – Löwe gegangen! Da seine Mutter meine Mutter getötet hat, werde ich seinen Bauch aufschlitzen.‹« Der Löwe sagte: »O Oheim, zu uns beiden hat die Mutter, ehe sie starb, also gesprochen: ›Da ihr beide dieselbe Brust gesogen habt, seid ihr Brüder; die Welt ist voll von bösen Verleumdern, hütet euch, nach meinem Tode einem derselben euer Ohr zu leihen.‹ Da sie ein solches Vermächtnis hinterlassen hat, so sprich du nicht also.« Der Schakal entgegnete: »O Neffe, wenn du jetzt meine wohlgemeinten Worte nicht hörst, wirst du in's Verderben rennen.« – Der Löwe fragte: »O Oheim, wie wird der Verlauf sein?« – Der Schakal antwortete: »O Neffe, der Stier wird aus der Hürde hervorkommen und wird sich recken, nachdem er sich gereckt hat, wird er brüllen, nachdem er gebrüllt hat, die Erde aufwühlen und nachdem er die Erde aufgewühlt hat, schnaufend vor dich treten und denken: Dieser wird mich töten; wisse dies.« – Obwohl beide beständig nach ihrer Natur dies zu tun pflegten, hatten sie dies nie beachtet. Als darauf ein anderes Mal der Löwe, der König der Tiere, aus seinem Lager hervorgekommen, sich gereckt, gegähnt, nach allen vier Seiten geblickt und dreimal gebrüllt hatte, trat er vor den Stier. Auch der Stier kam aus der Hürde hervor, reckte sich, brüllte, wühlte die Erde auf und, nachdem er geschnauft hatte, trat er vor den Löwen. Obwohl beide nach ihrer Natur solches stets zu tun gewohnt waren, hatten sie es nie beachtet; als aber der Same der Zwietracht gestreut war, beachteten sie es. Der Stier dachte: Dieser will mich töten, und der Löwe dachte dasselbe. Der Löwe packte die Brust des Stiers mit seinen Klauen, der Stier schlitzte mit seinen Hörnern den Bauch des Löwen auf, so daß beide umkamen. Eine Gottheit sprach folgenden Vers: »Menschen, welche auf das Gute Rücksicht nehmen, sollen nicht mit schlechten Menschen verkehren; seht, wie der Schakal den Löwen und Stier, die Freunde waren, entzweit hat.«

30. Der stumme Krüppel

In längst vergangener Zeit lebte in der Stadt Vârânasî der König Brahmadatta. Seine Gattin hieß Brahmavatî und denselben Namen trug auch ein Teich. Der König aber war kinderlos und sehnte sich nach einem Sohne. Deshalb flehte er zu den Göttern der verschiedensten Art. Endlich wird sein Flehen erhört und es bezieht aus der Hölle ausscheidend ein Wesen von festem Entschlusse den Mutterleib der Königin. Auf ihren Wunsch läßt der König an allen Toren der Stadt Gaben spenden; ferner mußte er mit ihr in den Büßerwald ziehen, drittens mit ihr ein Schiff besteigen, das in dem obengenannten Teiche auf ihren Wunsch erbaut war. Dort gebar sie einen schönen Knaben, der mit Erinnerung an seine früheren Existenzen begabt war. Weil er auf dem Wasser geboren war, wurde ihm der Name Dshaladsha (Wassergeboren) gegeben. Als er unter der Pflege der Ammen und Wärterinnen schnell heranwuchs, bedachte er, daß, wenn er in die Herrschaft eingesetzt würde, dies nicht gut wäre, weil er durch eine sechzigjährige Herrschaft, welche er früher ausgeübt hatte, in der Hölle wiedergeboren war und nun Gefahr laufe, wiederum in die Hölle zu geraten. Er beschloß also, sich durch eine List der Herrschaft zu entziehen, und stellte sich als Krüppel. Als die mit ihm gleichzeitig geborenen 500 Ministersöhne, die seine Gespielen waren, Sprung- und Laufübungen vornahmen, bedachte König Brahmadatta, daß sein Sohn, wenn er kein Krüppel wäre, an denselben teilnehmen könnte. Dennoch beschloß er, obwohl er ein Krüppel war, ihn in die Herrschaft einzusetzen. Als der Prinz Dshaladsha dies hörte, fand er es von seinem Vater sehr unfreundlich, daß er ihn so schädige und beschloß, sich stumm zu stellen. Da wurde er allgemein der stumme Krüppel genannt. Der Vater geriet, als er die 500 Ministersöhne sprechen hörte, sein Sohn aber stumm blieb, in große Sorge. Als die Minister ihn so in Sorgen sahen, erklärte er ihnen, daß es die Stummheit seines Sohnes sei, die ihn beunruhige. Die Minister befragten den Arzt und dieser erklärte, daß der Prinz völlig gesund sei und durchaus kein Leiden habe, daß man durch Drohung auf ihn einwirken müsse. Der König Brahmadatta ließ die Henker herbeirufen und gab ihnen im geheimen die Weisung, den Prinzen, obwohl er ihnen denselben in Gegenwart einer großen Menschenmenge überliefern würde, dennoch nicht zu töten. Dem Befehl des Königs gemäß setzten die Henker den Prinzen auf den Wagen und führten ihn zur Stadt hinaus. Als der Prinz den Reichtum und die Ausdehnung Vârânasî's gesehen hatte, fragte er: »Ist diese Stadt Vârânasî leer oder ist sie bewohnt?« Die Henker führten den Prinzen zum Vater zurück und meldeten ihm die von ihm ausgesprochenen Worte. König Brahmadatta schloß den Sohn in seine Arme und fragte ihn: »O Jüngling, wen soll man töten? Wen soll man töten lassen? Wem soll das Leben genommen werden? Wem soll man eine Gabe und welche verleihen?« Auf diese Fragen gab der Sohn keine Antwort und verharrte in der Stummheit. Der König Brahmadatta sprach wiederum zu den Henkern: »Ich überliefere euch diesen Prinzen, ihr aber führet ihn fort!« Die Henker setzten ihn, dem Befehl des Königs gemäß, wiederum auf den Wagen und führten ihn zur Stadt hinaus. Der Prinz sah vier Männer einen Leichnam tragen und fragte: »Ist dieser Leichnam der Leichnam eines Toten oder eines Lebenden?« Wiederum führten die Henker den Prinzen zum Vater zurück und meldeten die von ihm gesprochenen Worte. Der König Brahmadatta schloß den Sohn in seine Arme und fragte wie früher, allein wiederum antwortete der Sohn nicht und verharrte in seinem Schweigen. Abermals hieß der König die Henker den Prinzen abführen. Als sie ihn auf den Wagen gesetzt und ihn zur Stadt hinausgeführt hatten, erblickte der Prinz einen großen Getreidehaufen und sagte: »Würde dieser Getreidehaufen nicht von Anfang an von Grund auf verzehrt werden, so würde er groß werden.« Abermals führten die Henker den Prinzen zum König zurück und meldeten die von ihm gesprochenen Worte. Der König wiederholte nochmals die früheren Fragen, welche der Sohn jedoch unbeantwortet ließ. Da sprach der König Brahmadatta zu den Henkern: »Ich überliefere euch den Prinzen; geht, steckt ihn im Walde in eine Grube.« Dem Befehl des Königs gemäß setzten die Henker den Prinzen auf den Wagen, führten ihn in den Wald und machten sich daran, eine Grube zu graben. Da sprach der Prinz folgenden Çloka: »Weshalb, Wagenführer du, gräbst mit Vorbedacht die Grube? Weshalb grabt die Grube ihr? Gebt Antwort auf die Frage, rasch!« Der Wagenführer antwortete: »Weil des Königs Sohn nicht spricht, stumm und krüppelhaft geboren, soll derselbe rasch im Walde in die Grube, auf Befehl!« Da erschrak der Prinz bei dem Gedanken, daß die grausamen, rothändigen, ans Schlagen und Totschlagen gewöhnten, Leben vernichtenden Henker, welche durch die Hinrichtungen Schrekken zufügen, nun auch an seine Tötung gehen würden und sagte: »Wenn der König mir Gewährung eines Wunsches zusagt, werde ich sowohl zu Fuß in die Stadt gehen als auch sprechen.« Die Henker begaben sich zum König und meldeten alles ausführlich. Der König sprach: »Wenn der Prinz die Herrschaft will, werde ich ihm auch diese abtreten.« Erfreut befahl er den Ministern, die Stadt schleunigst von den Steinen zu reinigen und Räucherwerk, duftende Pulver, Fahnen, Standarten und Blumen verschiedener Art herbeizuschaffen. Die Minister vollführten den Befehl des Königs und viele Hunderttausende von Menschen strömten zusammen, um den Einzug des Prinzen zu sehen und ihn sprechen zu hören. Der Prinz ging zu Fuß in die Stadt und als er zum König gelangt war, bezeigte er ihm seine Verehrung und sprach in Çloka's: »Nicht bin ich stumm, nicht Krüppel, nicht bin ich dumm, nicht sinnlos, vermag's, mit klaren Worten wohl zu sprechen, Männerfürst. Nicht bin ich stumm, nicht Krüppel, nicht bin ich dumm, nicht sinnlos, unversehrt ist mir der Sinn, klar und hell, o Männerfürst.« Auf die Frage des Königs, weshalb er nicht gesprochen und weshalb er nicht gegangen sei, antwortete er: »O König, höre mich an. In einem früheren Leben habe ich 60 Jahre als König geherrscht und dann sechzigtausend Jahre in der Hölle unendliche Qualen gelitten; dieser schrecklichen Qualen eingedenk, wünsche ich nicht wiederum zu herrschen und deshalb bitte ich, o Vater, mir zu gestatten, daß ich der Welt entsage!« Der Vater entgegnete: »O Sohn, es ist doch der Herrschaft wegen, daß die Rischis sich Büßungen unterwerfen und Opfer darbringen. Weshalb willst du, o Sohn, dasjenige, was du in der Hand hast, aufgeben und der Welt entsagen?« Der Prinz entgegnete, daß er nicht in der Lust, die Kampf und Zwietracht hervorrufe, leben wolle und das Büßerleben vorziehe; jenes ähnele der Kimpâka-Frucht, dieses habe den Amrta-Geschmack. Der König bemerkte, daß das Königtum den Genuß jeglichen Gutes gewähre und fragte ihn, weshalb er, die Herrschaft aufgebend, das Büßerleben ergreifen wolle. Der Sohn entgegnete, man müsse das für wahre Lust erachten, woraus Schmerz hervorgehe, und ebenso den Schmerz, aus dem Lust hervorgehe. Der Vater solle ihm gestatten, in den Büßerwald zu ziehen. Der König führte ihm sämtliche Bequemlichkeiten des Lebens im Palaste mit dem Räucherwerk, den duftenden Pulvern und Blumen, dem Ruhen auf weichem Lager, ohne alle Gefahren, das Erwachen unter den Tönen der Musik, die geschmeidige Kleidung, die wohlschmeckenden Speisen und Getränke vor und dagegen das Büßerleben im Walde, das Ruhen unter einem Baume auf ausgebreitetem Laub mit allen Gefahren samt den wilden Gazellen und das Erwachen bei dem Geheul des Schakals, die Kleidung von Baumrinde, die Ernährung mit Wurzeln und Früchten und das warme, getrübte Wasser. Der Sohn entgegnete: Im Walde mit der Kleidung aus Baumrinde, mit der Nahrung von Wurzeln und Früchten, mit dem Zusammenwohnen mit wilden Gazellen zu leben, sei besser; der Weise ziehe dies der mit Gefahr für das jenseitige Leben verbundenen Herrschaft vor, welcher töten, binden und schlagen eigentümlich sei; deshalb solle der Vater es ihm gestatten, in den Büßerwald zu ziehen. Der König sagte: »O Sohn, löse mir noch diese drei Zweifel; dann magst du der Welt entsagen. Als du den Reichtum und die Ausdehnung der Stadt Vârânasî sahst, fragtest du: Ist Vârânasî leer oder ist die Stadt bewohnt? Aus welchem Grunde hast du dies gesagt?« – »Höre, o König, weshalb: Deshalb habe ich es gesagt, weil, als du mich ohne Ursache zum Tode verurteilt hattest, keiner es gewagt hat, die gerechte Frage zu tun, weshalb dies geschehe.« – »O Sohn, du hattest nicht unrecht. Als du einen Leichnam tragen sahst, fragtest du, ob es der Leichnam eines Toten oder eines Lebenden sei. Aus welchem Grunde hast du dies gesagt?« – »Höre, o König, weshalb: Ich habe es deshalb gesagt, weil der Leichnam dessen, der eine Missetat begangen hat, der Leichnam eines Toten ist, der Leichnam aber dessen, der eine gute Tat vollführt hat, der Leichnam eines Lebenden.« – »O Sohn, du hattest nicht unrecht. Als du den Getreidehaufen erblicktest, sagtest du: Wenn dieser Getreidehaufen nicht von Anfang an von Grund auf verzehrt würde, würde er groß werden; weshalb hast du dies gesagt?« – »Höre, o König, weshalb: Deshalb habe ich es gesagt, weil die Ackerleute, nachdem sie Getreide geliehen und dasselbe verzehrt haben, nach der Feldarbeit, sobald das Getreide gereift ist, einen großen Getreidehaufen den Gläubigern geben müssen, deshalb verzehren sie ihn von Grund auf. Ebenso wenn der Mensch auf den Weg der zehn Tugendwerke gelangt ist, denselben nicht weiter betritt, wird die Wurzel seiner früheren Tugend zerschnitten, und ist diese zerschnitten, so gerät er von dem Pfade der Seligkeit ins Verderben. Aus diesem Grunde habe ich so gesprochen.« Als der König diese Worte seines Sohnes vernommen hatte, erfaßte er mit tränenden Augen seinen Sohn, hieß ihn nicht allein seinem Wunsche gemäß handeln, sondern veranlaßte auch seine Altersgenossen, mit ihm in den Wald zu ziehen. Dort erhielt er, den man bisher den stummen Krüppel genannt hatte, den Namen des stummen Lehrers. Als der Rischi, bei dem er sein Gelübde abgelegt hatte, gestorben war, tritt er in seine Rechte ein und versteht es so einzurichten, daß seine Schüler, welche eine zu große Anzahl von Matten, Gewändern und Gerätschaften haben, endlich, seinem Beispiel folgend, es sich an dem Notwendigsten genügen lassen.

31. Der Zauberlehrling

In längst vergangener Zeit lebte in Vârânasî der König Brahmadatta. Da gab es einen in der Zauberkunst und in Geheimsprüchen erfahrenen Tshandâla, welcher, indem er das Gândhâra-Mantra anwandte, durch Zauber von dem Berge Gandhamâdana Blumen und Früchte, welche die Jahreszeit nicht darbot, herbeischaffte und dieselben dem Könige Brahmadatta gab. Der König, der sich daran sehr erfreute, verlieh ihm Geschenke. Da kam ein Brahmanenjüngling, der nach Geheimsprüchen Verlangen trug, als er solche suchte, nachdem er davon durch Hörensagen erfahren hatte, aus seinem Lande nach Vârânasî. Von der Reise ermüdet, ging er, nachdem er sich erholt hatte, zu diesem der Zauberkunst und der Geheimsprüche kundigen Tshandâla und zu ihm gelangt, sprach er: »Ich will dem Pandita dienen.« – »Weshalb?« – »Der Zauberkunst wegen.« Der Tshandâla erwiderte in einem Verse: »Die Zauberkunst wird keinem mitgeteilt, man stirbt mit derselben, oder wenn man Wissen und Dienstleistung samt Vermögen hat, so wird sie verliehen.«

Der Jüngling fragte: »O Pandita, ist es so und habe ich Dienste zu leisten, so frage ich, bis wie lange?« Er entgegnete: »Wenn du die zwölf Jahre gedient hast, wird es sich erweisen, ob ich sie dir verleihe oder nicht.« Da der Jüngling nach der Zauberkunst großes Verlangen trug, ging er darauf ein. Als er darauf mit höchster Freude seine Verehrung bezeigt hatte, fing er an, seine Dienste zu leisten. Als zu einer anderen Zeit dieser Tshandâla berauscht nach Hause kam, dachte der Brahmanenjüngling: »Da der Meister so wider die Gebühr berauscht ist, will ich mich neben ihn schlafen legen.« Der Tshandâla fing an sich auf dem Bette zu wälzen, und als er sich wälzte, brach eine Bettseite, durch welches Geräusch der Brahmanenjüngling geweckt ward. Da dachte er: »Da der Meister unruhig schläft, werde ich meinen Rükken gegen die Bettseite stützen.« Infolgedessen stützte er seinen Rücken gegen die Bettkante. Nun ist es in der Ordnung der Dinge, daß die Kraftvollen unter den Trinkern ihres Rausches in der ersten Nachtwache ledig werden und so kam es, daß der Tshandâla durch die Wucht des berauschenden Getränkes auf den Rücken des Brahmanenjünglings sich erbrach. Dieser bedachte, daß, wenn er seinen Körper erheben oder ein Wort von sich geben würde, der Lehrer es hören, erwachen und nicht einschlafen würde; deshalb hielt er geduldig aus. Als darauf der Tshandâla von selbst erwachte und den Jüngling so übel zugerichtet sah, fragte er, wer dort sei. Er antwortete: »O Lehrer, ich, der Gefährte deines Glücks, bin es.« – »O Sohn, was hast du getan, daß du so zugerichtet bist?« Er erzählte was geschehen war. Der Tshandâla sprach mit vorzüglicher Freude: »O Sohn, da ich überaus erfreut bin, so geh, wasche dich und komm her; ich werde dir die Zauberkunst mitteilen.« Als der Jüngling sich gewaschen hatte und kam, verlieh er ihm die Zauberkunst.

Da die Brahmanen hochfahrender Natur sind, vermochte er es nicht auszuhalten und wollte zuerst an Ort und Stelle die Zauberkunst erproben und dann fortziehen. Er wandte die Zauberkunst an, erhob sich gen Himmel, gelangte bald nach dem Gandhamâdana, nahm von dort Blumen und Früchte, welche die Jahreszeit nicht darbot, und übergab sie dem Purohita des Königs, dieser aber dem König Brahmadatta. Dieser fragte, von wo er sie erhalten habe. »Es ist aus fernem Lande ein Brahmanenjüngling da, dieser hat sie mir gegeben. Da dieser in der Zauberkunst und in den Geheimsprüchen überaus bewandert ist und der Brahmane genügsamer ist, der Tshandâla aber von der ganzen Welt verachtet wird, so fragt es sich, was mit diesem zu tun sei. Geruhe dem Tshandâla den Unterhalt zu entziehen und denselben dem Brahmanenjüngling zuzuwenden.« Der König antwortete: »Handle also.« Darauf entzog der Purohita dem Tshandâla den Unterhalt und gab ihn dem Brahmanenjüngling. Durch seine Undankbarkeit aber wich die Zauberkunst von ihm.

32. Die beiden Brüder

In längst vergangener Zeit kam in einem Königspalast eines mit Reichtum, Wohlstand, guten Ernten und Menschenmenge ausgestatteten Landes ein König zur Herrschaft. Als er sich zu einer anderen Zeit mit seiner Gattin vergnügt hatte und diese schwanger geworden war, gebar sie ihm nach Ablauf von 8 oder 9 Monaten einen überaus schönen Knaben mit goldfarbiger Haut, dem der Kopf wie ein Baldachin stand, mit langen Armen, breiter Stirne, ineinanderfließenden Augenbrauen, hohem Nasenrücken, mit allen Gliedern und Gelenken. Bei seiner Geburt ereigneten sich viele tausend

Glücksfälle. Als man sein Geburtsfest feierte und es sich darum handelte, ihm einen Namen zu geben, sprachen die Minister: »O König, da bei seiner Geburt viele tausend Glücksfälle eingetroffen sind, soll er Kshemamkara heißen.« Man gab ihm diesen Namen und übergab ihn acht Ammen, zwei Tragammen, zwei Säugeammen, zwei Wischammen, zwei Spielammen; diese Ammen zogen ihn mit verschiedenen Milchspeisen und anderen vorzüglichen Nahrungsmitteln auf, so daß er wie ein Lotus im Teiche emporschoß. Als der König sich nochmals mit seiner Gattin vergnügt hatte und diese schwanger geworden war, wurde nach 8 bis 9 Monaten ein Knabe geboren, bei dessen Geburt viele tausend Unglücksfälle eintraten, weshalb man ihn Pâpamkara nannte. Auch dieser wuchs heran und wurde groß. Der Jüngling Kshemamkara, der von freundlichem, barmherzigem Charakter und mitleidig gegen alle Geschöpfe war, hatte Lust zum Geben, und seine Freude am Geben spendete den Çramana's, Brahmanen, Armen und Dürftigen, welche baten, Gaben. Der Vater sprach zu ihm: »O Sohn, gib nicht fortwährend Geschenke; wenn du sie so hingibst, wo sollten wir so viel Reichtum haben!« Durch die Natur der Dinge haben viele Menschen ihre Freude am Geben und an den Gaben und, da sie sich freuten, wurde sein Ruhm in Worten und Versen gepriesen, in allen Weltgegenden gefeiert. Der König eines anderen Landes, der von der Größe seiner Tugend gehört hatte, wollte ihm seine Tochter geben. Der König wollte ihr hochbeglückt entgegengehen. Kshemamkara aber sagte: »Bevor ich nicht einen Reichtum erworben habe, will ich nicht heiraten. O Vater, du wirst mir gestatten, daß ich auf den Ozean gehe.« Der Vater antwortete: »Handle also.« Als er mit Waren nach dem Ozean aufbrach, dachte sein Bruder Pâpamkara: »Da dieser vielen Menschen lieb und angenehm ist, wird er, wenn er ein Meeresschiff ausgerüstet hat und zurückgekehrt sein wird, den vielen Menschen noch weit lieber und angenehmer werden und da es Anlaß sein wird, bei Lebzeiten des Vaters ihn in die Herrschaft des Königreiches einzusetzen, so will auch ich statt hier bleibend abzuwarten, wer an die Reihe komme, mit ihm zusammen auf den Ozean gehen, ihm dort das Leben nehmen und werde dann auch gegen den Willen in die Nachfolge eingesetzt werden.« Mit diesen Gedanken begab er sich zum Vater und sprach zu ihm: »O Vater, da Kshemamkara auf den Ozean auszieht, will ich mit ihm gehen.« Der Vater sagte: »Handle also.« Darauf ließ Kshemamkara in seinem Lande ausrufen: »Ihr in der Stadt wohnenden geehrten Kaufleute, höret: Da sich der Prinz Kshemamkara mit Waren auf den Ozean begibt und derjenige von euch, der Lust hat, sich unter Anführung des Prinzen Kshemamkara auf den Ozean zu begeben, von Abgaben und Zöllen und Fährgeld befreit ist, so bereitet die auf den Ozean zu führenden Waren.« Es bereiteten viele hunderte Kaufleute die nach dem Ozean zu bringenden Waren. Darauf begab sich der Handelsanführer Kshemamkara mit seinem Bruder Pâpamkara, nachdem er die glücklichen Erfolg erflehenden Zeremonien verrichtet, von vielen Hunderten von Kaufleuten umgeben, mit Wagen, Trachten, Kisten, Körben, Kamelen, Ochsen und Eseln auf den Ozean zu befördernde viele Waren mitnehmend, auf den Weg und gelangte nach und nach, Dörfer, Städte, Länder, Besitzungen und Handels-Marktplätze sehend, ans Ufer des Ozeans, kaufte dort ein Schiff für 500 Kârshâpana, und fünfhundert Diener, Gräber, Reiniger, Fischer, Bootsleute und Steuerleute mitnehmend, begab er sich, nachdem er dreimal einen Ausruf hatte ergehen lassen, auf den Ozean. Auf dem Schiffe sprach er zu seinem Bruder Pâpamkara: »Sollte sich inmitten des Ozeans ein Schiffbruch ereignen, so umfasse ohne Bedenken meinen Hals.« Jener erwiderte: »Gut, ich werde es so tun.« Als darauf das Schiff mit günstigem Winde auf die Edelsteininsel gelangt war, sagte der Steuermann: »Geehrte Kaufleute aus Dshambudvîpa, höret: Da ihr gehört habt, daß die Edelsteininsel eine Fundgrube von Diamanten, Vaidûrja, Türkisen, Smaragden und verschiedenen anderen Edelsteinen sei, sind wir hierhergekommen und deshalb nehmt Edelsteine, soviel ihr wollt.« Als sie darauf mit Lust und Freude nachforschten, füllten sie das Schiff wie mit Sesamkörnern, Reis, Erbsen usw. Da die Bodhisattva's sehr scharfsinnig und weise sind, befestigte der Prinz Kshemamkara große Edelsteine von großem Werte an seinem Gurt. Auf dem Rückwege wurde das Schiff nicht sehr weit von dem Ufer infolge eines durch ein Seeungeheuer herbeigeführten Unglückes unbrauchbar. Da umfaßte Pâpamkara den Hals des Kshemamkara, und dieser schleppte ihn mit großer Anstrengung ans Ufer. Als er von der Last ermüdet eingeschlafen war und da lag, erblickte Pâpamkara die von ihm am Gurt befestigten Edelsteine und dachte: »Da er mit solchen Edelsteinen kommt, soll ich da mit leeren Händen kommen?« und entwendete diese Edelsteine dem in tiefen Schlaf Versunkenen, stach ihm beide Augen mit einem Dorn aus und ließ ihn blind am Ufer des Ozeans zurück. Durch glückliche Fügung kamen einige Rinderhirten ihr Vieh weidend an diese Stelle. Als sie ihn erblickt hatten, fragten sie: »He, Freund, wer bist du?« Er erzählte ihnen, wie es geschehen war, ausführlich. Als sie es gehört hatten, erwuchs ihnen Mitleid und sie führten ihn in das Haus des obersten Rinderhirten. Dort fing er an, die Laute zu spielen. Als die Frau des Oberhirten, welche von der Schönheit und Jugendfülle entzückt war, die Töne der Laute gehörte hatte und ihn zu verlocken versuchte, saß er, der durch die Taten erlangten Lebensweise eingedenk, die Ohren schließend da. Da es für die von der Begierde Ergriffenen nichts gibt, was nicht getan werden könnte, sprach sie zu ihrem Manne: »Da dieser blinde Mann mich verlocket, wirst du solche Leute dulden!« Da der Prinz bedachte, daß unter den Zornesarten der Zorn des Weibes die schlimmste sei, so sah er ein, daß ihm, um nicht von demselben betroffen zu werden, nichts übrigbleibe als fortzugehen. Er verließ also das Haus und auf allen Heerstraßen, Märkten, Kreuz- und Querwegen ernährte er sich durch sein Spiel. Als sein Vater gestorben war, war sein Bruder Pâpamkara zur Herrschaft gelangt und auch nach und nach in die Stadt des Nachbarkönigs gelangt, welcher früher seine Tochter zur Ehe hatte geben wollen. Diese war groß geworden, und da um sie werbend die Söhne der in verschiedenen Ländern wohnenden Könige, Minister und Purohita's gekommen waren, sagte der Vater: »O Tochter, der Prinz Kshemamkara, dem ich dich bestimmt hatte, ist auf den Ozean gezogen und daselbst durch ein Unglück umgekommen. Da jetzt Bewerber gekommen sind, und diejenigen, denen du nicht gegeben wirst, unzufrieden sein werden, so fragt es sich, wie zu handeln sei.« Sie entgegnete: »O Vater, wenn es sich so verhält, so geruhe die Stadt säubern zu lassen, ich werde mir meinen Mann selbst wählen.« Der König sprach: »O Tochter, handle also.« Darauf ließ der König in den verschiedenen Ländern und Städten ausrufen, daß seine Tochter eine Gattenwahl halten wolle und ließ jene Stadt von Geröll, Steinen und Scherben reinigen, mit Sandelwasser besprengen und mit Wohlgerüchen räuchern, Baldachine, Standarten und Fahnen aufstellen, viele seidene Gehänge herabhängen mit Blumen mannigfacher Art, gleich einem Götterhaine, Freude bezeigend ausrufen: »Geehrte Stadt- und Landbewohner und aus verschiedenen Ländern angelangte Menschenscharen, höret! Da morgen des Königs Tochter selbst die Gattenwahl vornehmen wird, so versammelt euch nach Gebühr.« Am anderen Morgen kam des Königs Tochter mit verschiedenem Schmucke angetan, von vielen Jungfrauen umringt, in einen von der Gottheit des Haines mit Blumen geschmückten Hain, überaus schön durch des Glückes große Fügung, während in der Mitte der Stadt viele Tausend Menschen versammelt waren, um sich selbst einen Mann zu wählen. Kshemamkara auch saß an einer anderen Stelle, die Laute spielend. Da die Menschen nach ihren Taten in gegenseitiger Beziehung stehen und durch die große Kraft der Ursachen die Kraft der Wirkung bezweckt wird, so blieb des Königs Tochter, als durch die Töne der Laute ihr Gemüt berührt wurde, an dem Lautenspiel Kshemamkara's haften und indem sie sagte: »Dies ist mein Mann«, warf sie den Blumenkranz auf ihn. Die Menschenscharen waren unwillig und einige fingen aus Herzeleid an sie zu tadeln: »Was hat das für einen Sinn, daß die königliche Prinzessin, welche von so großer Schönheit, so vollendeter Jugendfülle und Kunstfertigkeit ist, mit Hintansetzung der aus verschiedenen Ländern gekommenen Königs-, Minister- und Purohita-Söhne und der vorzüglichen Hausbesitzer einen Blinden sich zum Manne erlesen hat?« Die Beamten meldeten unwillig und unzufrieden dem König: »O König, die Prinzessin hat selbst die Gattenwahl vollzogen.« Der König fragte: »Was für einen hat sie gewählt?« – »O König, einen Blinden.« – Auch der König wurde, als er dies gehört hatte, mißvergnügt, ließ die Tochter rufen und fragte: »O Tochter, weshalb hast du, obwohl es überaus schöne junge und reiche Söhne von Königen, Begüterten, Handelsherren, Karawanenführern, Ministern und Purohita's gibt, dir einen solchen zum Gatten erlesen?« Sie antwortete: »O

Vater, diesen gerade wünsche ich.« Der König sagte: »O Tochter, wenn es so ist, so begib dich zu ihm, weshalb zögerst du?« – Sie begab sich zu ihm und sagte: »Ich habe dich zu meinem Ehemann erlesen.« Er erwiderte: »Daran hast du nicht gut getan. Vielleicht hast du gedacht, da es so ist und dieser blind ist, kann ich mich mit einem anderen Manne vergnügen.« Sie entgegnete: »Ich bin keine, die solche Taten verübt.« Er sprach: »Was gibt es für ein Zeugnis dafür?« Sie entgegnete, indem sie zu beteuern anfing: »Wenn es wahr ist und meine Beteuerung richtig, daß ich nur zum Königssohn und Prinzen Kshemamkara und dir Liebe gefaßt habe, und zu keinem andern, so soll kraft dieser Wahrheit und der Beteuerung derselben das eine deiner beiden Augen wie früher werden.« Unmittelbar nach dieser Beteuerung wurde das eine Auge wieder wie früher und er sprach: »Kshemamkara bin ich selber, mein Bruder Pâpamkara hat mich so zugerichtet.« Sie sagte: »Was gibt es für ein Zeugnis dafür, daß du der Prinz Kshemamkara selbst bist?« Auch er fing an zu beteuern: »Wenn es wahr ist und meine Beteuerung richtig, daß, obwohl Pâpamkara meine Augen ausgestochen hat, ich ihm auch nicht im geringsten zürne, so möge infolge der Wahrheit und der Beteuerung derselben mein anderes Auge ebenfalls wie früher werden.« So wie er die Beteuerung ausgesprochen hatte, wurde auch sein anderes Auge wie früher. Darauf begab sich die königliche Prinzessin mit Kshemamkara, dem nun keines der Glieder fehlte, zum König und sagte: »O Vater, dies ist Kshemamkara selbst.« Als der König es nicht glaubte, erzählte sie, wie es geschehen war; dem König erwuchs vorzügliches Staunen, er gab sie hochbeglückt dem Kshemamkara zur Frau, zog mit einem großen Heer nach jener Stadt, vertrieb Pâpamkara aus der Herrschaft und setzte Kshemamkara in das Reich des Vaters ein.

33. Wie eine Frau Liebe lohnt

In längst vergangener Zeit herrschte in einem Palast eines in jeglicher Beziehung gesegneten Landes ein König, dem seine Gemahlin vier Söhne gebar: Çâkha, Gulma, Anugulma und Viçâkha. Als diese herangewachsen waren und sich aus anderen Ländern Königstöchter zu Frauen genommen hatten, fingen sie an, sich geringschätzig gegen den König zu benehmen. Als der König sie verbannte und sie mit ihren Frauen davonzogen und in eine öde Gegend gelangten, gingen ihnen die Nahrungsmittel aus. Sie kamen untereinander überein, nach der Reihe ihre Frauen zu töten und mit deren Fleisch sich durch die Einöde durchzuschlagen. Viçâkha aber meinte, es sei besser, sein eigenes Leben hinzugeben als ein fremdes zu rauben und statt abzuwarten, wer sterben solle, beschloß er, mit seiner Frau zu entfliehen. Als er nun mit dieser entflohen war, sprach sie, durch Mangel an Speise und Trank und durch die Anstrengung des Wanderns erschöpft: »O Herr, ich komme um.« Viçâkha meinte, es sei nicht gut, wenn sie nun stürbe, nachdem er sie aus den Händen der Râkshasa (Menschenfresser) gerettet habe; er schnitt sich aus seiner Lende Fleisch und gab es ihr zu essen; und nachdem er sich die Adern beider Arme geöffnet, gab er ihr das Blut zu trinken. So gelangten sie nach und nach zu einem Berge und ernährten sich dort mit Wurzeln und Früchten. An dem Fuße dieses Berges floß ein Fluß, in den ein Mann, dem der Feind Hände und Füße abgehauen hatte, gefallen war. Von dem Wasser fortgetragen, gab er Laute der Verzweiflung von sich. Viçâkha, der an einer anderen Stelle Wurzeln und Früchte sammelte, hörte das Hilferufen und da sein Gemüt von Mitleid ergriffen wurde, bestieg er den Berg und fing an nach allen Seiten zu blicken. Als er nun sah, wie der Mann vom

Wasser fortgetragen wurde, stieg er eilends den Berg hinab, sprang in den Fluß, nahm den Mann auf sich und trug ihn ans Ufer. Von seinem Unglück ergriffen, fragte er ihn: »O Sohn, wie ist das gekommen?« Als dieser ihm den ganzen Verlauf erzählt hatte, sprach er ihm Mut zu, sättigte ihn mit Wurzeln und Früchten und übergab ihn seiner Frau, durch deren Pflege er wieder hergestellt wurde. Da ihr dieses Pflegen behagt hatte, ging sie wiederholt zu ihm und verbrachte die Zeit in verschiedenen Gesprächen. Durch die Natur der Dinge sind die Bodhisattva's nicht besonders der Liebesleidenschaft ergeben und so kam es, daß Viçâkha nur zeitweise der Liebeslust Genüge tat. Da durch die Macht des Bodhisattva's Stämme, Wurzeln und Früchte überaus große Kraft hatten, wurde die Frau durch deren Genuß in geschlechtliche Erregung versetzt und fing an jenen fuß- und handlosen Mann zu verlocken. Der Krüppel wollte nicht darauf eingehen und meinte, daß er, der schon so gut wie tot gewesen, von dem Mann gerettet und hergestellt sei und durch eine solche Handlungsweise in eine Stellung geraten würde, die der eines Lebensräubers gleichkomme. Da sie ihn aber wiederholt verlockte und es schwer war, der Leidenschaft Herr zu werden, so ruhte er an ihrer Seite. Obwohl im Liebesgenuß leicht die Leidenschaft zunahm, so wollte er lieber nicht zu ihr. Allein er bedachte, daß er, da sie nun so von Leidenschaft erfaßt war und da unter allen Feindseligkeiten die des Weibes die schlimmste ist, jetzt ins Verderben geraten sei. Infolgedessen fing er an sich mit ihr zu beraten: »Wenn dein Mann es erfährt, daß wir beieinander geruht, wird er ohne Zweifel dir ein Leid antun und mich töten.« Sie meinte, diese Worte hätten ihre Richtigkeit und man müsse vorsorglich etwas tun. Da die Weiber, auch ohne es gelernt zu haben, gescheit sind, bewickelte sie ihren Kopf mit einem Tuch und legte sich auf einen Felsen schlafen. Als Viçâkha mit Wurzeln und Früchten heimkehrte und sie so schlafen sah, fragte er sie: »O Gute, was ist dir?« Sie entgegnete: »O Herr, da mir mein Kopf weh tut, ist mir sehr unwohl.« Viçâkha sagte: »Was ist da zu tun?« Als sie in einer Gebirgsschlucht Steinschmutz erblickt hatte, sagte sie: »O Herr, als ich schon früher einmal von diesem Kopfleiden befallen war, hat der Arzt mir Steinschmutz verordnet und dadurch bin ich genesen.« Viçâkha antwortete: »Ich werde Steinschmutz suchen.« Sie entgegnete: »Da sich solcher in dieser Gebirgsschlucht befindet, werde ich dich an einem Seil halten und du wirst ihn heraufholen.« Da die hehren Wesen aufrichtig und einfach sind, so vermutete er keine Arglist und sprach: »So wollen wir es machen, halte du das Seil und ich hole Steinschmutz.« Als er sich nun am Seil herabließ, ließ sie es aus ihrer Hand fahren, weshalb auch er es losließ und ins Wasser fiel. Da der Bodhisattva zu langem Leben und zum Genuß der Herrschaft bestimmt war, kam er nicht um, sondern von dem Strom dahingetragen, gelangte er zu einer Königsburg. Dort war der König ohne Nachkommenschaft gestorben und die Minister samt den Stadt- und Landbewohnern berieten sich, wen sie, da kein König da sei, in die Herrschaft einsetzen sollten. Sie wählten zeichenkundige Männer aus und hießen diese, einen mit Tugendverdienst ausgestatteten Mann suchen, damit sie diesen in die Herrschaft einsetzten. Da nun die Taten, welche dem Viçâkha die Herrschaft einbringen sollten, der Reife nahe waren, stieg er aus dem Flusse und ließ sich an einer Stelle nieder, die durch die Macht des Bodhisattva wie geschmückt aussah. An diese Stelle gelangten die Zeichenkundigen und als sie das hehre Wesen mit den Merkmalen der Herrschaft ausgestattet sahen, begaben sie sich voll Freude und Seligkeit zu den Ministern und meldeten, daß sie bei ihrem Suchen ein mit großem Tugendverdienst ausgestattetes Wesen, dem die Herrschaft zukomme, gefunden hätten. Darauf ließen die Minister den Weg und die Stadt reinigen, geleiteten ihn hochbeglückt in die Stadt und weihten ihn an dem geeigneten Tage, zur geeigneten Stunde, unter dem geeigneten Sternbilde zum König. Da er ohne Gattin war, brachten die Minister, die Purohita's, die Könige anderer Länder, auch andere Begüterte, Handelsherren, Karawanenführer ihre mit jeglichem Schmucke ausgestatteten Töchter in jene Stadt, damit sie in den Palast aufgenommen würden. Doch der König, der durch sein Weib so geschändet war, ging darauf nicht ein. Die Minister sprachen: »O König, es pflegen Könige nicht ohne Gattinnen, Prinzen, Minister, Stadt- und Landbewohner zu sein, deshalb geruhe eine Gattin einzusetzen. In den verschiedensten Gegenden wohnende Große und Könige und Große fremder Länder halten ihre Töchter bereit und wollen sie dir vorstellen.« Allein er war dazu nicht zu bewegen und tadelte die Weiber fort und fort. Da durch die Macht der Tugendverdienste der Wesen alle Genußgüter Kraft und Vollendung erhalten, geschah es, daß, nachdem der Bodhisattva durch die Untat seiner Frau von jenem Berge geworfen worden war, Wurzeln und Früchte jenes Berges zusammenschrumpften und ihre Kraft verloren. Darauf begab sich die Frau, als sie hungerte und aus Furcht umzukommen, mit dem Krüppel auf dem Rücken, nach den Dörfern und bettelte auf den Heerstraßen, den Marktplätzen, den Kreuz- und Querwegen. Gefragt, antwortete sie: »Mir hat mein Mann nie einen Vorwurf gemacht.« Da eine Frau, welche von ihrem Mann keinen Vorwurf erhält, von der Welt hochgeachtet zu werden pflegt, erhielt sie, wohin sie auch kam, eine Gabe. Als sie nun auch in jene Residenz gelangt war, wurden die Leute, als sie von ihr hörten, von Staunen ergriffen. Einige begaben sich voll Verwunderung hinaus, um sie zu sehen. Die in der Stadt wohnenden Menschenscharen pflegten, wenn sie Gelegenheit gefunden hatten, jene zu tadeln und zurechtzuweisen. Nun begannen sie zu fragen, ob nicht dieser König, der an allen Frauen etwas auszusetzen habe, diese treffliche, von ihrem Mann nicht getadelte, den fuß- und handlosen Krüppel tragende Herumtreiberin anschauen sollte. Als der Purohita solche Rede dem König kundgetan hatte, besann sich dieser und befahl diese Frau herbeizurufen, da er sie sehen wollte. Als sie hereinbeschieden war und der König sie gesehen hatte, sagte er lächelnd diesen Vers: »Wirst du, die du mein Lendenfleisch gegessen, die du mein Blut getrunken und den Krüppel aufgeladen hast, nun vom Manne nicht getadelt?« Sie stand mit schamerfülltem Herzen und gesenkten Angesichtes da. Als die Minister den König nach dieser Angelegenheit gefragt und er ihnen ausführlich erzählt hatte, wie alles geschehen war, trieben sie die Frau mit Schmährufen zur Stadt hinaus.

34. Die fünf Liebhaber

Ein Kaufherr hatte eine Frau, in welche sich vier Stadtsöldner und der Obersöldner verliebten und Mittelspersonen zu ihr schickten. Sie gab ihnen Gehör. Sie bestimmte die Zeit der Zusammenkunft und als jene nach dem Orte fragten, wies sie ihnen einen unweit der Stadt befindlichen Feigenbaum an, der mit seiner Krone gen Himmel ragte, dessen Zweige sehr ausgebreitet und dessen Laub sehr dicht war. Sie sollten auf diesen Baum steigen und sie erwarten. Sie selbst aber wartete die Gelegenheit ab, um von Hause zu gehen. Der Mann jedoch schöpfte Argwohn, schlug sie und band sie an eine Säule. Einem der fünf Liebhaber hatte sie sagen lassen, er solle einen Zweig auf der Ostseite des Baumes besteigen, sie würde an dem Tage kommen. Dieser tat mit Freuden also. Der zweite bestieg ebenfalls auf ihre Anweisung einen Zweig auf der Südseite des Baumes, der dritte auf der Westseite und der vierte auf der Nordseite. Der Obersöldner aber kletterte auf einen Zweig in der Mitte des Baumes. So brachten sie die ganze Nacht allein, von dem Winde in Furcht versetzt, in Erwartung auf dem Baume zu, allein das Weib kam nicht, obwohl der Morgen schon anbrach. Da sagte der auf dem Zweige der Ostseite Wartende in einem Verse: »Aufgegangen ist die Sonne, aus dem Dorfe kommt der Ackersmann; daß die Lügenhafte nicht erschienen, muß der Feigenbaum erfahren.« Der auf dem Zweige der Südseite Harrende sagte: »Das Weib, das kommen wollte, ist wahrhaftig lügenhaft, diese Sonne voller Herrlichkeit wird nun aufgehen.« Der auf der Ostseite Befindliche sagte: »Wirst du, Treffliche, kommen? So gefragt, sprach sie: ›Jawohl.‹« Darauf sprach der auf dem Zweige der Westseite Sitzende in einem Verse: »Da zur rechten Zeit die Sonne sich erhoben, gehn aus dem Dorf die Ackersleute; da ich die Zeit nicht hab gekannt, hab' in der Nacht mein Aug' ich nicht geschlossen.« Nach einer Weile sprach der auf dem Zweige der Nordseite Sitzende: »Da ich zur Klarheit nicht gekommen, hat mich die ganze Nacht der Wind geschüttelt; wer fremden Frauen nachgeht, erleidet solcherlei und anderes.« Darauf sagte der Obersöldner: »Hat euch der Wind durchschüttelt, will auch ich nicht klagen, der Feigenbaum, der nichts verschuldet, klagt, daß ihm die Äst' gebrochen.« Die in dem Baume wohnende Gottheit sagte, als sie jene angeführt sah: »Klagen sollst du selbst und auch die andern vier; ist der Vaiçâkha-Mond gekommen, wächst der Baum, den man beschnitten.«

Jene aber, welche ihre Hoffnung auf die Frau aufgegeben hatten, stiegen vom Baume und machten sich auf den Heimweg. Auch jene Frau wurde von ihrem Manne losgebunden und begab sich heimlich zu jenem Baume. Als die Söldner sie erblickten, fragten sie, weshalb sie sie angeführt habe. Sie erzählte den Verlauf der Sache. Jene sagten: »So bist zum Vorschein du gekommen.« Da sie aber bedachte, daß sie nicht nach Art und Weise der Hunde sich mit fünf Männern abgeben dürfe, sagte sie, sie wolle sich demjenigen hingeben, der ihr die schönsten Blumen brächte. Nun gab es in der Königsburg einen Wächter der königlichen Lotusse, dem Ohren und Nase abgeschnitten waren. Zu diesem begaben sie sich und dachten, daß sie zwar durch Kauf nichts erlangen würden, allein wohl, wenn sie ihn lobpriesen. Also sprach einer von ihnen: »Wie das Schilfrohr abgeschnitten wieder wächst, also wachse deine Nase wieder, gib dem Bittenden die Blumen.« Der zweite sprach: »So wie das Kuça-Gras, wenn es gemäht ist, wieder wächst, also wachse deine Nase wieder, gib dem Bittenden die Lotusse.« Der dritte sprach: »Wie das Dûrva-Gras und Vîrana geschnitten dennoch wieder wächst, also wachse deine Nase wieder, gib dem Bittenden die Blumen.« Der vierte sprach: »Wie Haar und Bart, wenn auch rasiert, doch auch wieder wachsen, also wachse deine Nase wieder, gib dem Bittenden die Blumen.« Der fünfte sprach: »Die Lotusbitter alle haben Unsinn dir gesagt, gibst du Lotusse, gibst du sie nicht, nimmer wächst dir deine Nase wieder.« Der Wächter dachte: »Jene vier Männer haben mir unnützes Zeug gesagt, der fünfte aber aufrichtig nach der Wahrheit; diesem werde ich die Lotusse geben.« Er gab ihm also soviel Lotusse, als er nötig hatte; jener begab sich voll Freude zu jener Frau, deren Genuß ihm dann zuteil wurde.

35. Der Prinz Dshîvaka als König der Ärzte

In Videha herrschte im reichen, weiten, glückseligen, fruchtbaren und volkreichen Lande der König Virûḍhaka, der fünfhundert Minister mit Çakala an der Spitze hatte und durch den ersten Minister Çakala dem Gesetz gemäß regierte und die Geschäfte nach der Gerechtigkeit ausführte, weshalb alle Menschen auf ihn blickten. Nachdem er sich aus gleichem Geschlecht eine Frau genommen und sich mit ihr vergnügt hatte, wurde ihm ein Sohn geboren, den man am einundzwanzigsten Tage nach der Geburt Gopâla nannte. Als er sich nochmals mit seiner Frau vergnügt hatte, wurde ihm ein anderer Sohn geboren, den er Simha nannte. Als diese beiden Söhne herangewachsen waren: so wie ihr Vater von Anfang durch Tapferkeit und Überlegenheit in den fünf Künsten allen Ministern voranstand, so war es auch mit den Söhnen der Fall; da nun die Minister dies nicht ertragen konnten, berieten sie sich untereinander und begaben sich zum König. Als die Gelegenheit sich dargeboten hatte, fragten sie den König, wer denn König sei. Der König antwortete: »Geehrte, was ist da zu fragen? König bin ich; wer anders sollte es sein?« Sie sagten: »O König, Çakala ist König, nicht du bist es. Wenn er es einrichten könnte, würde er dich um die Herrschaft bringen, sich selbst das Diadem aufsetzen und selbst die Herrschaft an sich reißen.« Der König merkte gar wohl, daß sie ihm deshalb feindlich waren, weil er ihnen allen überlegen war. Ein andermal saß der König von der Ministerschar umringt und der erste Minister Çakala weilte von 8000 Klägern und Verklagten umgeben im Palast des Königs, und der Königspalast war ganz angefüllt. Als aber die Angelegenheiten der Herrschaft zu Ende geführt und die Menschen hinausgegangen waren, wurde der Palast ganz leer. Da fragte der König, ob alle Menschen den Palast verlassen hätten. Die Minister, welche eine Gelegenheit gefunden zu haben glaubten, sagten: »O König, was du zu hören wünschest, ist augenblicklich: wenn Çakala es einrichten könnte, würde er dich um die Herrschaft bringen, sich selbst das Diadem aufsetzen und die Herrschaft an sich reißen.« Da die Könige gleich den Krähen den Tod befürchten, dachte er, daß es ohne Zweifel so sei, wie jene sprächen, und fing an ihn zu tadeln. Da man in der Welt Freunde, Feinde und Gleichgültige hat, fingen andere an, den Çakala darauf aufmerksam zu machen, daß der König ihm etwas anhaben wolle und er demnach Vorkehrung treffen müsse. Als er sich die Sache überlegt hatte, bedachte er, wohin er gehen solle. Ginge er nach Çrâvastî, so sei daselbst, da es auch königliches Gebiet sei, dieselbe Gefahr; ebenso wenn er nach Vârâṇasî, nach Râdshagṛha oder nach Tshampâ sich begeben wolle. Nur in Vaiçâlî herrsche das Volk; wenn dort zehn zufrieden wären, so wären zwanzig unzufrieden; er wolle also lieber dahin gehen. Er sandte also einen Boten zu den Litshtshavi's von Vaiçâlî, daß er im Schutze ihrer Macht verweilen möchte. Sie antworteten ihm voll Achtung, daß er nach Vaiçâlî kommen möge, er sei willkommen. Darauf rief der erste Minister Çakala seine Verwandten zusammen und sagte ihnen: »O Geehrte, da ich nach Vaiçâlî ziehe, so mögen diejenigen von euch, die hier zufrieden sind, hierbleiben, wer es aber nicht ist, bereite sich und ziehe mit.« Auch den Rinder- und Büffelhirten befahl er, die Rinder und Büffel nach Vaiçâlî zu treiben, und hieß seine Dienstleute, sich zur Reise nach Vaiçâlî bereitmachen. Nachdem er so die Menschenscharen angetrieben hatte, sich fertigzumachen, ging er zum König, berührte seine beiden Füße und sprach: »O König, da ich eine kleine Angelegenheit habe, so gestatte, daß ich nach dem

Lusthain gehe.« Der König gab seine Genehmigung. Als Çakala den Lusthain hatte kehren lassen, füllte er die Wagen mit Schätzen, die er oben mit Speise und Trank bedecken ließ, und zog davon. Als die Minister gehört hatten, daß Çakala entwichen sei, kamen sie eiligst zum Könige und meldeten seine Flucht. Der König befahl ihnen, ihn zurückzurufen. Sie rüsteten ein viergliedriges Heer aus, holten ihn ein und forderten ihn auf, dem Befehl des Königs gemäß umzukehren. Er entgegnete: »Geehrte, seit lange schon habet ihr daran gedacht, ob ich nicht sterben oder entweichen würde; da dies nun mit geringer Schwierigkeit geschehen ist, so gehet nun; ich bin entkommen.« Sie entsandten, um der Meinung des Königs Genüge zu leisten, Pfeile, kehrten aber um und meldeten dem Könige, daß Çakala entronnen sei. Der König war damit nicht zufrieden und schwieg. Çakala aber gelangte nach und nach nach Vaiçâlî.

Zu der Zeit waren in Vaiçâlî drei Regionen. In der ersten Region gab es 7000 Giebelhäuser mit goldenen Türmchen, in der mittleren 14 000 Giebelhäuser mit silbernen Türmchen, in der letzten 21 000 Giebelhäuser mit kupfernen Türmchen, in diesen wohnten die Vornehmen, die Mittleren und die Gemeinen der Ordnung nach. Das Volk aus Vaiçâlî hatte als Gesetz festgestellt, daß eine in der ersten Region geborene Tochter nur in der ersten Region, nicht aber in der mittleren oder letzten verheiratet werden dürfe, eine in der mittleren Region geborene nur in der ersten und mittleren, eine in der letzten geborene aber in allen drei Regionen; daß ferner keine Verheiratung außerhalb Vaiçâlî stattfinden dürfe und daß das als Perle anerkannte Weib an keinen verheiratet werden, sondern dem Volk zum allgemeinen Genuß zustehen solle. Da Çakala ein vornehmer Mann war, gab man ihm ein Haus in der ersten Region. Als er sich dort niedergelassen hatte, vermochte er es nicht, obwohl dazu eingeladen, in der Volksversammlung zu erscheinen. Es fragten ihn deshalb die Litshtshhavi's, weshalb er nicht erscheine. Er antwortete: »Da mir gerade aus der Versammlung Unbill erwachsen könnte, begebe ich mich nicht hin.« Die Bewohner von Vaiçâlî ermutigten ihn dazu zu kommen, es könne ihm kein Unrecht geschehen. Obwohl er nun in die Versammlung kam, gab er keine Meinung von sich. Sie aber forderten ihn auf, dies zu tun; er jedoch meinte, er tue es deshalb nicht, weil ihm daraus Unrecht entstehen könnte. Sie meinten, er solle es nur tun; es würde ihm daraus kein Verdruß entstehen. Als er darauf in der Volksversammlung erschien, gab er auch seine Meinung. Früher hatten die Litshtshhavi's von Vaiçâlî, an wen immer sie ein Sendschreiben richteten, es auf rauhe Weise getan. Seitdem aber Çakala seine Meinung abgab, fertigten sie Sendschreiben mit Freundlichkeit aus. Diejenigen, zu denen solche freundliche Sendschreiben gelangten, besprachen sich untereinander und suchten den Grund dieser Freundlichkeit zu ermitteln. Da erklärten einige, daß, seitdem der erste Minister des Videha-Königs Virûḍhaka, Çakala, nach Vaiçâlî gekommen und an den Beratungen teilnehme, solche Sendschreiben voll Freundlichkeit ausgefertigt würden.

Als Çakala seine beiden Söhne Gopâla und Simha verheiratet hatte, wurde dem Simha, nachdem er sich mit seiner Frau vergnügt hatte, eine Tochter geboren, welcher man an ihrem Geburtsfeste den Namen Vâsavî gab; als die Zeichendeuter sie besehen hatten, erklärten sie, daß sie einen Sohn gebären werde, welcher seinem Vater das Leben nehmen, sich selbst das Diadem aufsetzen und die Herrschaft an sich reißen werde. Als Simha sich wiederum mit seiner Frau vergnügt hatte, wurde ihm eine Tochter geboren, deren Geburt man auch feierlichst beging und ihr den Namen Upavâsavî gab. Auch diese besahen die Zeichendeuter und erklärten, daß sie einen mit vortrefflichen Merkmalen versehenen Sohn zur Welt bringen werde. Gopâla, der wild und von großer Kraft war, zerstörte die Lusthaine der Litshtshhavi's von Vaiçâlî. Die Hainwächter suchten ihn davon abzuhalten, indem sie ihm vorstellten, daß die Litshtshhavi's wild und von großer Macht seien. Als die Wächter nichts damit ausrichteten, wandten sie sich an den Vater und baten ihn, den Sohn zurückzuhalten. Çakala ließ ihn kommen und machte ihn auf die Gefahr, die von den Litshtshhavi's drohe, aufmerksam. Er entgegnete: »O Vater, sie haben Lusthaine, wir haben keine.« Çakala meinte, er wolle wegen des Lusthains die Volksversammlung bitten. Er tat es, und man verlieh ihnen einen alten Lusthain, in welchem ein alter Sâla-Baum war, aus dem der eine ein Ebenbild Bhagavants verfertigte, der andere es einweihte; auch sagen die Sthavira's in den Sûtra's, daß Buddha-Bhagavant von Vaiçâlî aus im Sâla-Walde Gopâla's und Simha's gewandelt sei. Als Gopâla tausend Untaten verübt und die Litshtshhavi's ihn getadelt, gescholten und zur Rechenschaft gezogen hatten, ließ Çakala ihn kommen und befahl ihm, um das Volk nicht aufzuregen, in eine gewisse Gebirgsgegend zu ziehen und daselbst auf seinen eigenen Feldern Ackerbau zu treiben. Dieser befolgte den Befehl seines Vaters. Als nun zu einer anderen Zeit der Führer Vaiçâlî's gestorben war, wählte man den ersten Minister Çakala zum Führer. Nachdem er eine kurze Zeit lang dieses Amt gehabt hatte, starb auch er. Das Volk von Vaiçâlî kam nun zusammen und beriet sich, wen man zum Führer einsetzen sollte. Da sagten einige: »Da der vorzügliche Minister Çakala das Volk trefflich geschirmt hat, so setzen wir seinen Sohn ein.« Andere sagten: »Sein Sohn Gopâla ist wild und von großer Kraft; wenn wir diesen zum Führer einsetzen, wird ohne Zweifel das Volk in Zwietracht geraten; sein jüngerer Sohn Simha ist brav, umgänglich und imstande, das Volk zufriedenzustellen; wenn es dem Volke gefällt, setzen wir diesen zum Führer ein.« Als alle damit zufrieden waren, begab sich die Versammlung zum Simha und trug ihm das Führeramt an. Er entgegnete: »Da Gopâla mein älterer Bruder ist, so setzet ihn ein.« Sie antworteten: »Ist etwa, o Simha, das Führeramt in deinem Geschlecht erblich? Nur derjenige wird zum Führer erwählt, an welchem das Volk Gefallen findet. Hast du keine Lust, so werden wir einen andern zum Führer einsetzen.« Er bedachte, daß es nicht gut wäre, wenn das Führeramt von seinem Hause auf ein anderes überginge, und beschloß, es lieber anzunehmen. Man setzte ihn darauf mit großen Ehren in das Amt ein. Wenn die Bewohner von Vaiçâlî früher ein Schreiben sandten, dann schrieben sie: »Es sagt das Volk mit Çakala an der Spitze.« Als nun zu einer andern Zeit im Gebirgsorte, wo Gopâla auf seinen Feldern dem Ackerbau oblag, ein Schreiben angelangt war und Gopâla es geöffnet und gelesen hatte, fragte er, ob denn sein Vater gestorben sei, da die Bewohner von Vaiçâlî früher geschrieben hatten: »Es sagt das Volk mit Çakala an der Spitze«, nun aber geschrieben sei: »Es sagt das Volk mit Simha an der Spitze.« Als man ihm gesagt, daß sein Vater gestorben sei, ward er unwillig, begab sich nach Vaiçâlî und fragte Simha, ob es in der Ordnung gewesen sei, ihn zum Führer zu machen, während er, Gopâla, der ältere Bruder sei. Simha erzählte ihm, wie die Sache geschehen war. Voll Unmut über die Litshtshhavi's beschloß er, infolge dieser Zurücksetzung nach Râdshagṛha zu ziehen und sandte einen Boten an den König Bimbisâra, der seinen Wunsch, sich in seinen Schutz zu begeben, meldete. Der König ließ ihm zurückmelden, daß er willkommen sei. Er zog nach

Râdshagṛha und wurde vom König Bimbisâra zum ersten Minister gemacht. Als nun nach einiger Zeit des Königs Bimbisâra erste Gattin gestorben war und er betrübt, die Wange auf die Hand gestützt, dasaß, fragte ihn Gopâla nach der Ursache seiner Traurigkeit. Er entgegnete, daß ihm seine erste Gattin gestorben sei und er wohl betrübt sein müsse. – »O König, sei nicht mißmutig. Mein jüngerer Bruder hat zwei Töchter von vollendeter Schönheit und Jugendfülle, welche gerade für dich passend wären; von diesen wird nach den Voraussagungen die eine einen Sohn gebären, welcher seinen Vater umbringen wird, die andere aber einen Sohn mit den vorzüglichsten Merkmalen zur Welt bringen. Es wird nun für dich, o König, diejenige herzuschaffen sein, von der vorausgesagt worden ist, daß sie einen Sohn mit den vorzüglichsten Merkmalen gebären werde.« Darauf meldete Gopâla seinem Bruder Simha, daß des Königs Bimbisâra erste Gattin gestorben sei und er seine Tochter Upavâsavî hinführen solle, da sie des Königs erste Gattin werden würde. Simha schrieb ihm eine Antwort: »Wohin es auch hinausläuft, werde ich nicht fragen, sondern du, welcher du das Maß der Dinge kennst, wirst wissen, was zu tun ist. Da es durch das Volk zum Gesetz erhoben ist, daß aus Vaiçâlî kein Mädchen nach außerhalb verheiratet werden darf, so wirst du selbst kommen und im Lusthain warten; ich werde mich mit der Tochter in den Lusthain begeben, und du wirst sie von dort entführen.« Darauf beurlaubte sich Gopâla beim König, bestieg den Wagen und machte sich nach Vaiçâlî auf; als er dahin gelangt war, wartete er im Lusthain.

Zu der Zeit war einer der Torwächter von Vaiçâlî gestorben. Unter den Dämonen wiedergeboren, gab er den Bewohnern von Vaiçâlî folgende Weisung: »Da ich unter den Dämonen wiedergeboren bin, so gebet mir die Stellung eines Jaksha und hänget mir eine Glocke um den Hals; wenn irgendein Widersacher der Bewohner von Vaiçâlî erscheint, so werde ich so lange, bis er ergriffen ist oder davongeht, mit der Glocke läuten.« Sie ließen eine Jaksha-Statue anfertigen, hängten derselben eine Glocke um den Hals und stellten sie unter Tanz, Gesang, unter den Tönen von Musikinstrumenten, mit Streuopfern und Blumengirlanden versehen, in der Torhalle auf. Gopâla meldete dem Simha, daß er im Lusthain warte, er solle kommen. Dieser ging nach Hause und sagte zu Upavâsavî: »Da du dem Könige Bimbisâra zur Gattin gegeben wird, so nimm deinen Schmuck und begib dich in den Lusthain.« Als sie ihren Schmuck zu nehmen begann, sah es Vâsavî und fragte, weshalb sie dies tue. »Ich werde verheiratet.« – »An wen?« – »An den König Bimbisâra.« Vâsavî meinte, das ginge nicht, da sie die ältere Schwester sei. »Ist es so, so nimm du den Schmuck.« Als sie noch sprachen, ertönte die Glocke. Die Bewohner von Vaiçâlî gerieten in Aufregung und meinten, daß ein Feind nach Vaiçâlî gekommen sei. Voll Angst nahm Simha, in der Meinung, es sei Upavâsavî, seine ältere Tochter Vâsavî mit und begab sich eiligst in den Lusthain, und auch Gopâla nahm voll Angst Vâsavî auf den Wagen und fuhr davon. Das Volk von Vaiçâlî setzte ihm nach und als es ihn eingeholt hatte, begann man, mit ihm zu kämpfen. Da er aber in den fünf Kampfeskünsten tüchtig war, so traf er fünfhundert Litsthtshhavi's ins Herz und sagte: »O Geehrte, da ich fünfhundert von euch ins Herz getroffen habe, die übrigen aber am Leben lassen will, so kehret um.« Sie antworteten: »Kein lebendes Wesen aus unserer Mitte ist umgekommen.« – »Leget eure Rüstung ab.« Als sie ihre Rüstung abgelegt hatten, sanken fünfhundert zu Boden und gaben ihr Leben auf. Da meinten die übrigen, dieser Mensch sei ein Râkshasa und liefen voll Furcht davon.

Nach Vaiçâlî zurückgekehrt, fingen sie an, sich zu beraten: »O Geehrte, an diesem unseren Feinde wollen wir des Königs Bimbisâra Söhne Rache nehmen lassen, schreiben wir dies auf eine Tafel, tun diese in eine Kiste und stellen sie versiegelt hin.« Sie taten also. Gopâla aber kam nach Râdshagrha und rief: »Upavâsavî, komm.« Sie entgegnete: »O Oheim, ich bin nicht Upavâsavî, sondern Vâsavî.« – »Weshalb hast du es mir nicht gesagt?« Sie antwortete kein Wort. Darauf ging er mißvergnügt und betrübt zum König und als der König ihn erblickt hatte, sagte er: »O Gopâla, bist du gekommen? Sei willkommen.« – »Ich bin gekommen, o König.« – »Hast du Upavâsavî mitgebracht?« – »O König, ich habe sie mitgebracht und nicht mitgebracht.« – »Was will das heißen?« – »Während ich der Meinung war, es sei Upavâsavî, habe ich Vâsavî mitgebracht.« – »Schaffe sie her, daß ich sie sehe.« Als Vâsavî nun herbeigeführt ward und der König ihre vollendete Schönheit und Jugendfülle sah, so wurde er dermaßen von dem Weibe angezogen, daß er, unmittelbar nachdem er sie erblickt hatte, Liebe zu ihr faßte und sprach: »O Geehrte, da ein Sohn, der seinen Vater tötet, dies nur der Herrschaft wegen tut, so werde ich, falls mir ein Sohn geboren werden sollte, ihm gleich nach der Geburt das Diadem aufsetzen.« Darauf nahm er sie zur Gattin. Da sie aus Videha gekommen war, wurde sie Vaidehî genannt. Der König vergnügte sich mit ihr.

Als er einmal auf die Jagd gegangen war, wohnte in einer Einsiedelei ein mit den fünf Klarsichten begabter Rischi. Da floh eine durch das Auflegen des Pfeils in Schreck gesetzte Gazelle in die Einsiedelei des Rischi und ward, als sie zum Vorschein kam, vom Pfeil des Königs getroffen. Da sagte der Rischi erzürnt: »Willst du, o Unheilskönig, während vor meiner Einsiedelei selbst reißende Tiere Scheu haben, die Gazelle, die sich in meinen Schutz begeben hat, töten?« Als der Rischi den König durch solche Worte zur Rechenschaft zog, kam sein Herr herbei und fragte, an wen solche Worte gerichtet seien. Der König sagte, daß sie auf ihn gingen, und fragte, was für eine Strafe für solche Zurechtsetzung sein müsse. Man antwortete, daß darauf Todesstrafe stehe. »Ist es so, so gebe ich den Rischi preis.« Als man sich anschickte, ihn zu töten, hegte er den Unheilswunsch, daß er, wo immer er geboren werden sollte, ihn ums Leben bringe, da der Unheilskönig ihn, ohne alle Schuld und ohne daß er einen Schaden angerichtet, zum Tode führen lasse. Ferner bedachte er, daß, da solche Könige sehr verborgen, sehr geschützt und bewacht würden, er, wenn er anderswo geboren werden sollte, wohl kaum eine Gelegenheit finden würde, er müsse deshalb durchaus von der ersten Gattin dieses Königs zur Welt gebracht werden. Durch diesen seinen Unheilswunsch wurde er von der Vâsavî geboren. An dem Tage, an welchem er empfangen wurde, fand ein Blutregen statt. Vâsavî empfand das Gelüste, aus dem Rücken des Königs Fleisch auszuschneiden und dasselbe zu genießen. Als sie dies dem König sagte, rief der König die Zeichendeuter herbei und befragte sie; sie gaben ihm Bescheid, daß dies der Einfluß eines Wesens sei, welches den Leib seiner Gattin bezogen habe. Als der König in Gedanken versunken dasaß, sann er nach, wie er ihr Gelüste beseitigen könne. Andere einsichtsvolle Leute rieten ihm, ein baumwollenes Gewand mit Fleisch zu füttern, es anzulegen und der Gattin das Fleisch anzubieten. Darauf ließ der König ein baumwollenes Gewand mit Fleisch füttern, zog es an und bot das Fleisch der Vâsavî an. Sie glaubte, es sei das Fleisch des Königs und verzehrte es. Dadurch ward sie von ihrem Gelüste befreit. Darauf kam ihr das Gelüste, das Blut ihres Gatten zu trinken und sie sagte es dem Könige. Der König ließ sich an fünf Gliedern zur Ader, gab ihr das Blut zu trinken und sie ward des Gelüstes ledig. Als neun Monate voll waren, wurde ein schöner, wohlaussehender Knabe geboren, an dem Tage aber, da er geboren wurde, fand ein Blutregen statt. Der König rief die Zeichendeuter herbei und befragte sie. Sie antworteten: »O König, soviel wir aus den Lehrsprüchen entnehmen können, wird dieser Sohn ohne Zweifel, nachdem er den Vater des Lebens beraubt haben wird, sich selbst das Diadem aufsetzen und die Herrschaft an sich reißen.« Der König dachte: »Da er mich durchaus nur der Herrschaft wegen des Lebens berauben würde, wird er es wohl nicht tun, wenn ich ihm selbst die Herrschaft gebe.«

Zu der Zeit lebte in Vaiçâlî der Litshtshhavi Mahânâman, in dessen Lusthain ein Âmrahain war, in welchem ein plötzlich emporgewachsener Kadalî-Baum von den Hainwächtern erblickt wurde. Da derselbe sofort Blüten ansetzte, meldete der Wächter es voller Staunen dem Mahânâman. Dieser ließ die Zeichendeuter kommen und befragte sie. Sie gaben ihm den Bescheid, er solle den Baum bewachen lassen; derselbe werde nach Ablauf von sieben Tagen bersten und aus seinem Innern werde ein Mädchen hervorkommen. Der Hausbesitzer Mahânâman wunderte sich über diesen Bescheid sehr, stellte in jenen Hain sorgsame Wächter und fing an die Tage zu zählen. Als sieben Tage verflossen waren, ließ er den Lusthain von Steinen, Kies und Geröll reinigen und mit Sandelwasser besprengen, auch sehr duftendes Räucherwerk bereiten, viele seidene Gehänge ausspannen, Blumenstreu ausbreiten, zog mit Gesang und vielerlei Musik, von Freunden und Bekannten umringt, mit großem Gepränge samt seiner Gattin in den Lusthain hinaus; nachdem er dort gespielt, sich erfreut und vergnügt hatte, barst der Stamm des

Kadalî-Baumes und es kam aus demselben ein schönes, lieblich anzuschauendes, mit allen Gliedern versehenes Mädchen zum Vorschein. Als Mahânâman sie seiner trefflichen Gattin übergeben hatte, sagte diese: »O Herr, geruhe, ihr einen Namen zu geben.« Mahânâman sagte: »Da dieses Mädchen aus dem Âmrahain zu uns gekommen ist, soll sein Name Âmrapâlî sein.« Als Mahânâman nun nach Hause zurückgekehrt war, erzog er Âmrapâlî, und sie wuchs heran. Da erschienen, um sie werbend, aus dem Krauntsha-Lande, aus dem Çâkaja-Lande und aus verschiedenen anderen Ländern viele Königssöhne, Ministersöhne, Kaufleute, Handelsherren, Karawanenführer. Der Hausbesitzer Mahânâman bedachte, daß diejenigen, welche sie nicht erhalten würden, unwillig werden könnten; daß er indessen wegen der Gesetzesbestimmung das Volk fragen wolle. Als sich das Volk von Vaiçâlî versammelt hatte, sagte er: »Geehrte Brahmanen und Hausbesitzer, höret! Nachdem ich aus dem Lusthain ein Mädchen erhalten habe, habe ich es aufgezogen, und da ich an eine Verheiratung mit einem meinem Geschlechte entsprechenden Manne denke, möge das Volk es erwägen.« Die Männer von Vaiçâlî sagten: »O Hausbesitzer, das Volk hat früher die Bestimmung getroffen, daß eine Perle von Weib nicht verheiratet werden dürfe, sondern dem Volk zum Genuß zustehe. Deshalb mußt du das Mädchen herbeiholen, damit wir schauen, welcher Art es sei.« Als er darauf mit ihr in die Versammlung trat und man ihre vollendete Schönheit und Jugendfülle sah, sperrte das ganze Volk vor Verwunderung die Augen auf, und da man sie gründlich zu betrachten begonnen hatte, sagten einige: »O Hausbesitzer, dies ist eine Perle von Weib und stehet deshalb dem Volk zum Genuß zu, darf also an keinen verheiratet werden.« Als Mahânâman mißvergnügt nach Hause gekommen war und, die Wange auf den Arm gestützt, in Gedanken versunken dasaß, sah ihn Âmrapâlî und fragte, weshalb er so verstimmt sei. – »O Tochter, du bist als Perle von Weib anerkannt worden und wirst deshalb dem Volke zum Genuß zustehen, so daß meine Wünsche nicht erfüllt werden.« – »O Vater, bist du von einem anderen abhängig?« – »O Tochter, da früher das Volk das Gesetz aufgestellt hat, daß diejenige, die als Perle von Weib gilt, dem Volke zum Genuß zustehe, du aber als Perle von Weib anerkannt bist, so habe ich keine Macht.« Sie sagte: »Wenn mir das Volk fünf meiner Wünsche gewährt, will ich ihm zum Genuß zustehen. Man soll mir ein Haus in der ersten Region geben; wenn ein Mann bei mir eingetreten ist, soll kein anderer Eintritt haben; derjenige, der eingetreten ist, soll fünfhundert Kârshâpana's mitbringen; zu der Zeit, da man die Häuser untersucht, soll man mein Haus nach Ablauf von sieben Tagen untersuchen; die aus demselben Herauskommenden und in dasselbe Eintretenden soll man nicht betrachten.« Mahânâman legte dem Volke die Weisung der Âmrapâlî vor und das Volk war damit einverstanden. »Wenn sie ein Haus in der ersten Region verlangt, so kommt einer Perle von Weib ein Haus in der ersten Region zu. Verlangt sie, daß während einer bei ihr eingetreten ist, ein anderer keinen Zutritt habe, so ist das auch richtig; denn da kein Groll so schlimm ist wie der Groll wegen eines Weibes, so könnte, wenn einer eingetreten ist und ein anderer hinzukäme, ohne Zweifel einer den andern töten. Wenn sie die Bedingung stellt, daß derjenige, der eintritt, fünfhundert Kârshâpana's mitbringe, so hat dies ebenfalls seine Richtigkeit; ohne Zweifel braucht sie das Geld zu Kleidern und Schmuck. Verlangt sie, daß man ihr Haus nach Ablauf von sieben Tagen untersuche, so ist das auch richtig; was liegt für eine Gefahr darin, ob die Untersuchung früher oder später stattfindet? Wünscht sie, daß man die aus dem Hause kommenden und in dasselbe eintretenden Männer nicht betrachte, so ist auch dies richtig. Da sie eine Hetäre ist, würde niemand in ihr Haus eintreten, wenn er wüßte, daß die herauskommenden und eintretenden Menschen betrachtet werden.«

Als nun das Volk ihr die fünf Wünsche gewährt hatte, stand ihr Genuß dem Volke zu. Während die Litshtshhavi's von Vaiçâlî des Liebesgenusses wegen ihr Haus zu besuchen anfingen, verloren einige, welche zu stark in der Macht der Gewohnheit waren, sobald sie Âmrapâlî erblickten, ihre Lust, andere, sobald sie sie berührt hatten, so daß einige ihre Mannestat nicht ausübten. Da meinte sie, daß sie, weil jene keine Männer wären, durchaus eine Vorkehrung treffen müsse. Sie beschied die in verschiedenen Gegenden wohnenden Maler zu sich und befahl ihnen, an den Wänden die Bildnisse von Königen, Ministern, Kapitalisten, Handelsherren, Kaufleuten und Karawanenführern, die sie gesehen hätten, zu malen. Als die Maler die Bildnisse angefertigt hatten, legte Âmrapâlî verschiedenen Schmuck an und während sie die Gemälde einzeln betrachtete, fragte sie: »O Geehrte, wer ist dies?« – »Dies ist König Pradjota.« – »Wer ist dies?« – »Prasenadshit, König von Koçala.« – »Wer ist dies?« – »Der Vatsa-König Udajana.« – »Wer dies?« – »Der Magadha-König Çreni Bimbisâra.« So fragte sie, und die Maler nannten ihr alle. Als sie nun alle betrachtet hatte, blieb ihr Auge an Bimbisâra haften und sie hatte den Gedanken, wenn doch ein Mann von solchem Wuchs und Umfange sich mit ihr der Liebe hingeben würde. Als dann zu einer anderen Zeit der Magadha-König Bimbisâra auf seines Palastes Dach gestiegen und von der Schar seiner Minister umringt ungebührliche Gespräche führte, fragte er sie, was für Hetären sie gesehen hätten. Da sagte Gopâla: » O König, es gibt auch andere, allein in Vaiçâlî ist eine Hetäre von überaus großer Schönheit und Jugendfülle, Âmrapâlî mit Namen, sie ist in den 64 Liebeskünsten erfahren und verdient es, von dir, o König, genossen zu werden.« Der König erwiderte: »Ist es so, Gopâla, so werde ich nach Vaiçâlî gehen und mich mit ihr vergnügen.« Gopâla machte ihn darauf aufmerksam, daß ihm von den Litshtshhavi's, die ihm seit langem feindlich gesinnt seien, Gefahr drohen könne. Der König meinte, daß Männer, die ein Mannesherz hätten, immerhin gehen könnten. Gopâla sagte: »O König, legt man nichtigen Dingen Wichtigkeit bei, so soll man gehen.« Der König bestieg den Wagen und begab sich mit Gopâla nach Vaiçâlî. Als sie dort angelangt waren, blieb Gopâla im Lusthain, der König aber begab sich ins Haus der Âmrapâlî. Da läutete die Glocke. Die Litshtshhavi's von Vaiçâlî gerieten in Aufregung und meinten, es sei ein Feind eingedrungen, da die Glocke ertönt sei. Da nun ein großes Geschrei entstand, fragte König Bimbisâra, was dies bedeute. »O König, man untersucht die Häuser.« – »Weshalb?« – »Deinetwegen, o König.« – »Was ist da zu machen? Soll ich fliehen?« – »O König, sei nicht besorgt! Da man mein Haus erst nach Ablauf von sieben Tagen untersuchen wird, kannst du dich noch sieben Tage lang vergnügen. Vergnüge dich also; sind sieben Tage um, so wirst du die Zeit kennen.« Als er sich nun mit ihr vergnügte und sie durch ihn schwanger geworden war, sagte sie es ihm; er aber gab ihr ein feines Zeug und einen Ring und sagte: »Wird es eine Tochter, so bleibe sie bei dir; wird es aber ein Sohn, so bekleide ihn mit diesem Zeuge, drücke das Siegel dieses Ringes am Halse ab und schicke ihn zu mir.« Als er das Haus verlassen und den Wagen bestiegen hatte, fuhr er mit Gopâla davon, allein es ertönte die Glocke. Die Litshtshhavi's, in der Meinung, daß ein Feind erschienen sei, sandten ihm 500 mit Pfeil und Speer Versehene nach; als Gopâla sie erblickt hatte, fragte er den König, ob er sich mit ihnen in einen Kampf einlassen oder den Wagen lenken solle. Der König antwortete: »Ich bin müde und werde den Wagen lenken, du aber kämpfe mit ihnen.« Als Gopâla sich nun mit ihnen in einen Kampf einließ, erkannten ihn die Einwohner von Vaiçâlî und sagten: »O Geehrte, dies ist ein Râkshasa von Mensch, lasset uns umkehren.« Sie kehrten nach Vaiçâlî zurück und stellten als Gesetz auf, daß sie an diesem ihrem Feinde die Kinder von Bimbisâra Rache nehmen lassen wollten. Als nun neun Monate verflossen waren, gebar Âmrapâlî einen schönen, wohlaussehenden Knaben. Als dieser dann heranwachsend mit den Söhnen der Litshtshhavi's von Vaiçâlî spielte, sagten diese in beleidigenden Worten zu ihm: »Sohn einer Sklavin, wer ist, da du unter den vielen hunderttausenden geboren bist, dein Vater?« Er ging weinend zur Mutter. Als diese ihn fragte, weshalb er weine, erzählte er alles ausführlich. Sie aber sagte: »Wenn man dich wiederum fragt, so sage ihnen: ›Keiner von euch hat einen solchen Vater wie ich.‹ Wenn sie fragen, wer es sei, so sage ihnen, daß es der König Bimbisâra ist.« Als die Kinder wiederum spielten und sie ihn so fragten, antwortete er, daß keiner von ihnen einen solchen Vater wie er hätte. »Wer ist es?« Als er den König Bimbisâra nannte, so schlugen sie ihn um so mehr, da er ihren Feind zum Vater habe. Als er weinend alles seiner Mutter erzählte, bedachte sie, daß die Litshtshhavi's von Vaiçâlî sehr wild und kräftig seien und es eine Gelegenheit geben könnte, ihn zu töten. Als sie solches bedacht hatte, sah sie, daß sehr viele Kaufleute mit Waren nach Râdshagṛha zogen und sprach zu ihnen: »Mit dem Siegel dieses Ringes versiegelt eure Gefäße und ihr werdet ohne Abgaben durchkommen; diesen Knaben führet in den Palast des Königs und, nachdem ihr das Siegel dieses Ringes an seinem Halse abgedrückt habt, setzet ihr ihn an das Tor von Râdshagṛha.« Die Kaufleute versprachen ihr, so zu handeln. Nachdem sie dem Knaben eine Perlenschnur gegeben hatte, sagte sie: »O Sohn, begib dich in Geschäften zum Könige, lege ihm die Perlenschnur auf die Füße und klettere an seine Brust. Sollte jemand sagen: ›Dies ist ein Knabe, der keine Furcht kennt‹, so frage, ob ein Sohn etwas vom Vater zu fürchten habe.« Als der Knabe nun mit den Kaufleuten nach Râdshagṛha gelangt war, badeten sie ihn und, nachdem sie ihm das Siegel aufgedrückt hatten, führten sie ihn an das Tor des Palastes. Als er dahin gelangt war, wo sich der König befand, legte er ihm die Perlenschnur auf die Füße und kletterte an seine Brust. Da sagte der König: »Dieser Knabe scheint keine Furcht zu haben.« Er aber antwortete: »Hat etwa ein Sohn etwas von seinem Vater zu fürchten?« Da der König so das Wort »furchtlos« ausgesprochen hatte, wurde er Prinz Abhaja genannt.

König Bimbisâra, der nach anderen Weibern stetes Verlangen trug, bestieg seinen Elefanten und durchwandelte die Straßen der Stadt, seine Augen hin und her richtend. Zu der Zeit lebte in Râdshagṛha ein überaus reicher Handelsherr, welcher an einem Tage seiner Frau erklärte, daß er mit Waren in die Fremde ziehen müsse. Als er verreist war, ward die Frau bei süßer Speise und schöner Kleidung durch Begehrlichkeit gequält und als der König Bimbisâra auf dem Elefanten in die Nähe ihres Hauses gelangt war, saß sie am Fenster und warf ihm einen Blumenkranz zu. Als der König sie erblickte, forderte er sie auf herabzukommen. Sie aber sagte: »O König, ich scheue mich, tritt du vielmehr bei mir ein.« Als der König bei ihr eingetreten war, vergnügte er sich mit ihr und sie wurde schwanger. Sie tat dies dem Könige kund. Da gab ihr der König einen Siegelring und ein buntes Zeug und sagte ihr: »Wird dir ein Sohn geboren, so kleide ihn in dieses Zeug, befestige ihm das Siegel dieses Ringes am Halse und schicke ihn zu mir. Wird dir aber ein Mädchen geboren, so soll dieses bei dir bleiben.« Mit diesen Worten ging er davon. Als nun der Handelsherr nach beendigten Geschäften in die Nähe von Râdshagṛha gelangt war, schickte er seiner Frau eine Meldung: »O Gute, freue dich! Ich bin nach vollendeten Geschäften glücklich angelangt und werde an dem und dem Tage kommen.« Da bedachte sie, daß sie sich ein solches Vergehen hatte zuschulden kommen lassen und wußte nicht, was sie anfangen sollte, wenn der Mann käme. In ihrer Bedrängnis gab sie dem Könige davon Nachricht, und der König ließ ihr zurückmelden, sie solle getrost sein, er werde es so einrichten, daß der Mann nicht so bald zurückkehren werde. Er sandte einen Boten zum Karawanenführer mit dem Bedeuten, daß solche und solche Edelsteine nötig seien und daß er ohne dieselben mitzubringen nicht zurückkehren dürfe. So mußte der Handelsherr der Edelsteine wegen einen weiten Weg machen. Als neun Monate verflossen waren, wurde ihr ein schöner, wohlaussehender Knabe geboren. Da die Weiber, auch ohne geschult zu sein, kenntnisreich sind, fütterte sie ihn mit Butter und Honig, befestigte das Siegel des Ringes an seinem Halse, hüllte ihn in das Zeug, tat ihn in eine Kiste und befahl ihrer Dienerin, die Kiste an das Tor des königlichen Palastes zu stellen, ringsum Lampen zu stellen, dieselben anzuzünden und so lange zu verweilen, bis jemand das Kind aufgenommen haben würde. Sie tat also, und als der König auf das Dach seines Palastes gestiegen war und daselbst mit dem Prinzen Abhaja stand, erblickte er die Lampen am Eingange des Palastes. Da befahl er seinen Dienern nachzusehen, was das bedeute, daß am Eingange des Palastes Lampen brannten. Die Diener meldeten, daß sich dort eine Kiste befinde. Der König befahl, diese herbeizuholen, der Prinz Abhaja aber bat den König, daß er ihm das, was sich in der Kiste befinde, geben möchte. Der König gewährte ihm seine Bitte. Als die Kiste nun herbeigebracht und dem Könige übergeben worden war, befahl der König, sie zu öffnen. Als man sie geöffnet hatte, kam ein Knabe zum Vorschein. Der König fragte, ob er lebe oder tot sei; man antwortete, daß er lebe. Als der König darauf das Siegel und das Zeug erkannt hatte, übergab er den Knaben dem Abhaja. Dieser zog ihn auf, und da der König gefragt hatte, ob er lebe und der Prinz Abhaja ihn ernährt hatte, erhielt er den Namen Dshîvaka Kumârabhaṇḍa. Als Dshîvaka herangewachsen war und mit Abhaja in müßigem Gespräche dasaß, meinte Abhaja, daß sie eine Kunst lernen müßten, um später ihr Brot zu finden, weil bereits vor der Geburt des Adshâtaçatru ihm die Herrschaft vorherverkündet worden sei. Da beide sich so beraten hatten, kam ein weißgekleideter Wagenbauer, von weißgekleideten Männern umringt, in den Palast des Königs. Als der Prinz Abhaja ihn erblickt hatte, fragte er die andern Leute des Königs, wer dies sei. Sie antworteten ihm, daß es ein Wagenbauer sei. – »Was erlangt er?« – »Seinen Unterhalt.« Da dachte er, daß auch er, nachdem er den König gefragt hätte, den Wagenbau erlernen könnte. Er begab sich zum König und sagte ihm, daß er den Wagenbau lernen wolle. Der König fragte, ob er sich dadurch sein Brot verdienen wolle. »O Vater, des Königs Söhne pflegen alle Künste zu lernen.« – »Ist es so, o Sohn, so lerne den Wagenbau.« Er fing nun an, den Wagenbau zu lernen. Auch Dshîvaka, als er einen weißgekleideten Arzt, von weißgekleideten Männern umringt, in den Palast des Königs hatte treten sehen, fragte andere, wer dies sei. Man antwortete: »Es ist ein Arzt.« – »Was tut er?« – »Er heilt.« – »Was erlangt er?« – »Wenn ein Kranker hergestellt wird, erhält er seinen Lohn, stirbt jener aber, so erhält er keinen, wenn er nicht freiwillig gegeben wird.« Da meinte er, daß er die Heilkunde erlernen müsse. Er begab sich zu seinem Vater und sprach: »O König, gestatte, daß ich die Heilkunde erlerne.« – »O Sohn, du bist ein Königssohn, was willst du mit der Heilkunde machen?« – »O König, des Königs Söhne pflegen alle Künste zu lernen.« – »O Sohn, ist es so, so erlerne die Kunst.« Er fing an, die Heilkunde zu erlernen. Als er dieselbe erlernte, hatte er noch nicht die Schädelöffnung erlernt und begab sich deshalb nach Takshaçilâ, zum Könige der Ärzte Âtreja, von dem er gehört hatte, daß er die Kunst der Schädelöffnung verstehe. Er begab sich zum Könige und sagte ihm, daß er nach Takshaçilâ gehe. – »Weshalb?« – »Es lebt daselbst der König der Ärzte Âtreja, welcher die Kunst, die Hirnschale zu öffnen, versteht; um diese zu lernen, will ich hin.« – »Willst du, o Sohn, davon leben?« – »O König, entweder muß man die Heilkunde nicht erlernen oder man muß sie gut erlernen.« – »O Sohn, ist es so, so zieh hin.« Er schrieb einen Brief an König Pushkarasârin: »Mein Sohn begibt sich, um die Heilkunde zu lernen, zu Âtreja, versieh du ihn mit allen Dingen, die er nötig hat.« Dshîvaka gelangte nach Takshaçilâ, und nachdem Puskarasârin das Schreiben gelesen hatte, übergab er ihn dem Âtreja und befahl diesem, den seinetwegen gekommenen Königssohn in der Heilkunde zu unterrichten. Als Âtreja ihm nun Anweisung gab, erfaßte Dshîvaka die Sache vortrefflich bei der geringsten Andeutung. Wenn Âtreja zum Krankenbesuch ging, pflegte er einen Brahmanensohn mitzunehmen. Einmal nahm er auch Dshîvaka mit, und nachdem er ihm die Weisung gegeben hatte, die und die Mittel dem Kranken zu geben, ging er fort. Dshîvaka dachte: »Hier hat sich der Meister geirrt; wenn der Kranke diese Arznei zu sich nimmt, wird er noch heute sterben; da die vom Meister angewiesene Arznei nicht gut ist, werde ich einen Ausweg einschlagen.« Er ging mit Âtreja zusammen hinaus und, nachdem er wieder eingetreten war, sagte er: »Der Arzt hat also zu mir gesagt: Die von ihm angeordnete Arznei solle ich nicht geben, sondern die und die.« Als er also verfahren war, wurde der Kranke hergestellt. Als nun an einem andern Tage Âtreja zu ihm gekommen war und fragte, wie der Kranke genesen sei, verordnete er, ihm am folgenden Tage dasselbe Mittel zu geben. Als man fragte, ob das früher oder das später von ihm verordnete, sagte er: »Was habe ich früher verordnet, was später?« Man sagte ihm: »Dieses Mittel hast du bei deiner Anwesenheit angeordnet, dieses dem Dshîvaka gemeldet.« Er dachte: »Ich habe mich versehen, Dshîvaka aber hat große Einsicht«, und sagte, man solle das von Dshîvaka angewiesene Mittel geben. Âtreja hatte sein Wohlgefallen an Dshîvaka, und wohin er ging, dahin nahm er ihn mit. Die anderen Brahmanensöhne sprachen: »O Lehrer, du hast dein Wohlgefallen an ihm, weil er ein Königssohn ist und gibst ihm Anweisung, uns aber nicht.« Er entgegnete: »Es verhält sich nicht also, sondern Dshîvaka hat große Einsicht und was ich ihm andeute, vermag er von selbst zu erraten.« Sie sagten: »O Lehrer, woher weißt du dies?« – »Verhält es sich also, so will ich es euch beweisen.« Er sprach zu den Brahmanensöhnen: »Erfrage du den Preis von der und der Ware, du von jener«, und schickte sie alle auf den Markt. Auch dem Dshîvaka befahl er, nach dem Preise einer Ware zu fragen. Die Brahmanensöhne handelten so wie es ihnen aufgetragen war, Dshîvaka tat es ebenfalls, dachte aber: »Wenn der

Meister nach dem Preise anderer Waren fragt, was soll ich da sagen? Ich werde mich also nach dem Preise aller Waren erkundigen.« Als sie nun alle zum Lehrer gekommen waren, gaben sie Bescheid über das ihnen Aufgetragene. Âtreja fing nun an, nach dem Preise der nicht bezeichneten Waren zu fragen: »O Brahmanensohn, was kostet die und die Ware?« Er antwortete, daß er das nicht wisse. Ebenso antworteten die anderen, als er sie gefragt hatte. Als er aber Dshîvaka fragte, nannte dieser ihm den Preis von allen Waren. Âtreja fragte: »O Brahmanensöhne, habt ihr gehört?« – »Ja.« – »Seht, dies ist der Grund, weshalb ich gesagt habe, daß Dshîvaka, da er von vorzüglicher Einsicht ist, auch bei einer geringen Anleitung die Sache von selbst errät. Ich werde es euch auch noch ferner beweisen.« Er sprach zu ihnen: »Geht zum Kieferberge und holt von dort dasjenige, was kein Heilmittel ist.« Sie begaben sich hin und jeder von ihnen holte das, wovon er wußte, daß es kein Heilmittel sei. Dshîvaka aber bedachte, daß es kaum etwas gebe, was nicht Heilmittel wäre und brachte nur einen Rohrknollen und ein Steinstückchen mit. Auf der Mitte des Weges traf er eine Büffelhirtin, welche einen Krug mit geronnener Milch und einen Sauertopf trug, um zu Âtreja zu gehen, da sie sehr an den Augen litt; er fragte sie, wohin sie ginge. Als sie es ihm gesagt hatte, zeigte er ihr ein dort in der Nähe befindliches Heilmittel, das sie anwandte und sofort geheilt wurde. Voll Freude sagte sie: »Nimm du diesen Krug mit geronnener Milch und den Sauertopf.« Er nahm den Sauertopf, den Krug mit geronnener Milch gab er ihr wieder und ging mit dem Sauertopf davon. Die Brahmanensöhne sahen mitten auf dem Wege Elefantenspuren und fingen an, dieselben zu betrachten. Als Dshîvaka herbeikam, fragte er, was da wäre. – »Spuren eines Elefanten.« – »Nicht sind es Spuren eines

Elefanten, sondern einer Elefantin, auch ist diese auf dem rechten Auge blind und wird heute noch ein Junges werfen, auf ihr ritt ein Weib; auch dieses ist auf dem rechten Auge blind und wird heute einen Sohn gebären.« Als sie nun zu Âtreja gelangt waren, zeigte jeder das, was er mitgebracht hatte. Âtreja sagte: »O Brahmanensöhne, alles dies sind Heilmittel, dieses hier hilft bei der und der Krankheit, die andern bei andern Krankheiten.« Als nun Dshîvaka gefragt wurde, was er mitgebracht habe, sagte er: »O Lehrer, alles ist Heilmittel, es gibt nichts, was es nicht wäre; allein ich habe einen Rohrknollen, ein Steinstückchen und einen Sauertopf mitgebracht.« – »Wozu nützen diese?« – »Ist man von einem Skorpion gestochen, so wird mit dem Rohrknollen geräuchert, mit dem Sauertopf geheilt, mit dem Steinstückchen zur Herbstzeit der Krug mit geronnener Milch zerschlagen.« Âtreja lachte und da die Brahmanenjünglinge meinten, daß der Lehrer ihm zürne, sagten sie: »O Lehrer, meinst du, dies sei das einzige; als wir mitten auf dem Wege Spuren eines Elefanten sahen, meinte er, das seien die Spuren einer Elefantin, auch sei diese auf dem rechten Auge blind und trächtig und werde noch heute ein Elefantenjunges werfen; auf ihr habe ein Weib gesessen, auch dieses sei auf dem rechten Auge blind und schwanger und werde heute einen Sohn gebären.« Âtreja fragte: »O Dshîvaka, ist es wahr?« – »Ja, o Lehrer.« – »Wie wußtest du es, ob es Spuren eines Elefanten oder einer Elefantin waren?« Er entgegnete: »O Lehrer, da ich in einem königlichen Geschlecht groß geworden bin, wie sollte ich es nicht wissen; die Spuren eines Elefanten sind rund, die Spuren einer Elefantin länglich.« – »Wie wußtest du, daß sie auf dem rechten Auge blind ist?« – »Weil sie an der linken Seite Gras gefressen hat.« – »Wie wußtest du, daß sie trächtig ist?« – »Weil sie mit beiden Füßen schwer aufgetreten war.« – »Wie weißt du, daß sie noch heute werfen werde?« – »Weil mit dem Harn Fruchtwasser abgegangen war.« – »Wie wußtest du, daß sie ein männliches Junge werfen werde?« – »Weil sie mit dem rechten Fuße schwerer aufgetreten hatte.« – »Wie wußtest du, daß ein Weib auf der Elefantin geritten war?« – »Weil sie, als sie heruntergestiegen war, zwischen den Beinen geharnt hatte.« – »Wie wußtest du, daß auch sie auf dem rechten Auge blind ist?« – »Weil sie auf der linken Seite Blumen pflücken gegangen war.« – »Wie wußtest du, daß sie schwanger war?« – »Weil der Absatz ihres Fußes stark eingedrückt hatte.« – »Wie wußtest du, daß sie noch heute einen Knaben gebären werde?« – »Weil der Harn mit Schmutz von ihr abgegangen war. Also verhält es sich, schenkt der Lehrer aber mir keinen Glauben, so schicke er einige Brahmanensöhne in die Herberge.« Er sandte einige Brahmanensöhne hin, und es erwies sich alles so, wie es Dshîvaka gesagt hatte. Da sagte Âtreja zu den Brahmanensöhnen: »O Brahmanensöhne, habt ihr es vernommen? Auf solche Weise ist Dshîvaka von vorzüglicher Einsicht.«

Dshîvaka hatte die ganze Heilkunde mit Ausschluß der Öffnung der Hirnschale erlernt. Als nun ein Mann von einer Gehirnkrankheit ergriffen war, begab er sich zu Âtreja und bat ihn, daß er ihn behandle. Er erwiderte, er solle an dem Tage eine Grube graben und Mist bereiten, am nächsten Tage werde er ihn behandeln. Als Dshîvaka dies gehört hatte, ging er ihm nach und sagte: »O Freund, alles was ich erlernt habe, habe ich zum Besten der Menschen erlernt; da ich aber noch nicht das Öffnen der Hirnschale erlernt habe, so verstecke mich, damit ich sehe, wie du die Sache machst.« Âtreja versprach, es so zu tun und wies ihm ein Versteck an. Als nun Âtreja gekommen war, steckte er den Mann in die Grube und als er dann die Hirnschale geöffnet hatte, wollte er den Wurm mit der Zange packen. Dshîvaka aber sagte: »O Lehrer, packe ja nicht hitzig an, es könnte der Sohn vornehmer Familie sonst heute noch sterben!« Âtreja fragte: »Dshîvaka, bist du hergekommen?« Er antwortete: »Ja, o Lehrer.« – »Wie soll ich denn den Wurm packen?« – »O Lehrer, erhitze die Zange, berühre damit den Rücken, und hat der Wurm Arme und Füße zusammengezogen, so wirf ihn fort.« Als er es so getan hatte, wurde jener geheilt. Âtreja sagte: »O Dshîvaka, da ich sehr erfreut bin, so nimm du ein Bad und komme, ich werde dir die Art und Weise, wie man die Hirnschale öffnet, mitteilen.« Dshîvaka nahm ein Bad und kam, und als Âtreja ihm die Art und Weise, wie man die Hirnschale öffnet, gezeigt hatte, sagte er: »O Dshîvaka, da ich hiervon mein Brot habe, so übe diese Kunst nicht hierzulande.« – »O Lehrer, so werde ich handeln.« Mit diesen Worten bezeigte er dem Âtreja seine Verehrung, begab sich zum König Pushkarasârin und meldete ihm, daß er jetzt, nachdem er die Heilkunde erlernt habe, fortziehe.

Zu der Zeit gab es im Grenzlande Widersacher Pushkarasârin's, die Pâṇḍava's hießen. Da sagte der König: »O Dshîvaka, da nun im Grenzlande die Pâṇḍava's meine Widersacher sind, so bringe du sie durch die Macht deiner Einsicht zur Niederlage und komm dann zurück. Dann wollen wir nach Art und Weise der Welt verfahren.« Dshîvaka versprach es ihm, und als er dann, nachdem ein viergliedriges Heer ausgerüstet worden war, ausgezogen war, brachte er den Pâṇḍava's des Grenzlandes eine Niederlage bei, nahm Geisel und Tribut und wohlbehalten angelangt, übergab er beides dem König. Hocherfreut beschenkte dieser Dshîvaka, letzterer aber Âtreja. Als Dshîvaka nun nach der Stadt Bhadramkara gelangt war, brachte er dort den Sommer zu. Als er daselbst das Çâstra »Sprache aller Geschöpfe« kennengelernt hatte, brach er von Bhadramkara auf und sah einen Mann, der eine Tracht Holz trug, von dem nur Haut und Knochen übrig waren und dessen ganzer Körper tropfte, zur Stadt gehen. – »He Freund, wie bist du in einen solchen Zustand geraten?« Der Mann antwortete: »Ich weiß es auch nicht, allein während ich diese Tracht trage, bin ich in diesen Zustand geraten.« – Als er dieses Holz sorgfältig untersucht hatte, sagte er: »O Freund, verkaufst du dieses Holz?« – »Ja.« – »Um welchen Preis?« – »Um fünfhundert Kârshâpaṇa's.« – Er kaufte das Holz und als er es ansah, erblickte er den alle Wesen zum Glauben bringenden Edelstein, dessen Kraft diese ist, daß, wenn er vor einen Kranken gestellt wird, er so wie eine Leuchte die im Hause befindlichen Gegenstände beleuchtet und so offenbar macht, welcher Art die Krankheit ist. Als er nun nach und nach nach dem Udumbara-Lande gelangt war, so war dort ein Mann, der mit einem Maße maß und nachdem er gemessen hatte, sich mit dem Maß den Kopf verletzte. Als Dshîvaka dies gesehen hatte, fragte er ihn, weshalb er dies tue. »Mein Kopf juckt mich sehr.« – »Komm her, ich werde ihn besehen.« Als der Mann sich niedergelegt hatte, besah er ihm den Kopf, darauf legte er ihm den alle Wesen zum Glauben bringenden Edelstein auf den Kopf und sofort ergab es sich, daß ein Hundertfuß da war. Darauf sagte er: »O Mann, in deinem Kopfe steckt ein Hundertfuß.« Der Mann berührte seine beiden Füße und sagte: »Heile mich.« Er versprach es. Da dachte er, ich will so tun, wie der Lehrer es gesagt hat, und sagte: »O Mann, heute grabe eine Grube und halte Mist in Bereitschaft, morgen werde ich dich behandeln.« Der Mann ging fort, nachdem er seine beiden Füße berührt hatte. Am folgenden Tage steckte Dshîvaka den Mann in die Grube, öffnete die Hirnschale mit dem Öffnungsinstrument, berührte den Rücken des Hundertfußes mit der heißgemachten Zange, der Hundertfuß zog die Arme und Füße zusammen, worauf er ihn mit der Zange packte und hinauswarf, so daß der Kranke genas. Der Mann gab dem Dshîvaka fünfhundert Kârshâpaṇa's, die er dem Âtreja schickte.

Als er darauf nach dem Rohitaka-Lande gelangt war, war dort ein Hausbesitzer, der einen Lusthain mit vorzüglichen Blumen, Früchten und Wasser hatte, gestorben, und da er den Garten überaus lieb gehabt hatte, wurde er daselbst unter den Unholden wiedergeboren. Da nun sein Sohn Hausherr geworden war, stellte er einen Wächter des Hains an; diesen tötete aber jener Dämon, ebenso einen zweiten Wächter, worauf der Sohn des Hausbesitzers den Lusthain aufgab. Darauf gelangte ein von allen Ärzten aufgegebener Wassersüchtiger in jenen Lusthain, schlug sein Nachtlager auf und meinte, es käme nicht darauf an, wenn der Dämon ihn tötete. Es übernachtete aber auch Dshîvaka in diesem Lusthain. Als nun der Dämon jenen Wassersüchtigen zu bedrohen anfing, trat die Wassersucht hervor und sprach: »Da ich zuvor diesen in Beschlag genommen habe, weshalb bedrohst du ihn? Ist niemand da, der dich mit Ziegenhaar-Rauch räuchere? Dadurch wirst du 12 Jodshana weit davonlaufen.« Auch jener sagte: »Ist niemand da, welcher Rettigsamen in gequirlter Butter gestoßen geben könnte? Dadurch würdest du in Stücke zerbröckelt werden.« Alles dies hörte Dshîvaka, der sich am Morgen zu jenem Hausbesitzer begab und ihn fragte, weshalb er jenen an Blumen, Früchten und Wasser reichen Lusthain aufgebe. Der Hausbesitzer erzählte ihm, wie es gekommen war. Da sagte Dshîvaka: »O Hausbesitzer, räuchere du mit Ziegenhaar-Rauch, dann wird der Dämon 12 Jodshana weit davonlaufen.« Der Hausbesitzer tat also und der Dämon entwich 12 Jodshana weit. Auch dieser Hausbesitzer gab dem

Dshîvaka 500 Kârshâpaṇa's, welche letzterer ebenfalls an Âtreja schickte. Darauf fragte Dshîvaka den Wassersüchtigen, weshalb er sich in dem von dem Dämon bewohnten Haine aufhalte. Dieser erzählte ihm, wie alles geschehen war. Dshîvaka sprach: »Trinke du in gequirlter Butter gestoßenen Rettigsamen und du wirst genesen.« Er nahm dieses Mittel zu sich und wurde gesund. Auch dieser Mann gab dem Dshîvaka 500 Kârshâpaṇa's, die letzterer ebenfalls an Âtreja sandte.

Darauf gelangte Dshîvaka nach Mathurâ, wo er außerhalb der Stadt unter einem Baume ausruhte. Da war ein Ringkämpfer von dem Gegner geschlagen, und da seine Eingeweide in Unordnung geraten, war er daran gestorben und hinausgeschafft worden. Auf dem Baume hatte eine Geierin mit ihren Jungen ihren Sitz; zu ihr sagten die Jungen: »Mutter, gib uns Fleisch.« Sie entgegnete: »Kinder, wo ist Fleisch?« Die Jungen sagten: »O Mutter, da jener im Ringkampf erschlagene Malla gestorben und hinausgeschafft ist, ist Fleisch da.« – »O Kinder, da der König der Ärzte Dshîvaka hergekommen ist, wird er ihn wieder gesund machen.« – »Mutter, auf welche Weise wird er ihn gesund machen?« – »Wenn er seine Eingeweide mit einem Pulver berührt haben wird.«

Dies alles hörte Dshîvaka. Er stand auf und nachdem er sich zum Leichnam begeben hatte, fragte er: »O Geehrte, was ist dies?« Man antwortete: »Es ist ein Mann, der im Ringkampf niedergeschlagen gestorben ist.« Dshîvaka sagte: »Legt ihn hin, daß ich ihn sehe.« Man legte ihn hin, und darauf legte Dshîvaka den alle Wesen zum Glauben bringenden Edelstein auf den Kopf des Mannes, und als er gesehen hatte, daß die Eingeweide des Mannes in Unordnung geraten waren, blies er durch ein Schilfrohr Pulver hinein und sowie das Pulver die Eingeweide berührt hatte, wurde der Kranke gesund.

Auch er gab dem Dshîvaka 500 Kârshâpaṇa's, die dieser ebenfalls an Âtreja sandte.

In Mathurâ war ein Hausbesitzer, der eine Frau von vollendeter Schönheit und Jugendfülle hatte, die er überaus liebte. Als er gestorben war, wurde er als Wurm im Unterleibe seiner Frau wiedergeboren, so daß diejenigen, die sich mit ihr vergnügten, umkamen, weshalb einige sich gar nicht mehr mit ihr einlassen wollten. Als sie gehört hatte, daß der Arzt Dshîvaka gekommen sei, begab sie sich zu ihm und sagte, daß sie krank sei und er sie behandeln solle. Als Dshîvaka sie ansah und die Worte, die sie sprach, gehört hatte, faßte er Liebe zu ihr und sagte: »Ich gelobe dir, daß, wenn du dich mit mir vergnügst, ich dich heile.« Sie sagte: »Ich scheue mich.« Als er ihr erklärt hatte, daß er sie sonst nicht heilen könnte, ging sie darauf ein. Er befahl ihr, sich zu entkleiden, und entfernte den Wurm auf ähnliche Weise wie in der folgenden Erzählung den ins Ohr gekrochenen Hundertfuß. Worauf die Kranke genas. Da sie aus Leidenschaft überaus begehrlich war und ihm Andeutungen machte, hielt er seine beiden Ohren zu und sagte: »Du bist mir einer Râkshasî gleich; ich, der ich dich geheilt habe, bin damit zufrieden, daß ich es getan habe.« Auch sie gab ihm 500 Kârshâpaṇa's, die er ebenfalls an Âtreja sandte. Darauf gelangte Dshîvaka nach und nach an das Ufer des Jamunâ-Flusses. Dort sah er einen Leichnam, der, als Fische an den Sehnen seiner Fersen zogen, seine Augen aufschlug und lächelte. Als er dies alles betrachtet hatte, erkannte er den Zusammenhang, den eben die Sehnen mit den Knöcheln und übrigen Gliedern hatten. Als er nach und nach nach Vaiçâlî gelangt war, war dort ein Ringkämpfer, dem durch einen Faustschlag der Augapfel hervorgetreten war. Dshîvaka begab sich zu ihm, zog an den Sehnen seiner Ferse und brachte das Auge an seine Stelle.

Auch dieser gab ihm 500 Kârshâpaṇa's, welche er der Mutter Abhaja's gab.

Zu Vaiçâlî lebte ein Mann, in dessen Ohr ein Hundertfuß gekrochen war und siebenhundert Junge erzeugt hatte, weshalb der Mann, durch sein Ohrenleiden geplagt, sich zu Dshîvaka begab und ihn bat, er möchte ihn heilen. Dshîvaka dachte: »Früher habe ich nach der Anweisung meines Lehrers behandelt, nun will ich nach meiner eigenen Einsicht behandeln.« Er sprach zu dem Manne: »Geh, mache eine Hütte aus Laub, bedecke sie mit blauem Zeuge, darunter stelle eine Pauke und erwärme die Erde.« Der Mann richtete alles so ein, wie ihm befohlen worden war. Als darauf Dshîvaka den Mann niedergelegt hatte, besprengte er die Erde mit Wasser, schlug darauf die Pauke, und der Hundertfuß kam, weil er annahm, es sei der Sommer gekommen, hervor. Darauf legte Dshîvaka ein Stück Fleisch ans Ohr, der Wurm kehrte um und kam dann mit seinen Jungen wieder heraus und packte mit diesen zusammen das Fleischstück, worauf Dshîvaka ihn in den Fleischtopf warf, der Mann aber gesund wurde. Der Mann gab dem Dshîvaka 500 Kârshâpaṇa's, welche dieser der Mutter Abhaja's gab. Nach und nach gelangte er nach Râdshagṛha und als der König Bimbisâra gehört hatte, daß er gekommen sei, befahl er dem Prinzen Adshâtaçatru, dem älteren Bruder entgegenzugehen. Er machte sich auf den Weg, als aber Dshîvaka gehört hatte, daß der Prinz Adshâtaçatru ihm entgegen komme, dachte er, daß, wenn er auf diesen Empfang einginge, Adshâtaçatru, wenn er König geworden sein würde, ihm Schaden zufügen werde; er kehrte daher um und begab sich durch ein anderes Tor hinein. Als zu einer anderen Zeit Dshîvaka, von einer großen Menschenmenge umringt, einherwandelte, trat ein von Augenkrankheit befallener Brahmane an ihn heran und bat, ihm ein Mittel anzuweisen.

Unwillig sagte er: »Bestreu das Auge mit Asche!« Da der Mann einfältig war, tat er also und wurde gesund. Als ein anderer Augenkranker ebenfalls zu Dshîvaka gehen wollte, sah ihn jener Brahmane und fragte ihn, wohin er ginge. Als dieser es ihm gesagt hatte, entgegnete er: »Wozu hast du Dshîvaka nötig? Tue das, was er mir verordnet hat.« Der andere schenkte ihm Glauben, bestreute die Augen mit Asche und wurde blind.

Zu einer anderen Zeit bildete sich auf dem Scheitel des Königs Bimbisâra ein Geschwür. Er befahl den Ministern Ärzte herbeizurufen. Die Minister taten dies und der König hieß sie das Geschwür behandeln. Die Ärzte sagten: »O König, da der große Arzt Dshîvaka da ist, was sollen wir da tun?« Der König befahl, Dshîvaka zu rufen. Als man ihn herbeigerufen hatte, forderte der König ihn auf, ihn zu behandeln. Er ging darauf ein, unter der Bedingung, daß der König ihm selbst gestatte, ihn zu baden. Darauf salbte er mit Myrobalanen und mit zur Reife bringenden Stoffen und goß mit solchen Stoffen gemischtes Wasser fünfhundert Krüge über das Geschwür; als es zur Reife gelangt war, berührte er es unvermerkt mit einem Rasiermesser und preßte es aus. Darauf wandte er heilende Stoffe an und goß fünfhundert Krüge Wasser, das mit solchen Stoffen gemischt war, aus; worauf die Wunde so heilte, daß die Haut und die Haare gleichmäßig wurden. Als der König gebadet war, sagte er sofort, Dshîvaka solle an die Operation gehen. Er antwortete: »O König, geruhe etwas zu essen.« Als der König gegessen hatte, forderte er ihn nochmals auf. – »O König, die Operation ist gemacht.« Der König wollte es nicht glauben, als er es aber mit der Hand nachfühlte, konnte er die Stelle, wo die Wunde gewesen war, nicht finden. Als er den Spiegel genommen und nachgesehen hatte, konnte er ebenfalls nichts sehen. Als er seine Gattin fragte, konnte auch diese nicht die Stelle ausfindig machen, wo sich die Wunde befunden hatte. Der König geriet in großes Staunen und sprach zu den Ministern: »O Geehrte, setzt Dshîvaka als König der Ärzte ein.« Jener blinde Mann aber fragte: »O König, tust du es aus Liebe zu deinem Sohn oder wegen seiner Sachkenntnis, daß du ihn also einsetzen läßt?« Der König entgegnete: »Wegen seiner Sachkenntnis.« Jener sagte: »Verhält es sich so, so hat dieser mich nicht hergestellt.« Dshîvaka sagte: »O Mann, ich habe dich nie gesehen, wie soll ich dich geheilt haben!« Jener sagte: »Es ist richtig, allein derjenige, dem du das Mittel angewiesen hattest, hat es mich gelehrt.« – »Was hat er dich gelehrt?« – »Dies und dies.« Dshîvaka sagte: »Da deine Natur und die Natur jenes Mannes verschieden sind, so tue nun dies und dies und du wirst gesund werden.« Der Mann tat also, wurde gesund und sagte: »O König, geruhe ihn als König der Ärzte einsetzen zu lassen.« Man setzte ihn auf einen Elefanten und er wurde mit großem Gepränge als König der Ärzte eingesetzt.

In Râdshagṛha lebte ein Hausbesitzer, der, von einer Drüsengeschwulst befallen, von allen Ärzten aufgegeben wurde. Er beschloß, zu Dshîvaka zu gehen; könne dieser ihn heilen, so sei es gut, wo nicht, so wolle er sterben. Er kam zu Dshîvaka und bat ihn, er möchte ihn heilen. Dshîvaka sagte, daß es schwer sei, die ihm erforderliche Arznei zu finden. Da dachte der Mann: »Da mich auch Dshîvaka aufgegeben hat, was soll ich da machen! Da meine Zeit gekommen ist, will ich selbst sterben« und begab sich auf den Totenacker. Als dort in das Feuer, womit ein Leichnam verbrannt wurde, ein Ichneumon und eine Eidechse, die in Streit geraten, fielen, verzehrte er, von Hunger gequält, beide, trank dann Regenwasser vom Totenacker, und nachdem er sich zu einer in der

Nähe des Totenackers befindlichen Viehhürde begeben hatte, genoß er Kodrava-Brei und mit Butter gemengte saure Milch, worauf das Geschwür aufging und er, nachdem es nach oben und nach unten abgeflossen war, wiederhergestellt war. Zu einer anderen Zeit entstand der Vaidehî in der Gegend der Schamleiste ein Geschwür. Als sie es dem König mitgeteilt und dieser dem Dshîvaka befohlen hatte, seine Stiefmutter zu heilen, übernahm er es, bereitete einen Brei und hieß sie, sich auf denselben setzen. Als Dshîvaka dann den Brei, auf welchem sie gesessen hatte, betrachtet hatte, erkannte er die kranke Stelle; er wandte zur Reife bringende Mittel an und als er merkte, daß das Geschwür gereift war, verbarg er in dem Brei eine Lanzette und gab der Mutter Anleitung, wohin sie sich setzen und wieder erheben sollte. Als sie so tat, ging das Geschwür, sowie es von der Lanzette berührt worden war, auf; als es darauf mit bitterem Wasser, das mit heilenden Stoffen gemischt war, gewaschen worden war, legte er heilende Stoffe auf und sie wurde hergestellt. Dshîvaka ging zum König, der ihn fragte, ob er die Stiefmutter geheilt habe. Er bejahte es. »Du hast sie doch nicht nackt betrachtet?« – »Nein.« – »Wie hast du es gemacht?« – Als er nun erzählte, wie er es angefangen hatte, geriet der König in großes Staunen und befahl den Ministern, Dshîvaka zum zweiten Mal als König der Ärzte einzusetzen. Der Mann mit der Drüsengeschwulst, welchem Dshîvaka gesagt hatte, daß es schwer sei, ein Heilmittel für seine Krankheit zu finden, fragte den König, ob er aus Liebe zu seinem Sohn oder wegen seiner Sachkenntnis ihn zum König der Ärzte einsetzen lasse. Der König sagte: »Wegen seiner Sachkenntnis.« – »Wenn es sich so verhält, so hat dieser mich nicht geheilt.« Dshîvaka sagte: »O Mann, ich habe dich nicht behandelt, sondern dir nur gesagt, daß es schwer sei, ein Heilmittel zu finden.« Der Mann fragte: »Was für Mittel gibt es für mich?« Dshîvaka antwortete: »Wenn am 14. Tage des zunehmenden Mondes ein blonder Mensch gestorben ist und er auf dem Totenacker verbrannt wird, und dann ein Ichneumon und eine Eidechse in Streit geraten, ins Feuer fallen und du beide verzehrst und du von dem Wasser des von Maheçvara auf den Friedhof herabgesandten Regens trinkest, du dann Kodrava-Brei und mit Butter gemengte geronnene Milch zu dir nimmst, so wirst du genesen. Dieses bedenkend, habe ich dir gesagt, daß die Mittel schwer zu finden seien.« Der Mann sagte: »Du weißt es vortrefflich, denn das habe ich gerade genossen.« Darauf sprach er voll Freude: »O König, da er es verdient, König der Ärzte zu sein, so laß ihn einsetzen.« So wurde er zum zweiten Mal als König der Ärzte eingesetzt. Zu der Zeit, als von dem Freunde der Untugend, Devadatta, berückt, Adshâtaçatru seinen Vater, den gerechten König, des Lebens beraubte, erkrankte er an einer inneren Geschwulst. Er forderte die Ärzte auf, ihn zu heilen. Diese antworteten: »O König, da dein älterer Bruder, der König der Ärzte, Dshîvaka, da ist, wie vermöchten wir dich zu heilen!« Der König befahl den Ministern, Dshîvaka herbeizurufen. Als dies geschehen war und der König ihn aufforderte, die Geschwulst zu beseitigen, übernahm er es. Da bedachte er, daß das Geschwür durch zweierlei Ursachen aufgehen könne, entweder durch übermäßige Freude oder übermäßigen Zorn; da es nun nicht möglich sei, einen so sündhaften Menschen zu übermäßiger Freude zu bringen, so müsse man ihn auf jeden Fall in großen Zorn versetzen. Er sagte dem König, daß er ihn heilen könne unter der Bedingung, daß er das Fleisch des Prinzen Udajibhadra genösse. Als der König dies hörte, geriet er in Zorn und sagte: »So ist es gut, ich habe den Vater ums Leben gebracht und du willst Udajibhadra töten; wenn ich dann selbst an der Krankheit gestorben sein werde, wirst du König werden.« Dshîvaka entgegnete: »Dies ist das Mittel der Heilung, anders kann ich dich nicht herstellen.« Als der König darauf einging, übergab Dshîvaka den Prinzen Udajibhadra mit allem Schmuck angetan dem König und sagte: »O König, handle so, daß du den Prinzen Udajibhadra ordentlich betrachtest, später dürftest du ihn nicht mehr sehen.« Nachdem er ihn so gezeigt hatte, nahm er ihn zu sich nach Hause und verbarg ihn. Darauf begab er sich auf den Totenacker von Çîtavana nach Fleisch; da dort kein Mangel an Leichnamen war, nahm er von dort Fleisch eines Leichnams, bereitete es mit den vorzüglichsten Zutaten und setzte es dem König zur Mittagszeit vor. Als der König Adshâtaçatru nun die Schale mit der Fleischbrühe genommen hatte und sich anschickte, sie zu verzehren, packte sie Dshîvaka, schlug sie ihm an den Kopf und sagte ihm: »Du Missetäter, du hast deinem gerechten Vater das Leben genommen und willst nun das Fleisch deines Sohnes verzehren.« Ergrimmt sprach der König: »Wenn es sich also verhält, warum hast du ihn denn getötet?« Da er so in Unwillen losbrach, ging sein Geschwür auf, und als es sowohl nach oben als nach unten abging, kam es mit Blut zur Wunde heraus. Als der König dies sah, fiel er in Ohnmacht zu Boden. Als er, mit Wasser besprengt, zu sich gekommen war, ein Bad genommen und stärkende Nahrung genossen hatte, wurde er wiederhergestellt.

Darauf führte Dshîvaka den mit allem Schmuck ausgestatteten Prinzen Udajibhadra zum König, berührte seine beiden Füße und sprach: »O König, der Prinz Udajibhadra steht hier, ich werde keine Ameise um ihr Leben bringen können, geschweige denn den Prinzen. Aber da nur durch diese Veranstaltung das Leben des Königs gerettet werden konnte, habe ich sie angewandt.« Der König geriet in großes Staunen und befahl den Ministern, Dshîvaka zum dritten Mal als König der Ärzte einzusetzen. Die Minister setzten ihn auf einen Elefanten und setzten ihn zum dritten Mal mit großem Gepränge als König der Ärzte ein.

36. Suçronî

Ein Handelsherr heiratet in Vârâṇasî und will sich wieder mit Waren aufs Meer begeben. Seine Frau will nicht zurückbleiben. Als sie auf der Meeresfahrt sind, wird das Schiff von einem Seeungeheuer umgeworfen, der Mann kommt um, die Frau rettet sich auf einem Brett und wird von dem Winde nach Kaçerudvîpa getrieben. Dort wohnte der Vogelkönig Suparṇa, der sie sich zur Frau nahm. Sie gebar ihm zuerst einen sehr schönen Knaben und dann einen jungen Vogel Suparṇa, welcher nach des Vaters Tode zum Vogelkönig eingesetzt wurde. Nun bestand seine Mutter darauf, daß er den älteren Bruder zum König in Vârâṇasî einsetzte. Er entführte den König Brahmadatta mit den Krallen, warf ihn ins Meer, setzte seinen mit allem Schmucke ausgerüsteten Bruder an dessen Stelle auf den Thron und drohte den Ministern, daß er denjenigen, welcher nur das geringste Unrecht tun werde, ebenfalls wie Brahmadatta behandeln werde. Dessen Name ging übrigens auch auf den neuen König über, der seinen Bruder bat, ihn von Zeit zu Zeit zu besuchen.

Nach einiger Zeit konnte des Königs Elefantin, welche werfen sollte, das Junge nicht zur Welt bringen, und es rieten die Minister, sie ins Frauenzimmer zu führen, damit sie dort durch die Beteuerung der Gattinnen ihrer Qualen entledigt werde. Obwohl die Elefantin dorthin geführt wurde und die Gattinnen ihre Beteuerung aussprachen, nahmen die Qualen kein Ende, und die Elefantin stieß die furchtbarsten Töne aus. Diese hörte eine unfern des königlichen Palastes befindliche Rinderhirtin und gab die Versicherung, daß durch ihre Beteuerung die Schmerzen ein Ende nehmen würden. Als die Minister dies dem Könige gemeldet und der König sie ins Frauengemach zu führen befohlen hatte, sagte sie: »Wenn es wahr ist, daß mir ein Mann genug ist und ich nicht zwei Männer habe, so soll infolge dieser Wahrheit die Elefantin ihrer Qualen ledig werden.« Sofort nach diesem Ausspruch warf die Elefantin. Als dies dem Könige gemeldet wurde, meinte er, daß alle seine Gattinnen von schlechtem Wandel seien, und befahl, die Rinderhirtin zu rufen. Als sie auf seine Frage, ob durch ihre Beteuerung die Elefantin ihrer Qualen enthoben worden, bejahend geantwortet hatte, meinte der König, daß sie eine ihr ähnliche Tochter haben müsse, und nahm sich diese zur Frau. Da er befürchtete, daß, wenn er sie unter den anderen Frauen seines Hofes ließe, Suçroṇî ohne Zweifel schlechte Sitten annehmen würde, bat er den Vogelkönig Suparṇa, sie auf den Tag nach Kaçerudvîpa zu nehmen, auf die Nacht aber zu ihm zurückzubringen. Suparṇa ging darauf ein und sandte ihm täglich Kränze von einer wohlriechenden Blume Timira, welche auf Kaçerudvîpa wuchs.

Ein Brahmanenjüngling, der nach Brennholz in den Wald gegangen war, wurde dort von einer Kinnarî erblickt und in eine Felsenhöhle geschleppt, wo sie sich mit ihm der Liebeslust hingab. Sooft sie sich, um Blumen und Früchte zu holen, aus der Höhle entfernte, verdeckte sie den Eingang derselben mit einem großen Felsblocke, den der Brahmanenjüngling nicht imstande war zu bewegen. Als sie ihm einen Sohn geboren hatte, nannte man ihn, weil er überallhin schnell ging, Âçuga (Schnellgang). Da der Vater in Gegenwart des Sohnes stets die Eigenheiten Vârâṇasî's pries und der Sohn erfahren hatte, daß dies seine Geburtsstadt sei, fragte er, weshalb er nicht dahin entweiche. Der Vater wies auf die Schwierigkeit hin, daß der Eingang mit dem Felsblocke versperrt sei. Da fing der Sohn an, von Tag zu Tag immer größere Steine zu heben, bis er es dahin gebracht hatte, daß er imstande war, den Felsblock in Bewegung zu setzen. Um aber die Mutter, welche Blumen und Früchte aus der nächsten Umgebung holte, davon abzuhalten, daß sie schnell zurückkehrte, warf er eines Tages alle Früchte, sowie er sie in den Mund gesteckt hatte, fort und erklärte, daß die Mutter bessere Früchte in weiterer Entfernung von der Höhle suchen müsse, da die in der Nähe gepflückten ungenießbar seien. Am nächsten Tage begab sich die Mutter in größere Entfernung, und nun forderte Âçuga den Vater auf zu entfliehen, da er die Mutter weit fortgeschickt habe. Darauf schob er den Felsblock zur Seite und es gelangten beide nach Vârâṇasî. Als die Mutter heimkehrte und die Höhle leer fand, saß sie weinend da. Die Freundinnen trösteten sie und meinten, der Sohn werde, da er Mensch sei, unter Menschen nicht Kummer leiden. Die Mutter erklärte, sie wolle ihm, damit er, von ihr getrennt, nicht Kummer leide, etwas geben, wodurch er sich sein Leben fristen könne, und bat ihre Freundinnen, ihm, sobald sie seiner ansichtig würden, eine Laute zu geben, damit er sich durch sie ernähre; nur solle er sich hüten, die oberste Saite zu berühren, denn dann würde ein Unglück eintreten.

Es hatte der Brahmane seinen Sohn Âçuga zu einem Brahmanen in die Lehre gegeben. Als Âçuga nun eines Tages mit den anderen Brahmanensöhnen in den Wald gegangen war, um Brennholz zu sammeln, wurde er, da er sehr weit gegangen war, von den Freundinnen der Mutter gesehen und gefragt, was zu hören sei. Als er sich über Hunger und Durst beklagte, fragten sie ihn, ob er nicht zur Mutter gehen wolle, da diese jammere und weine. Er sagte, er könne mit der Mutter nicht sprechen, da diese hitzig sei. Darauf gaben sie ihm die Laute, damit er mit ihr sein Leben friste; damit kein Unglück geschehe, solle er die oberste Saite nicht berühren. Âçuga begab sich mit der Laute zu den Brahmanenjünglingen. Als er nun dort unter ihnen spielte und dazu sang, aber die oberste Saite nicht berührte, fragten ihn die Jünglinge, weshalb er sie nicht berühre. Als er den Grund gesagt hatte, sie aber dennoch die oberste Saite berührten, fingen sie alle an zu hüpfen und zu tanzen. Da sie durch das Tanzen sich verspätet hatten, kamen sie erst am Abend zu ihrem Paṇḍita, der sie fragte, weshalb sie so lange ausgeblieben wären. Als die Jünglinge den ganzen Hergang erzählt hatten, fragte der Paṇḍita den Jüngling Âçuga, ob er wirklich die Laute zu spielen und zu singen verstände. Als er es bejaht hatte und nun spielen mußte und, von dem Paṇḍita dazu veranlaßt, die oberste Saite berührte, fing der Brahmane samt seiner Frau an zu hüpfen und zu tanzen, aber auch das ganze Haus stürzte hüpfend zusammen und alle Gefäße und Geschirre gingen in Stücke. Erzürnt packte der Brahmane den Jüngling Âçuga am Halse und warf ihn hinaus. Darauf erwarb sich Âçuga durch Lautenspiel und Singen seinen Unterhalt.

Da nahmen ihn fünfhundert Kaufleute, die sich aufs Meer begaben, als Musiker aufs Schiff mit. Als er nun auf dem Schiff spielte und auch dort auf Verlangen der Kaufleute die oberste Saite berührte, fing das Schiff an zu hüpfen und stürzte um, wodurch sämtliche Kaufleute ihr Leben einbüßten. Âçuga, der ein Brett erfaßte, wurde durch einen Sturm nach Kaçerudvîpa verschlagen. Dort hielt er sich in einem Lusthain auf; da es dort keine anderen Menschen gab, gab er sich, als er Suçronî erblickt hatte, mit ihr dem Liebesgenuß hin. Auf diese Weise war sie bei Tage dem Âçuga, bei Nacht dem Könige Brahmadatta zu Diensten. Als Âçuga sie bat, auch ihn mit nach Vârâṇasî zu nehmen, ging sie auf seinen Wunsch ein, fragte ihn nach seinem Namen und nannte den ihrigen. Sie fing darauf an, von Tag zu Tag mehr Steine mitzunehmen, wenn sie den Suparṇa bestieg, bis sie es zu einer Last, die dem Gewicht eines Menschen gleichkam, gebracht hatte. Dann bestieg sie mit Âçuga zusammen den Suparna und befahl ihm, die Augen zu schließen, denn falls er sie öffnete, würde ein Unglück geschehen. Als sie nun in die Nähe von Vârânasî gelangt waren und er das Schreien und Lärmen vieler Menschen hörte, glaubte er, daß sie schon angekommen seien und schlug die Augen auf, worauf er sofort erblindete. Suçronî ließ ihn im Lusthain und begab sich selbst nach dem Frauengemach des Königs Brahmadatta. Als der Frühling gekommen war und im dichten Walde die Bäume blühten, die Gänse, Kraniche, Pfauen, Papageien, Predigerkrähen, Kokila's und Fasane sangen, begab sich der König Brahmadatta von seiner Frauenschar umgeben nebst Suçronî in den Lusthain, wo der Brahmanenjüngling Âçuga, als er den Duft der Timira-Blume spürte, ein Lied solcher Art anstimmte: »Von dem Winde in Bewegung gesetzt, wird der Timira-Duft vernommen, Kaçerudvîpa ist es, wo Suçronî sich aufhält.« Als der König diese Worte hörte, befahl er seinen Frauen nachzuforschen, wer dieselben gesungen habe. Als Âçuga aufgesucht und vor den König geführt das Lied wiederholen mußte, fragte ihn der König, wie weit es bis nach Kaçerudvîpa sei; er antwortete in einem Çloka: »Von hier befinden sich fast 100 Jodshana weit die Gewässer des Ozeans, dort liegt Kaçerudvîpa, wo Suçronî weilt.« Ihm antwortete der König ebenfalls in einem Çloka: »Hört man, daß du meine liebliche Suçroni sündigerweise angeschaut hast, so sprich, was für Merkmale hat sie am Leibe?« Âçuga entgegnete in einem Çloka: »Am Schenkel ist das Svastika, die Brust ist gewunden, außerhalb hat sie Timira-Blumen-Gewinde.« Als der König auf diese Weise gesehen hatte, daß sie sich vergangen hatte, war er der Ansicht, daß er sie nicht nötig habe und sie dem Blinden geben wolle. Erzürnt sprach er diesen Çloka: »Suçronî wird dir gegeben, mit allem Schmucke angetan, laß sie auf einen Esel steigen und eiligst geht verbannt aus dieser Stadt«, und ließ Suçronî und den Blinden zusammen auf einem Esel zur Stadt hinaustreiben. Als sie nun hin und her irrten, gelangten sie bei Sonnenuntergang in einen Gebirgsort und wohnten dort in einem leeren Tempel.

An demselben Abend waren fünfhundert Räuber gekommen, um die Gebirgsstadt zu erobern, die Bewohner derselben aber, welche dies bemerkt hatten, überwältigten die Räuber. Ihr Anführer, dessen sie nicht habhaft wurden, flüchtete in denselben Tempel. Die Stadtbewohner umzingelten den Tempel, der Anführer aber schloß die Türe. Als die Stadtbewohner nun fragten, wer drinnen wohne, antwortete Âçuga, daß sie Reisende seien. Die Stadtbewohner drohten, ihn selbst zu vernichten, wenn er nicht den Räuber auslieferte. Der Anführer sagte zu Suçronî: »Was willst du mit einem blinden Mann machen? Wollen wir diesen hinauswerfen und uns beide vergnügen.« Sie ging darauf ein, der Räuberhauptmann warf den Blinden von der Grabenmauer herab, und die Städter schlugen ihm den Kopf ab. Am anderen Tage gelangte Suçronî mit dem Räuberhauptmann zum Flusse Karada, wo sie kein Boot zum Übersetzen fanden. Der Räuberhauptmann hieß sie ihren Schmuck ablegen, sie solle durch den Fluß schwimmen, er werde ihr die Sachen nachtragen. Sie gab ihm alle Kleider und sämtlichen Schmuck und stieg nackt ins Wasser. Als sie in die Mitte des Flusses gekommen war, erwachte in ihr die Besorgnis, er könne mit den Sachen davongehen;

sie sagte in einem Çloka: »Der Karada ist voll von Wasser, die Schöne gab dir alle Sachen, Furcht ist mir entstanden, betrüg mich nicht, o Bösewicht!« Er entgegnete ebenfalls in einem Çloka: »Für einen Unbekannten hast du einen alten Bekannten, den Mann für nutzlos haltend, getötet; deshalb ist es schwer, dir zu trauen, du könntest auch mich töten.« Er lief mit den Sachen davon, sie aber trat nackt in das dichte Gras. Da kam ein alter Schakal, der einen Fleischklumpen trug, und da gerade von der Flut des Flusses Karada ein Fisch ans Ufer getragen aufs Trockene geraten war, ließ der Schakal das Fleisch fallen und lief auf den Fisch los. Der Fisch aber sprang wieder in den Fluß, das Fleisch wurde von einem Geier davongetragen, so daß der Schakal beider Dinge beraubt mit hängenden Ohren traurig dastand. Dies sah Suçronî und sprach folgenden Çloka: » Den Fleischklumpen hat der Geier davongetragen, der Fisch ist ins Wasser geschlüpft, weshalb trauert der Schakal nicht, beider Dinge beraubt?« Der Schakal blickte nach allen vier Seiten und als er niemand sah, sprach er folgenden Çloka: »Die dem Räuber nicht vortanzt, am Gesange selbst keine Freude hat, jetzt im Grase weilt, wer ist sie, die mich schilt und meiner spottet?« Sie antwortete: »Ich, Suçronî, bin es, Oheim.« Ärgerlich dachte der Schakal, daß diese Joginî (Büßerin) ihn schmähe und sprach: »Den Mann hast du getötet; fortgelaufen ist der Buhle, weshalb trauerst du nicht, Joginî, da du beider beraubt bist.« Suçronî entgegnete: »In mein Haus gelangt, werde ich einen trefflichen Gatten nehmen; habe ich einen Gatten erlangt, werde ich das Haus nicht beschimpfen.« Der Schakal antwortete: »Wenn die Gangâ aufwärts fließt, wenn Milchfarbe der Rabe hat und dann die Frucht erwächst, dann wirst du sittsam sein. Wenn der Rabe und die Eule beide auf einem Baume nisten und in Freude leben werden, dann wirst du sittsam sein. Wenn die Schlange und das Ichneumon in einem Loche wohnen und sich vertragen werden, dann wirst du sittsam sein. Wenn man aus dem Haar der Schildkröte Kleider anfertigend ein Winterkleid bereiten wird, dann wirst du sittsam sein. Wenn man aus Fliegenfüßen eine Leiter machen und auf der Leiter zum Himmel steigen wird, dann wirst du sittsam sein. Wenn man aus dem Jasminstengel eine Brücke machen und ein Elefant über diese gehen wird, dann wirst du sittsam sein. Wenn mitten aus dem Meere Feuer emporlodern wird und die Menschen hineingehen werden, dann wirst du sittsam sein. O Suçronî, nachdem ich dich nun genugsam verspottet habe, frage ich dich, was du mir für einen Lohn geben wirst, wenn ich dich in deine frühere Stellung zurückversetze?« Sie entgegnete: »Oheim, wenn du dies tust, werde ich dir täglich einen Fleischklumpen geben.« – »Ich werde es tun, schau zu! Du steigst nun ins Wasser, tauchst bis an die Kehle hinein und bleibst darin, mit dem Gesicht nach Osten gewendet; ich aber werde den König bitten.« Er lief in die Nähe des königlichen Palastes und bat den König, es wäre recht und billig, Suçronî rasch herbeizurufen, da sie fromm und aufrichtig Buße wirke. Der König Brahmadatta verstand die Sprache des Schakals und befahl den Ministern, sofort Suçronî herbeizurufen. Die Minister erschienen mit Kleidung und Schmuck und der König setzte sie in ihre frühere Stellung ein. Sie gab auch dem Schakal täglich einen Klumpen Fleisch. Sie tat dies eine Zeitlang. Als sie es unterlassen hatte, kam der Schakal in die Nähe des königlichen Palastes und drohte, daß, falls sie die Gabe unterließe, er ihr zu Leibe gehen und sie in die frühere Lage zurückversetzen werde. Sie erschrak und fuhr fort, ihm täglich einen Klumpen Fleisch zu geben.

37. *Das salomonische Urteil*

In früher vergangener Zeit, im Jenseits von zahl- und maßlosen Kalpas, regierte ein König mit Namen mDsespa (der Schöne), welcher sein Reich nach den Vorschriften der Religion verwaltete. Damals lebte in jenem Lande ein Brahmane mit Namen Yugpatschan (der einen Stab Habende), welcher äußerst arm war, an allem Mangel litt und nichts zu essen noch sich zu kleiden hatte. Derselbe borgte von einem Hausbesitzer ein Rind, welches er, nachdem er es den Tag über benutzt hatte, in das Haus des Hausbesitzers zurückführte. Weil aber der Hausbesitzer gerade seine Mahlzeit hielt, trieb er das Rind in das Innere des Hofes, woselbst es durch ein anderes Tor hinausging und sich verlief. Nach beendigter Mahlzeit stand der Hausbesitzer auf, und als er sein Rind im Hofe nicht sah, fragte er den Yugpatschan: »Wo ist mein Rind?« Dieser entgegnete: »Ich habe es in deinen Hof abgeliefert.« Der Hausbesitzer versetzte: »Du hast mein Rind entlaufen lassen; schaffe es zurück!« Wogegen jener behauptete: »Ich habe es nicht entlaufen lassen.« Hierauf kamen sie überein, zum König zu gehen und denselben entscheiden zu lassen, wer von ihnen recht oder unrecht habe. Auf ihrem Wege dahin war einem anderen Mann eine Stute entlaufen; dieser Mann rief dem Yugpatschan zu: »Treibe meine Stute zurück!« Worauf derselbe einen Stein aufhob, ihn der Stute entgegenschleuderte, sie traf und ihr das Bein zerbrach. Da rief jener Mann: »Du hast mein Pferd umgebracht; ersetze mir mein Pferd!« Yugpatschan erwiderte: »Warum soll ich dir das Pferd ersetzen?« Jener versetzte: »Komm her! Wir wollen zum König gehen und unsern Rechtshandel durch ihn entscheiden lassen!« Während sie hingingen, wollte Yugpatschan einen Versuch machen zu entfliehen; er sprang über eine

Mauer, an deren anderer Seite ein Weber mit Weben beschäftigt war; auf diesen fiel er und erschlug dadurch den Weber, worauf die Frau des Webers den Yugpatschan ergriff und zu ihm sprach: »Du hast meinen Mann getötet; gib mir meinen Mann wieder!« Yugpatschan erwiderte: »Wie soll ich dir deinen Mann wiedergeben?« Aber die Frau rief: »Komm! Wir wollen zum König gehen; der wird unseren Rechtshandel entscheiden.« Während sie hingingen, kamen sie auf ihrem Wege an einen tiefen Fluß; durch diesen Fluß kam ein Holzarbeiter hergegangen, welcher ein kleines Beil mit dem Munde hielt. Diesen fragte Yugpatschan: »Wie tief ist das Wasser?« Jener antwortete: »Das Wasser ist tief!« Wobei aber sein Beilchen ins Wasser fiel. Als er es nicht wiederfinden konnte, ergriff er den Yugpatschan und sprach zu ihm: »Du hast mein Beilchen ins Wasser geworfen!« Als dieser entgegnete, er habe es nicht ins Wasser geworfen, versetzte jener: »Komm her! Wir gehen zusammen zum König; der soll unsern Handel entscheiden.« Weil Yugpatschan ermüdet war, ging er in eine Weinschenke, um Wein zu verlangen. Die Weinverkäuferin hatte einen Sohn geboren; während derselbe mit Kleidern zugedeckt schlief, setzte Yugpatschan sich auf ihn, wodurch der Knabe seines Lebens verlustig ging. Das Weib nahm den Yugpatschan fest und rief: »Du hast meinen Sohn umgebracht; gib mir meinen Sohn zurück!« Yugpatschan entgegnete: »Wie soll ich dir deinen Sohn wiedergeben, da ich ihn nicht getötet habe?« Das Weib sprach: »Komm! Wir wollen zum König gehen, der soll unsern Rechtshandel entscheiden.«

Während sie ihren Weg fortwandelten, kamen sie an einen anderen Ort, woselbst auf einem Schakotaka genannten Baume ein Rabe saß, welcher, als er den Yugpatschan erblickte, ihm zurief: »Wo gehst du hin?« Worauf Yugpatschan erwiderte: »Ich gehe nicht freiwillig, diese hier führen mich und zwar zum König.« Der Rabe sprach: »Wenn dem so ist, so überbringe dem König folgende Botschaft von mir: An einem also genannten Orte sitzt auf einem Schakotaka-Baum ein Rabe, welcher sagen läßt: Wenn ich auf einem andern Baume sitze, ist meine Stimme übellautend, komme ich aber auf diesen Baum zu sitzen, wird meine Stimme wunderbar schön; woher kommt dies?« Weiterhin an einem andern Orte sah den Yugpatschan eine Schlange, sprach mit ihm in voriger Weise und gab ihm dann als Botschaft folgende Frage mit: »Wenn ich aus meinem Loche krieche, befinde ich mich wohl; krieche ich aber wieder hinein, macht es mir Qual; woher kommt dies?« Während sie weitergingen, sah ihn noch an einem andern Orte ein junges Weib, welches in voriger Weise ihm folgende Frage als Botschaft mitgab: »Wenn ich in meiner Eltern Hause bin, verlangt mich nach dem Hause meines Schwiegervaters; bin ich aber im Hause meines Schwiegervaters, so habe ich Verlangen nach dem Hause meiner Eltern; woher dies?«

Von da gingen sie weiter und kamen vor den König, zu dessen Füßen sie sich verbeugten und sich an einer Seite niedersetzten. Der König fragte sie: »Warum seid ihr hergekommen?« Worauf der mit Yugpatschan in Streit verwickelte Hausbesitzer seine Sache vorbrachte. Der König fragte den Yugpatschan: »Hattest du das Rind geborgt?« Antwort: »Ich hatte es geborgt.« Frage: »Hast du es zurückgebracht?« Antwort: »In der Meinung, er habe es gesehen, daß ich es zurückbrachte, ließ ich es in den Hof.« Der König entschied: »Weil Yugpatschan beim Zurückbringen des Rindes dies nicht anzeigte, soll ihm die Zunge ausgeschnitten werden und weil der Hausbesitzer das zurückgekommene Rind gesehen und nicht festgebunden hat, soll ihm ein Auge ausgestochen werden.« Der Hausbesitzer sprach: »Erstens hat Yugpatschan mich um mein Rind gebracht; dann soll mir zweitens noch mein Auge ausgestochen werden; nein, lieber mag Yugpatschan den Handel gewinnen!« Sodann sprach jener: »Gottheit! Yugpatschan hat meine Stute umgebracht.« Der König fragte den Yugpatschan: »In welcher Weise hast du das Pferd getötet?« Antwort: »Während ich auf dem Wege war, rief dieser Mann mir zu: ›Treibe das Pferd herwärts!‹ Ich nahm einen Stein und warf denselben gegen das Pferd, wovon es umkam.« Der König sprach: »Weil der Herr des Pferdes gerufen hat: ›Treibe das Pferd herwärts!‹, soll ihm die Zunge ausgeschnitten werden; dem Yugpatschan aber soll, weil er einen Stein warf, die Hand abgehauen werden.« Da sprach jener Mensch: »Nicht nur ist mein Pferd getötet, sondern meine Zunge soll auch ausgeschnitten werden; nein, lieber mag Yugpatschan den Handel gewinnen!« Sodann sprach der Holzarbeiter: »Weil dieser Yugpatschan mich fragte, wie tief das Wasser sei, fiel mein Beilchen, das ich im Munde hielt, ins Wasser.« Der König entschied: »Weil der Holzarbeiter Sachen, die auf den Schultern getragen werden müssen, im Munde fortbringt, sollen ihm zwei Schneidezähne ausgebrochen werden; dem Yugpatschan aber schneide man wegen seiner Frage, ob das Wasser tief sei, die Zunge aus.« Da sprach der Holzarbeiter: »Nicht nur bin ich um mein Beil gekommen, sondern ich soll mir auch die Zähne ausbrechen lassen: mag doch lieber Yugpatschan den Handel gewinnen!« Nun sprach die Weinverkäuferin: »Yugpatschan hat meinen Sohn getötet!« Hierauf entgegnete Yugpatschan: »Weil ich ermüdet war, ging ich hin, um Wein zu fordern, und weil ich nichts sah als den Sitz, setzte ich mich auf denselben, ohne zu wissen, daß unter mir ein Kind sei, welches dadurch umkam.« Der König entschied: »Weinverkäuferin, du bist verantwortlich dafür, daß du deinen Sohn, als du ihn zum Schlafen niederlegtest, so zugedeckt hast, daß er nicht zu sehen war, und du, Yugpatschan, dafür, daß du dich hingesetzt hast, ohne den Sitz zu untersuchen; darum, Yugpatschan, werde du ihr Mann und schaffe ihr ein Kind!« Da sprach die Weinverkäuferin: »Nicht nur hat er mein Kind umgebracht, sondern nun soll er gar mein Mann werden; lieber mag Yugpatschan den Handel gewinnen!« Zuletzt klagte das Weib des Webers: »Yugpatschan hat meinen Mann getötet.« Yugpatschan entgegnete: »Weil meiner Gegner so viele wurden, ängstigte ich mich und wollte, um zu entfliehen, über eine Mauer setzen; an der Hinterseite der Mauer saß ein Mann, welchen ich nicht gesehen hatte und der davon umkam.« Der König entschied: »Gehe und nimm diesen zum Manne!« Das Weib versetzte: »Nicht genug, daß er meinen Mann getötet hat, sondern ich soll ihn gar zum Manne nehmen; lieber mag Yugpatschan den Handel gewinnen!« Solchergestalt schlichtete der König eines jeden Rechtshändel, ward des Yugpatschan Vertreter und befreite ihn von aller Schuld.

Es waren aber außerdem noch zwei Weiber da, welche sich um einen Knaben stritten, deren Recht der König in scharfsinniger Weise erkannte, indem er den beiden Weibern befahl: »Jede von euch beiden fasse das Kind an einer Hand und ziehe es an sich! Welche es bemeistert, die soll es als ihr eigenes mitnehmen.« Demgemäß zerrte diejenige, welche nicht Mutter des Kindes war, dasselbe ohne Mitleid und ohne Besorgnis, ihm Schaden zuzufügen, mit aller Gewalt an sich, wogegen die wahre Mutter, obgleich sie stärker war, aus Liebe zum Kinde und um ihm nicht zu schaden nur schwach zog. Der König erkannte alsbald die Wahrheit und sprach zu der Frau, die heftig gezogen hatte: »Es ist nicht dein, sondern das Kind der andern Frau; gestehe es ehrlich!« Worauf das Weib, welches sachte gezogen hatte, das Kind als ihren Sohn mitnahm. Darnach traten zwei Männer, welche sich um ein Stück Baumwollzeug stritten, vor den König, welcher, nachdem er die Sache untersucht hatte, den Handel ganz nach der vorigen Weise entschied.

Sodann trug Yugpatschan dem König folgendes vor: »Als diese da mich festgenommen hatten und herbrachten, gab mir eine Schlange unterwegs folgende Botschaft mit: »Wenn ich aus meinem Loche krieche, befinde ich mich wohl, wenn ich aber wieder hineinkrieche, leide ich Qual; sie fragt, woher dies komme?« Der König sprach: »Sage dieser Schlange folgendes: Es ist so, weil du beim Auskriechen aus dem Loche nicht erhitzt und dabei hungrig bist; weil du aber nach dem Auskriechen viel frißt und von den Angriffen der Vögel zu leiden hast, schwillst du vor Zorn auf und du findest bei der Wiederkehr in dein Loch Hindernis, woher die Qual rührt. Wenn du von nun an im Fressen maßhältst und dich nicht erzürnst, so wird dir das Einkriechen ebenso bequem sein, wie dir das Auskriechen war.« – Als nun Yugpatschan die Botschaft des jungen Weibes vortrug, sprach der König: »Sage jenem jungen Weibe folgendes: In deiner Eltern Hause hast du einen Freund, deshalb hast du, wenn du im Hause deines Schwiegervaters bist, aus Liebe zu deinem Freunde Sehnsucht nach dem Hause deiner Eltern; bist du aber im Hause deiner Eltern und deines Freundes überdrüssig, so hast du Sehnsucht nach deinem Mann und wünschest dich in das Haus deines Schwiegervaters zurück; darum gib den einen Aufenthaltsort auf und halte dich fester an den andern, so wirst du diese Qual loswerden!« Zuletzt berichtete Yugpatschan die Botschaft des auf dem Schakotaka-Baum sitzenden Raben, worauf der König entgegnete: »Weil unter jenem Baume Gold sich befindet, ist deine Stimme wohllautend, weil aber in der Nähe der andern Bäume kein Gold ist, so wird deine Stimme auf denselben übellautend.« – Ferner sprach der König zu Yugpatschan: »Obgleich du vielerlei Übel verschuldet hattest, habe ich dich davon befreit. Weil du arm bist und Mangel leidest, so grabe den unter dem Baume befindlichen Goldschatz aus und nimm ihn mit!« Hierauf gab Yugpatschan jedem auf seine Botschaft den königlichen Bescheid, brachte das unter dem Baume befindliche Gold hervor und nahm es mit. Von da an richtete er eine Landwirtschaft ein, litt an nichts mehr Mangel und war für seine Lebenszeit reich und vergnügt.

38. Die Geschichte von Sorprengtschan

Solches habe ich zu einer Zeit gehört: Der Siegreich-Vollendete hatte seinen Sitz in Njanjod, im Lustgarten des Prinzen Dschaldsched, im Hofraume allgemeiner Freude des Gonmedsaidschin.

Es hatte aber zu der Zeit der König Saldschal einen ersten Minister von ausgezeichneter Weisheit und vielen Kenntnissen. Dessen Gattin wurde schwanger und gebar einen mit allen Zeichen der Vollkommenheit und einer unvergleichlich schönen Körpergestalt versehenen Knaben. Es wurde ein Zeichendeuter berufen, welcher, als ihm der Knabe gezeigt wurde, mit fröhlichem Gesichte folgendes sprach: »Dieser Sohn besitzt die Zeichen tugendhafter Verdienste sowie in ausgezeichneter Weise eines aufmerksamen gelehrigen Gemütes und eines gründlichen Verstandes.« Als der Vater des Knaben diese Worte hörte, fragte er: »Welchen Namen soll man dem Knaben geben?« Worauf der Zeichendeuter die Gegenfrage tat: »Welche merkwürdige Zeichen gab es seit der Empfängnis des Knaben im Mutterleibe?« Der Minister sprach: »Die frühere Gemütsart der Mutter dieses Knaben war keineswegs sanft und edel, wurde aber nach der Empfängnis desselben überaus mild und anständig; sie freute sich, wenn von den Vorzügen anderer Gutes gesprochen und betrübte sich, wenn davon übel geredet wurde; gegen durch Elend in Mangel Geratene war sie mildtätig und barmherzig.« Der Zeichendeuter sprach: »Es ist dies das Verdienst des Knaben«, und gab demselben den Namen Midungwa (der Heitere, Kummerlose). Als nun der Knabe durch Nahrung und Pflege heranwuchs und groß geworden war, erlangte er eine Kraft, welche diejenige des stärksten Kämpfers übertraf: er konnte allein tausend Mann überwältigen, er fing die am Himmel fliegenden Vögel durch Sprünge und seine Schnelligkeit war derjenigen eines wettlaufenden Pferdes gleich, weshalb er von seinen Eltern um so mehr geliebt wurde.

Zu der Zeit lebte in diesem Lande ein als erfahren, weise und in den Fächern der Gelehrsamkeit bewandert berühmter Brahmane. Derselbe hatte gegen fünfhundert Zöglinge, welche beständig seinen Unterricht genossen. Zu derselben Zeit nahm der Minister seinen Sohn mit sich und übergab ihn dem Brahmanen zum Unterricht. Der Jüngling Midungwa zeigte hier im Lernen solchen Eifer und Fleiß, daß das von ihm in einem Tage Erlernte dasjenige übertraf, woran andere ein Jahr lang zu lernen hatten, so daß er in nicht langer Zeit alles vollständig aufgefaßt und begriffen hatte. Der lehrende Brahmane erwies ihm deshalb auch vorzügliches Zutrauen, verkehrte beständig mit ihm und behielt ihn in seiner Nähe, weshalb dessen andere Schüler ihm gleichfalls Achtung und Ehre erwiesen.

Als unterdessen die Gattin des lehrenden Brahmanen die ausgezeichnet schöne Körpergestalt des Jünglings und dessen weit über die der anderen gehenden Fähigkeiten zum Lernen wahrnahm, verliebte sie sich in ihn. Aber obgleich sie ihn in ihrem Gemüt erfaßt hatte, fand sie, da er sich nie von den Schülern trennte, sondern Tag und Nacht bei ihnen war, keine Gelegenheit, sich mit ihm zu unterreden. Weil es nun nicht ihren Gedanken gemäß ging, erfaßte sie ihn umso fester in ihrem Gemüte.

Späterhin lud ein Gabenspender den Lehrer mit seinen sämtlichen Schülern zu einer dreimonatlichen Bewirtung zu sich ein. Zu der Zeit hielt der Lehrer und Brahmane mit seiner Frau folgende Beratung: »Da ein Wohltäter mich und meine sämtlichen Schüler während der Dauer von drei Monaten zu sich eingeladen hat, wäre es da nicht gut, einen dieser Schüler auszuwählen, um ihn für die auswärtigen Geschäfte anzustellen?« Die Frau, hierüber erfreut, erwiderte: »Da der Geschäfte unseres Hauswesens viele sind, es also erforderlich ist, sie durch einen klugen und geschickten Menschen besorgen zu lassen, so ist der Jüngling Midungwa wegen seines gesetzten Verstandes zum Hierbleiben wohl der tauglichste.« Hierauf befahl der Brahmane dem Jüngling Midungwa: »Bleibe du hier zurück, um das Hauswesen und den Hausdienst zu besorgen, während ich der Einladung des Wohltäters folgend hingehe.« Dem Befehle seines Lehrers gemäß blieb der Jüngling Midungwa auch daheim. Nachdem der Lehrer und Brahmane sich mitsamt seinen Jüngern entfernt hatte, wurde dessen Weib überaus vergnügt und fröhlich; sie putzte und schmückte sich und sprach mit allen Künsten der Verführung zum Jüngling; dessen ungeachtet blieb Midungwa standhaft und unveränderten Sinnes. Umso heftiger wurde ihre sinnliche Begierde rege, so daß sie ihn geradezu mit den Worten anging: »Obgleich ich längst in dich verliebt bin, so fand sich keine frühere Gelegenheit; nun, da dein Lehrer sich entfernt und dich zurückgelassen hat, nun, da die Gelegenheit des einsamen Beisammenseins gekommen ist, so füge dich meinem Verlangen!« Midungwa sprach: »Da ich ein Brahmane bin und es nach der Religionslehre der Brahmanen ungebührlich ist, bei dem Weibe seines Lehrers zu liegen, so würde ich, wenn ich dem ähnliches täte, kein Brahmane mehr sein; daher vermag ich es nicht und würde lieber sterben.« Als das Weib des Lehrers aus diesen Worten ersah, daß ihre Hoffnung ohne Erfüllung bliebe, geriet sie in Scham und Verwirrung, faßte Groll und sann auf Verderben, zu welchem Zwecke sie, als die Zeit der Rückkunft des Lehrers nahe war, ihre Kleider zerriß, mit den Fingern ihr Gesicht zerkratzte, und mit Staub befleckt und besudelt ohne ein Wort zu sprechen auf der Erde lag. Als nun der Lehrer und Brahmane heimkommend in sein Haus trat und sein Weib in einem solchen Zustand erblickte, fragte er sie: »Was ist mit dir geschehen?« Worauf das Weib Tränen vergießend antwortete: »Es ist des Fragens genug!« Der Lehrer und Brahmane fragte nun immer dringender mit den Worten: »Es schadet nichts, sprich nur!« Und das Weib antwortete weinend: »Der von dir unaufhörlich gepriesene Midungwa drang nach deiner Entfernung beständig darauf, bei mir zu liegen und hat, da er nichts über mich vermochte, meine Kleider zerrissen und meinem Gesichte diese Verletzungen beigebracht; hältst du solche Schüler?« Als der Brahmane dies hörte, geriet er in heftigen Zorn und sprach zu seinem Weibe: »Da die Stärke dieses Midungwa es allein mit tausend Mann aufnehmen kann, da er der Sohn des ersten Ministers und von hoher, vornehmer Herkunft ist, so muß ich ihn durch Verleitung zu einem Verbrechen beflecken.« Dies gesagt, ging er zu Midungwa, machte ihn durch freundliche, angenehme Worte vergnügt und fragte ihn: »Du hast wohl nach meiner Abreise durch die vielen Geschäfte viel zu leiden gehabt?« Nach dieser fragenden Einleitung sprach er weiter: »Du hast mir so vielerlei

Liebe und Zuneigung bewiesen, daß ich deiner Wohltaten stets eingedenk sein werde; ich habe nun noch eine einzige Geheimlehre für dich, welche ich früher niemandem vorgetragen habe; wenn ich sie dir mitteile und du darnach handeln wirst, so wirst du unfehlbar als Gottheit Brahmas wiedergeboren werden.« Der Jüngling Midungwa kniete zur Erde und bat um Belehrung, worauf der Brahmane ihm folgendes befahl: »Wenn du während sieben Tagen als Tugendübung dich der Nahrung enthältst, innerhalb dieser Zeit tausend Menschen den Kopf abhaust und, von jedem einen Finger nehmend, von diesen tausend Fingern eine über dem Körper zu tragende angereihte Schnur machst, so wirst du Brahma aufs klarste erschauen und sodann, das Leben gewechselt habend, alsbald als Gottheit Brahmas wiedergeboren werden.« Als der Jüngling Midungwa diese Weissagung seines Lehrers hörte, wurden Zweifel bei ihm rege und er entgegnete dem Lehrer folgendes: »Es ist nicht vernunftgemäß, durch Tötung des Lebens als Gottheit Brahmas geboren zu werden.« Der Lehrer sprach: »Wenn du wirklich mein Schüler bist, warum gehorchst du nicht meinen Anweisungen? Wenn du mir aber nicht glaubst und kein Zutrauen zu mir hast, so bleibe nicht hier, sondern gehe, wohin du willst!« Nach diesem Befehl sprach der Brahmane geheime Formeln aus und steckte ein Schwert in den Boden. Nach dem Aussprechen der geheimen Formeln erzeugte sich Wut im Gemüte des Jünglings Midungwa, und der Lehrer, welcher seinen Zorn wahrnahm, gab ihm das Schwert in die Hand, welches Midungwa ergriff, damit zur Tür hinausrannte und neun ihm begegnende Menschen tötete, deren Finger er abschnitt und an eine Schnur um seinen Körper befestigte, so daß er von allen mit dem Namen Sorprengtschan »der Mann mit der Fingerschnur« benannt wurde. Alles tötend hatte er am siebenten Tage bereits neunhundertneunundneunzig Finger erbeutet. Da aber, wenn er nicht noch einen Finger anreihte, die Zahl der zu tötenden Menschen kein volles Tausend sein würde, und weil alle Menschen flohen, sich versteckten und nicht einer zum Vorschein kam, so konnte er, alles Suchens ungeachtet, keinen finden.

Weil er während sieben Tagen keine Speise zu sich genommen hatte, so wollte die Mutter des Jünglings aus liebender Besorgnis ihm Speise zusenden. Da aber alle sich fürchteten, so fand sich auch nicht einer, der den Mut zum Überbringen gehabt hätte. Da nahm die Mutter des Jünglings die Speisen selbst und begab sich in die Nähe ihres Sohnes, welcher, als er von weitem seine Mutter kommen sah, ihr entgegenlief in der Absicht, sie zu töten. Die Mutter rief ihm zu: »Willst du ohne Achtung und Rücksicht im Wahnsinn die heillose Tat begehen, deine Mutter zu töten?« Worauf er seiner Mutter antwortete: »Der Anweisung meines Lehrers gemäß soll ich innerhalb sieben Tagen eine Gesamtzahl von tausend Fingern vollmachen; wenn tausend Finger vollständig da sind, werde ich als Gottheit Brahmas wiedergeboren; nun aber ist die Gesamtheit der Finger nicht vollzählig, und da es die Zahl nicht vollzumachen nicht angeht, so muß ich dich töten.« Die Mutter entgegnete: »Wenn dem so ist, ginge es da nicht an, meinen Finger abzuschneiden, ohne mich zu töten?«

Unterdessen hatte der Siegreich-Vollendete aus der Ferne erschaut und erfunden, daß die Zeit der Bekehrung nun gekommen sei, weshalb er sich in einen Gelong verwandelte und nach jener Gegend hinging. Als Sorprengtschan den Gelong erblickte, ließ er davon ab, seine Mutter zu töten und sprang dem Gelong entgegen in der Absicht, ihn zu töten. Als Buddha ihn solchergestalt auf sich zukommen sah, ging er langsamen, ruhigen Schrittes. Dessenungeachtet konnte Sorprengtschan, obgleich er aus allen Kräften laufend ihn zu erreichen suchte, ihn dennoch nicht einholen, weshalb er ihm aus der Ferne zurief: »Gelong, warte doch ein wenig!« Hierauf entgegnete der Siegreich-Vollendete aus der Ferne: »Während ich beständig ruhig bin, bist du derjenige, der nimmer sitzt.« Sorprengtschan sprach: »Warum denn sitze ich nicht, während du sitzest?« Hierauf erwiderte der Siegreich-Vollendete: »Weil, indem meine Sinne in beständiger Ruhe sind, ich die Macht tiefer innerer Beschauung erlangt habe; du aber, der du von deinem Lehrer falsch belehrt bist und der Sünde Glauben schenkest, dessen Gemüt, durch Verführung aufgeregt, dich nicht ruhen läßt, verübst Tag und Nacht Mordtaten und endlose sündliche Handlungen.« Sobald Sorprengtschan dies hörte, kam er zur Besinnung und ging in sich; er warf sein Schwert auf die Erde und rief aus der Ferne, sich anbetend verbeugend: »Nimm mich in deinen Schutz!« Alsbald trat der Siegreich-Vollendete zu ihm hin und zeigte ihm, sich in die Körpergestalt Buddhas verwandelnd, dieselbe in den in glanzstrahlend-majestätischer Klarheit geschmückten zweiunddreißig Zeichen. Als Sorprengtschan den strahlenden Glanz und die Fülle der Zeichen des Körpers Buddhas sah, warf er sich zur Erde und bekannte reuevoll sein Verbrechen. Der Siegreich-Vollendete trug ihm die Religionslehre vor, wodurch er zur Einsicht in dieselbe völlig gereinigte Geistesaugen bekam und glaubensvoll um Aufnahme in den geistlichen Stand bat, und als der Siegreich-Vollendete ihm dieselbe mit den Worten: »Du bist willkommen!« bewilligte, fielen ihm Haupt- und Barthaar aus und er wurde Gelong. Nachdem der Siegreich-Vollendete ihm sodann die nötigen Lehren vorgetragen hatte, verschwand alle Unreinheit seines Gemüts und er wurde Feindbesieger (Arhat). Der Siegreich-Vollendete nahm ihn mit sich in den Garten des Prinzen Dschaldsched.

Zu der Zeit gab es unter den Bewohnern dieses Landes, sowohl Menschen wie Tieren, keinen, welcher nicht in Schrecken geriet, sobald er den Namen des Sorprengtschan hörte; den schwangeren Weibern sowohl als den trächtigen weiblichen Tieren war es dann aus Furcht unmöglich, zu gebären. Als nun damals das Kalb einer Kuh nicht zur Welt kommen wollte, befahl der Siegreich-Vollendete dem Sorprengtschan: »Gehe zu der Kuh und sage ihr die wahren Worte: ›Von meiner Geburt an bis jetzt habe ich auch nicht einen Menschen getötet.‹« Sorprengtschan entgegnete hierauf dem Siegreich-Vollendeten: »Ich, der ich so viele Menschen getötet habe, soll sagen, ich hätte keinen getötet?« Der Siegreich-Vollendete erwiderte: »Du kannst es, weil du erst neulich in der Religion der Ehrwürdigen wiedergeboren bist.« Da zog Sorprengtschan die geistliche Kleidung an, ging, der Verordnung Buddhas gemäß, in die Nähe der Kuh und sprach jene Worte, worauf sie glücklich gebar und Sorprengtschan sodann zurück an seinen Ort ging.

Der König Saldschal hatte sich, von Truppenmacht begleitet, auf den Weg gemacht, den Sorprengtschan einzufangen. Die Truppen kamen auf ihrem Zuge in die Nähe des Gartens des Prinzen Dschaldsched, in welchem Garten ein zwerghafter, unansehnlicher Gelong mit einer äußerst wohlklingenden Stimme sich aufhielt. Als derselbe im Tempelhause seinen harmonischen Gesang anstimmte und die Truppen ihn hörten, bekamen nicht nur sie, ohne Überdruß zu empfinden, Lust zuzuhören, sondern auch die Elefanten und Pferde des Zuges neigten ihr Ohr hin, ohne weitergehen zu können. Der König, in Verwunderung gesetzt, fragte: »Warum können die Elefanten, die Pferde und ihre Reiter nicht weiterziehen?« Worauf ihm berichtet wurde, daß sie wegen des harmonischen Gesanges und der Lust, demselben zuzuhören, nicht weitergehen könnten. Da sprach der König: »Wenn die im Tierreich Geborenen sich an dem Anhören der Lehre ergötzen, um wieviel mehr sollten wir unter Menschen Geborenen es nicht: ich selbst will dem Gesange zuhören.« Dies gesagt, begab er sich zum Garten des Prinzen Dschaldsched, stieg von seinem Elefantenwagen ab, löste sein Schwert ab und legte es samt seinem Sonnenschirm nieder, worauf er dahin ging, wo der Siegreich-Vollendete seinen Sitz hatte, vor dessen Augen angelangt sich mit dem Scheitel verbeugte und dem Siegreich-Vollendeten folgende Frage vortrug: »Wer ist der Geistliche mit der wohllautenden Stimme? Ich möchte ihn wohl sehen; viertausend Kârshâpaṇas würde ich ihm schenken.« Der Siegreich-Vollendete antwortete hierauf dem König: »Reiche zuvor erst deine Gabe, dann werde ich ihn dir vorführen; denn wenn du früher mit ihm zusammenkämest, würdest du nicht Lust haben, einen einzigen Kârshâpaṇa zu geben.« Als nun der König mit dem Gelong zusammenkam und fand, daß er so überaus häßlich und zwerghaft sei, so daß ihm die Lust nie angekommen wäre, demselben auch nur einen Kârshâpaṇa zu geben, beugte er das Knie zur Erde und fragte den Siegreich-Vollendeten folgendes: »Welche frühere Handlung hat es bewirkt und eine solche Schicksalsvergeltung herbeigeführt, daß die Körpergestalt dieses Gelongs so äußerst häßlich und zwerghaft ist, er dabei aber eine so überaus schöne Stimme hat?« Der Siegreich-Vollendete sprach: »Höre aufmerksam zu und fasse das Gehörte ins Gedächtnis! Ich werde es dir zeigen:

In früher vergangener Zeit, nachdem der Buddha Odsrung in der Welt erschienen, das Heil der Wesen besorgt und aus dem Jammer entschwunden war, sammelte der König Ṭitidschi dessen Gebeine und wollte für dieselben einen Stûpa erbauen. Da verwandelten die vier Drachenkönige sich in

Menschen, traten vor den König und fragten: »Willst du diese Reliquienpyramide von edlen Stoffen erbauen oder von Erde?« Der König erwiderte: »Wohl sollte diese Pyramide eigentlich aus köstlichen Stoffen erbaut werden, da es aber nicht viel Kostbarkeiten gibt, so muß sie aus Erde gemacht werden; denn die Breite jeder Seite des Vierecks soll auf fünf Meilen kommen, so daß die Höhe, damit die Pyramide für jedermann sichtbar sei, fünfundzwanzig Meilen betragen muß.« Da sprachen die vier Drachenkönige zum Könige: »Wir vier sind die Drachenkönige; weil der König eine Pyramide erbaut, so gedenken wir, die edlen Stoffe dazu zu liefern.« Als der König diese Worte hörte, ward er überaus vergnügt und sprach voll Freude: »Ein solches angebotenes Geschenk ist vortrefflich!« Ferner sprachen die Drachenkönige: »Außerhalb der vier Seiten der Stadt befinden sich vier große Quellen; wenn aus der Quelle an der Seite gegen Osten Wasser geschöpft wird und damit Ziegel gefertigt werden, so werden diese sich sämtlich in blauen Waidûrja verwandeln. Schöpft man Wasser aus der Quelle an der Südseite und verfertigt damit Ziegel, so verwandeln sich diese sämtlich in Gold. Schöpft man Wasser aus der Quelle an der Westseite und verfertigt damit Ziegel, so verwandeln sich diese sämtlich in Silber. Wird aber Wasser aus der Quelle an der Nordseite geschöpft und zur Ziegelbereitung gebraucht, so verwandeln sich die Ziegel sämtlich in weißen Kristall.« Als der König diese Worte hörte, wurde seine Freude noch größer und er erwählte für die vier Seiten der Pyramide besondere Aufseher, deren jeder für eine Seite derselben angestellt wurde.

Während nun die Baumeister von drei Seiten der Pyramide ihre Arbeit der Vollendung nahe brachten, war der Baumeister einer Seite nachlässig geworden und mit der Arbeit zurück. Als nun der König selbst hinging, den Bau der Pyramide zu besichtigen, sagte er zum trägen Baumeister: »Weil du nicht fleißig gewesen bist, ist deine Arbeit unvollendet; du hast eine Strafe, einen Verweis, verschuldet.« Der Mann aber zürnte dem König und antwortete: »Eine solche ungeheure Pyramide kann niemals fertig werden.« Hierauf spornte ihn der König zu mehr Betriebsamkeit und Eifer an, und nun wandte er bei Tag und Nacht den angestrengtesten Fleiß an, so daß der gesamte Bau gleichzeitig fertig wurde. Der wundervolle Anblick der Pyramide, der Glanz des edlen Materials und die außerordentliche Höhe des Baues machten dem früher zürnenden Baumeister der einen Seite eine solche Freude, daß er sein früheres Unrecht reuig erkannte und, indem er eine goldene Glocke an der Spitze der Pyramide anbrachte, dabei folgendes Wunschgebet aussprach: »Möchte doch, von woher und wohin ich auch wiedergeboren werden sollte, ich stets eine solch wohlklingende Stimme haben, daß sämtliche Wesen, wenn sie dieselbe hören, darüber Freude empfinden! Möchte ich ferner in zukünftiger Zeit mit Buddha Shâkjatubpa zusammentreffen und aus dem Kreislaufe der Seelenwanderung vollständig erlöst werden!« – Großer Fürst! Der Baumeister einer Seite der Pyramide jener Zeit, welcher über die unmäßige Größe der Pyramide sich zürnend geäußert hatte, ist jetzt dieser Gelong hier. Weil er damals im Zorn sagte, die Pyramide sei viel zu groß, wurde er immerwährend als zwerghaft und häßlich von Körper geboren. Weil er nachher aus freudigem Gemüte eine goldene Glocke darbrachte und an der Pyramide befestigte, weil er das Wunschgebet aussprach, eine wohlklingende Stimme zu bekommen und mit mir zusammenzutreffen, so hat er während fünfhundert Generationen eine äußerst wohlklingende Stimme und durch das Zusammentreffen mit mir die vollständige Erlösung erlangt.«

Nachdem der König diese Worte Buddhas gehört hatte und im Begriff stand, sich zu entfernen, fragte ihn der Siegreich-Vollendete: »König, wohin gehst du?«, worauf der König dem Siegreich-Vollendeten antwortete: »Weil ein nicht zu duldender Feind, namens Sorprengtschan, in diesem Lande alle Menschen umbringt und fernerhin solches Unheil anstiften möchte, sind wir ausgezogen, ihn zu bezwingen.« Der Siegreich-Vollendete versetzte: »Dieser Sorprengtschan wird nun kein Insekt mehr töten, geschweige denn etwas anderes.« Da dachte der König: »Hat nicht etwa der Siegreich-Vollendete ihn bezähmt?« Ferner sprach der Siegreich-Vollendete zum König: »Dieser Sorprengtschan ist nun, seit er in den geistlichen Stand getreten und Feindbesieger geworden ist, von aller Befleckung des Lasters frei und befindet sich hier in diesem Wohnsitze; wenn der König mit ihm zusammenzukommen wünschen sollte, so mag es geschehen.« Dies gesagt, entließ Buddha den König zu dem Orte, wo Sorprengtschan wohnte; als der König aber an die Tür von dessen Gemach gekommen war, hörte er den Gelong Sorprengtschan im Innern des Gemaches stark husten, wobei ihm sogleich die vielen Menschen einfielen, welche Sorprengtschan vordem getötet hatte und er, von Furcht und Schrecken überwältigt, ohnmächtig zur Erde stürzte. Nach geraumer Zeit stand er wieder auf, ging dahin, wo der Siegreich-Vollendete sich befand und berichtete demselben, was ihm begegnet war, worauf der Siegreich-Vollendete zum großen König folgendes sprach:

»Großer König, höre aufmerksam zu! In früher vergangener Zeit war hier auf Dschambudwîpa, im Wâranasî genannten Lande, ein sehr giftiger Vogel, welcher auch als Nahrung bloß giftiges Gewürm fraß. Sein Körper war so giftig, daß man ihn nicht berühren noch auch ihm nahe kommen durfte.

Wohin er flog und ging, stürzten alle anwesenden Geschöpfe vor Entsetzen zur Erde und alle Bäume vertrockneten. Als zu der Zeit dieser giftige Vogel in das Innere eines Gehölzes gelangt war, sich auf einen Baum setzte und seine Stimme hören ließ, befand sich zu gleicher Zeit unter jenem Baume ein Elefantenkönig; sobald derselbe die Stimme des giftigen Vogels hörte, wurde er ohnmächtig und fiel zu Boden. – Großer König! Der giftige Vogel jener Zeit, derselbe ist der jetzige Sorprengtschan und der damalige Elefantenkönig bist du, o König, selbst.«

Auf diese Rede sprach der König zu Buddha folgendes: »Siegreich-Vollendeter! Diesen Sorprengtschan, welcher in grausamer Wut so viele Wesen ermordet hat, den hat der Siegreich-Vollendete der Tugend zugeführt.« Der Siegreich-Vollendete sprach: »Dieser Gelong Sorprengtschan ist nicht bloß in der jetzigen Zeit nach der Tötung vieler Menschen durch mich bezähmt, sondern auch in früher vergangener Zeit hat Sorprengtschan dieselben Menschen getötet und ist durch mich bekehrt und tugenddenkend geworden.« Der König sprach ferner: »Siegreich-Vollendeter! Wie Sorprengtschan in der vergangenen Zeit diese Menschen getötet hat und die Natur dieses verderblichen Übels geruhe der Siegreich-Vollendete ausführlich zu zeigen!« Hierauf erwiderte der Siegreich-Vollendete folgendes:

»In früher vergangener Zeit, vor zahllosen Kalpas, lebte hier auf Dschambudwîpa im Lande Wâranasî ein König mit Namen Balamadar. Dieser König ging eines Tages, begleitet von den vier Truppenabteilungen, zum Vergnügen in das Innere eines Gehölzes, woselbst ihm ein Wild begegnete. Während der König dieses Wild unausgesetzt verfolgte, geriet derselbe, allein und von seiner Umgebung getrennt, in das Dickicht eines Waldes, woselbst er erschöpft vom Pferde stieg und sich niedersetzte. Es hatte aber in diesem Dickicht eine Löwin ihren Aufenthalt, welche, von Brunst geplagt, hin und her lief und im Innern des Gebüsches mit dem dort einsam sitzenden König zusammentraf, wodurch ihre Brunst sich steigerte und sie sich dem König näherte. Der König, der die Ursache erkannte, dachte: »Das ist ein grausames Tier, welches wohl imstande ist mich umzubringen; es wird mir ans Leben gehen.« Nachdem die Löwin sich entfernt hatte, kam des Königs Dienerschaft, nahm ihn in Schutz und brachte ihn in den Palast. Es war aber die Löwin trächtig geworden und als ihre Monate aus waren, gebar sie einen Sohn, dessen ganze Körpergestalt einem Menschen ähnlich und der bloß an den Füßen bunt gestreift war. Die Löwin erinnerte sich, daß er der Sohn des Königs sei, lud ihn auf den Rücken und überbrachte ihn dem König. Der König erkannte ihn für seinen eigenen Sohn, nahm ihn in Pflege und Erziehung und gab ihm, weil seine Füße gestreift waren, den Namen Kangta, der Buntfüßige. Als derselbe durch Pflege und Erziehung zunahm und erwachsen war, wurde er überaus mutvoll und tapfer, und als er nach dem Tode des Königs die königliche Gewalt übernommen hatte, nahm er zwei Gemahlinnen, die eine von königlichem, die andere von Brahmanengeschlechte. Darnach begab sich Kangta zum Lustwandeln in einen Gartenpark und sprach zu seinen Gemahlinnen: »Ihr, meine beiden Gemahlinnen, kommt mir nach meiner Abreise schleunigst nach! Welche zuerst mit mir zusammentrifft, mit derselben werde ich mich während eines Tages belustigen und vergnügen, welche später kommt, kann nicht zu mir gelassen werden.« Nach der Entfernung des Königs schmückten sich die Gemahlinnen, machten jede ihr Fuhrwerk zurecht und bestiegen es zu gleicher Zeit. Bei dem Bilde einer Gottheit, welches sich auf dem Wege befand, stieg die Gemahlin vom

Brahmanengeschlecht ab und verbeugte sich; obgleich sie nun ihren Weg schleunigst fortsetzte, hatte sie sich dennoch verspätet und der König nahm sie, der früheren Verabredung gemäß, nicht an. Diese Gemahlin, dadurch gereizt, zürnte der Gottheit und sprach in ihren Gedanken zu ihr: »Während ich mich vor dir verbeugte, verspätete ich mich, so daß der König mich nicht zuließ. Wenn du wirklich einige Kraft oder Macht besitzest, warum hast du mir nicht Schutz und Beistand verliehen?« Aufs äußerste erbittert beschloß sie, der Gottheit Tort anzutun. Nachdem der König in den Palast zurückgekehrt war, trug ihm diese Gemahlin folgendes vor: »Geruhe mir die Freiheit zu bewilligen, einen Tag nach meiner Willkür zu verbringen!« Als der König hierauf mit den Worten: »Ich gebe sie dir deiner Bitte gemäß!« die Bewilligung erteilt hatte, kehrte sie in Begleitung vieler Menschen um, zerstörte das Bild der Gottheit und machte es der Erde gleich. Die Schutzgottheit des Bildes, hierüber aufs äußerste mißvergnügt und zur Rache aufgereizt, gedachte dem Könige Schaden zuzufügen und begab sich zum Palaste; als sie aber hineingehen wollte, ließ die Schutzgottheit des Palastes sie nicht in das Innere desselben. Zu der Zeit wohnte ein Rischi auf dem Gebirge, Rischi Hlagpa genannt; weil der König Kangta diesen Rischi bewirtend zu ehren pflegte, so kam derselbe täglich am Himmel in den Palast hergeflogen. Derselbe liebte keine feine Speisen, sondern nachdem er gemeine Kost genossen hatte, kehrte er wieder zurück. Eines Tages, als jene Gottheit wußte, daß der Rischi nicht kommen würde, verwandelte sie sich in die Körpergestalt des Rischi mit dem Vorsatze, in den Palast zu dringen. Als aber die Schutzgottheit des Palastes, die von der Verwandlung wußte, ihn, den falschen Rischi, nicht einlassen wollte, rief er außerhalb der Türe: »Man erlaubt mir nicht einzugehen!«, worauf der König befahl: »Draußen ruft der Rischi; laßt ihn schnell ein!«, so daß die Schutzgottheit des Palastes, dem Befehl des Königs gemäß, ihn ohne Aufenthalt einließ. Sobald er eingetreten war, setzte er sich auf den Sitz des Rischi, und der König reichte ihm die Speise, wie sie stets für ihn zubereitet zu werden pflegte. Als die Rischi-Verwandlung diese Speise nicht essen konnte, sprach sie zum König: »Diese Kost ist sehr schlecht; ich esse Fleisch und Fisch!« Hierauf erwiderte der König: »Großer Rischi, weil du früher immer nur gemeine Kost genossen hast, so ist weder Fleisch noch Fisch zubereitet.« Die Rischi-Verwandlung sprach: »Weil ich von nun an in Zukunft solch schlechte Speisen nicht mehr mag, so laß Fleisch und Fisch zubereiten!« Nachdem der falsche Rischi solches gesagt, entfernte er sich. Als nun der König den Worten der Rischi-Verwandlung gemäß Fleisch und Fisch zubereiten ließ, brachte er diese Speisen dem später kommenden alten wirklichen Rischi dar. Der Rischi, hierüber beleidigt, zürnte dem Könige, aber dieser sprach zu ihm: »Großer Rischi, hast du nicht bei deiner gestrigen Herkunft anbefohlen, solche Speisen zu bereiten?« Der Rischi erwiderte: »Gestern bin ich gar nicht hergekommen, weil ich einen Tag lang das Essen eingestellt hatte; wer also hat solches befohlen? Weil du nun solches getan hast, um mich zu höhnen, so mögest du, o König, während zwölf Jahren nichts als Menschenfleisch essen!« Nachdem er dies gesagt hatte, entfernte er sich.

Darnach begab es sich eines Tages, daß der Kochmeister des Königs kein Fleisch vorrätig hatte, so daß er, da er sogleich kein anderes Fleisch finden konnte, die Leiche eines Kindes, welche er auf seinem Wege antraf, als Fleischspeise tauglich achtete, ihr Kopf, Füße und Hände abschnitt, sie kochte, mit verschiedenen Gewürzen behandelte und dann dem Könige vorsetzte. Nachdem der König dieses Fleisch gegessen hatte, fand er es ungleich schmackhafter als alles frühere und fragte den Koch: »Das frühere Fleisch hatte keinen solchen Geschmack; dieses Fleisch ist ungleich schmackhafter; was für Fleisch ist es?« Diese Frage erschreckte den Koch, er streckte sich zur Erde und sprach zum Könige: »Wenn der König mir kein Vergehen daraus macht, so werde ich es aufrichtig sagen.« Der König erwiderte: »Ich rechne es dir nicht als Vergehen an, wenn du es aufrichtig anzeigst.« Hierauf sprach der Koch: »Da wir kein anderes Fleisch nach gewohnter Weise erhalten konnten, fand ich die Leiche eines kleinen Kindes, welche ich zur Speise zubereitete; beim Speisen hat der König es erkannt.« Der König befahl: »Da dieses Fleisch überaus wohlschmeckend ist, so bereite von nun an künftighin immer solche Fleischspeisen!« Auf diesen Befehl erwiderte der Koch: »Ich habe zwar vorhin die Leiche eines Kindes gefunden und zubereitet, möchte aber in Zukunft keine finden.« Hierauf befahl der König: »Von nun an in Zukunft stehle sie heimlich und von andern unbemerkt, denn ich habe die Macht dazu!« Diesem Befehl des Königs gemäß stahl der Koch des Nachts heimlich Kinder und machte die jeden Tag zur Speise zurecht.

Zu der Zeit entstand unter den Einwohnern der Stadt ein fast allgemeines Jammern und Wehklagen: »Ein Kind ist mir verloren!« tönte es von einem zum anderen; »woher kommt dies?« riefen die Beamten, versammelten sich zur Beratung und beschlossen, des Nachts an den Straßenecken Wachen auszustellen, welche auch beim Auflauern den Koch des Königs als den Dieb der kleinen Kinder ertappten, ihn festnahmen, banden und vor das Antlitz des Königs brachten, welchem sie berichteten: »Seit geraumer Zeit sind uns so viele Kinder verlorengegangen.« Als der König hierauf kein

Wort erwiderte und auch, obgleich sie dreimal nacheinander das nämliche vortrugen, nichts antwortete, sprachen sie: »Wir haben einen Verbrecher ergriffen, dessen oftmals verübte Übeltaten offenbar sind; es gebührt sich, ihm sein Urteil zu sprechen; dein Schweigen ist unpassend.« – Hierauf erwiderte der König: »Ich habe es befohlen!« Die Beamten, über diesen Bescheid höchst mißvergnügt und gereizt, gingen hinweg, kamen außerhalb des Palastes wieder zusammen und sprachen einer zum anderen: »Der König ist ein Feind, welcher unsere und der andern sämtliche Kinder frißt; mit einem Menschenfleisch fressenden Könige zusammen zu sein, mit einem solchen Ungeheuer zu tun zu haben, geht nicht an; es gebührt sich, einen solchen verderblichen Feind zu vernichten!« Also gesagt, beschlossen sie insgesamt einstimmig, den König zu töten.

Außerhalb der Stadt befand sich ein Lustwald und in demselben ein kleiner Teich, zu welchem der König sich täglich begab, um sich in demselben zu baden. Die Beamten hatten im Innern des Gehölzes Truppen versteckt, welche, als der König im Bade saß, ihn umzingelten, ihn greifen und umbringen wollten, worüber der König erschrak und zu den Bewaffneten sprach: »Warum seid ihr gekommen, um mich zu umzingeln und zu fangen?« Da antworteten die Beamten: »Ein König Genannter ist da, um die vielen Untertanen zu pflegen. Weil du aber, o König, alle Kinder deiner Untertanen fressend ihrer aller Stätte vernichtest, so ist dieses Elend nicht länger zu ertragen und deshalb töten wir dich nun.« Der König erwiderte: »Ich habe solches tuend übel gehandelt; da ich aber von nun an solches nicht mehr tun werde, wäre es da nicht billig, mir das Leben zu schenken?« Hierauf antworteten die Beamten: »Wenn gleich vom Himmel schwarzer Schnee fiele oder auch an deinem Haupte eine schwarze

Schlange sich erzeugen sollte, so lassen wir dich doch nicht frei; sprich nun nicht weiter!« Als der König Kangta die Worte der Beamten hörte, dachte er: »Nun muß ich unzweifelhaft mein Leben hergeben«, und sprach dann zu den Beamten: »Da ihr nun mich zu töten entschlossen seid, so überlaßt mich einen Augenblick ruhig meinen Gedanken, und dann tötet mich!« Als hierauf die Beamten ein wenig warteten und ihn seinen Gedanken überließen, tat der König in seinen Gedanken folgendes Wunschgelübde: »Was ich früher an guten Werken verrichtet habe; wie ich die Regierung nach den Vorschriften der Lehre geführt; wie ich dem Rischi Gaben dargebracht habe: möchte ich doch durch die Kraft aller dieser Tugenden ein am Himmel fliegender Râkschasa werden!« Unmittelbar nach diesem Wunschgelübde wurde er ein Râkschasa, erhob sich hoch gen Himmel und sprach zu den Beamten: »Eurer Übermacht einen Segen entgegensetzend, bin ich, obgleich ihr mich töten wolltet, durch eigene Verdienste lebend geblieben. Möchte ich von nun an euch töten und eure Weiber und Kinder sowie eure sämtlichen Untergebenen fressen!« Dies gesagt, flog er davon und ließ sich auf einen Berg nieder, von woher er sodann unter die Menschen kam und sie fraß. Die vielen Menschen waren voll Furcht und Entsetzen und hielten sich beständig verborgen.

Während der Râkschasa fortfuhr, Menschen zu fressen, wurde er von vielen Râkschasas, welche sein Gefolge und seine Dienerschaft bildeten, zum Oberhaupt erhoben. Diese Umgebung von Râkschasas sprach eines Tages zum Râkschasa Kangta: »Da wir dein Gefolge und deine Dienerschaft geworden sind, so gib uns eine große Festmahlzeit!« Der Râkschasa Kangta gab hierzu seine Einwilligung, und es wurde verabredet, fünfhundert Könige zu töten und davon eine Festmahlzeit zu bereiten; worauf sie ausgingen, die Könige fingen und selbige in die Felslöcher steckten. Da sie solchergestalt vierhundertneunundneunzig erbeutet hatten, so daß an der Vollzahl noch ein König fehlte, sprachen die Könige in den Felshöhlen einer zum anderen: »Wir sind hier ohne teilnehmende Hilfe und Schutz; wenn der vielvermögende Sutasoma hierher käme, so möchte er uns wohl befreien; wir wollen den Râkschasa ersuchen, daß Sutasoma herkomme.« Nach dieser Verabredung sprachen sie zum Râkschasa-Könige: »König! Wenn du eine Festmahlzeit anrichten willst, so würde es, wenn du bloß uns Menschenkönige zum Feste schlachtest, keine vorzügliche Festmahlzeit sein, wenn du aber den Sutasoma Genannten von großen und ausgezeichneten Verdiensten erbeutest, dann erst würde es ein großes Fest werden.« – »Dies ist sehr erwünscht«, sprach der Râkschasa-König und entfernte sich, am Himmel fliegend, um den Sutasoma zu fangen. Zu der Zeit, während Sutasoma von Jungfrauen begleitet zur Stadt hinausging, um ein Bad zu nehmen, begegnete ihm unterwegs ein lehrender Brahmane, zu welchem er, nachdem er ihm Gaben gereicht, folgendes sprach: »Ich gehe nun ins Bad; wenn ich zurückkomme, werde ich dir mehr Gaben spenden.« Während er nun ins Bad ging und sich wusch, kam der Râkschasa-König und entführte ihn in die Felshöhlen. Als zu der Zeit Sutasoma sich sehr betrübt zeigte und weinte, sprach Kangta zu ihm: »Du sollst vor andern unendlich ausgezeichnet und ihr Bester sein; da nun ein großer Mann durch nichts in Furcht gesetzt wird, warum bist du betrübt und gebärdest dich wie ein kleines Kind?« Hierauf antwortete Sutasoma dem Râkschasa: »Es ist nicht aus Liebe zu meinem Körper, auch nicht aus Furcht vor dem Râkschasa, daß ich betrübt bin; ich habe aber von Anfang an niemals eine Lüge gesprochen, und nun geschah es, daß auf meinem Wege zum Bade ein Gaben sammelnder Brahmane mir begegnete, welchem ich versprach, nach dem Bade und nach meiner Rückkehr Gaben zu spenden. Während ich nun ins Bad ging, hast du, o König, mich hierher entführt, so daß nun der Gedanke, gelogen zu haben, mich betrübt macht, keineswegs aber die Liebe zu meinem Körper und Leben. Habe daher die Barmherzigkeit, o König, mich auf eine Woche nach Hause zu entlassen! Ich werde dann, nachdem ich jenem Brahmanen Gaben gespendet habe, mich wieder hier zum Sterben einfinden.« Der Râkschasa erwiderte: »Wenn ich dich nun entließe, würdest du auch wiederkehren?« Sutasoma sprach: »Wenn ich nicht zurückkommen sollte, so hast du ja die Macht, mich zu holen.« Hierauf entließ der Râkschasa den Sutasoma, welcher, da er bei seiner Zurückkunft nach Hause jenen Brahmanen noch vorfand, überaus vergnügt war und demselben Gaben spendete. Der Brahmane aber, welcher wohl wußte, daß Sutasoma nach nicht langem Aufenthalte zurückgehen würde, um sein Leben zu verlieren, und daß die Anhänglichkeit an die Heimat ihn dann mißvergnügt machen würde, sprach zu ihm in folgenden Sprüchen: »Wenn der Kalpa sein Ende erreicht hat, wenn der Himmel und die Wasserströme sich lodernd entzünden, der Berg Sumeru, das Meer und alles übrige sich in Asche und Staub verwandeln, – wenn die Götter, die Schlangengeister und Asura, – wenn alles zugrunde geht und verschwindet, – wenn Himmel und Erde zunichte werden; wie könnte da die königliche Herrschaft fortdauern? Das Ende des Kreislaufes, des Geborenwerdens, Alterns, Erkrankens und Sterbens hat keine Abgrenzung. Werden Hoffnungen und Wünsche nicht erfüllt, so wird man von Wirkungen der Leidenschaft gepeinigt. Aus der Begehrlichkeit entstehen bei weitem die größten Übel, nicht kommt die Sünde von anderm. Wenn die drei Welten des Elends voll sind, kann da von Stetigkeit des Landes und dessen Regierung die Rede sein? Das Daseiende ist von jeher verschwunden: es wird aus Ursache und Folgen bereitet. Gibt es Ausdehnung, so gibt es auch Abnahme, und die Wahrheit wird in der Wirklichkeit zur Lüge. Gleichwie der gemeine Haufe, welcher beständig in allen Wechseln der Täuschung befangen ist, gleichwie die drei Regionen leer und nichtig sind, dem gleich ist auch das Land und dessen Verwaltung. Die volle Erkenntnis ist unkörperlich; bei den in den vier giftigen Schlangen Wohnenden, aus der Unwissenheit Erzeugten, wird alles als dauerndes Heil angenommen; da aber das Körperliche kein dauerndes Sein hat, da auch das Gemüt keine beständige Behausung hat, da endlich auch Körper und Gemüt sich trennen: welche Erwähnung verdient da die Trennung von Land und Regierung!«

Als zu der Zeit Sutasoma diese Sprüche hörte und deren Sinn in seinem Gemüt erwog, freute er sich sehr, setzte seinen Nachfolger als König ein, ermahnte die Beamten zum Gehorsam und schickte sich, seiner Verbindlichkeit gemäß, an, den Rückweg anzutreten. Da sprachen alle Beamten zu ihm: »Habe keine Furcht vor dem Könige Kangta; unsere Meinung ist, daß, wenn zum Schutze der königlichen Person ein Gebäude von Eisen aufgeführt würde und der König darin seinen Sitz nähme, Kangta, so stark und mächtig er auch sein mag, nichts vermögen wird.« Hierauf erwiderte der König den Beamten und dem Volke: »Es ist nötig, daß, was als Mensch geboren ist, nicht zu lügen sich zur Pflicht mache. Wenn ich gleich durch Lügen mein Leben rettete, so würde mich dies nicht froh machen, daher ich es vorziehe, meiner ursprünglichen Verpflichtung gemäß, in den Tod zu gehen. Ich verlange nicht, durch Lügen mein Leben zu fristen.« Als er ihnen solchergestalt von allen Seiten die Trefflichkeit der Lügenscheu sowie die vielen Übel des Lügens vorgestellt hatte, fühlten die Beamten sich vor Trauer wie erstickt und konnten kein Wort hervorbringen. Alle gaben dem Könige das Geleit, alle schluchzten und jammerten und beim Scheiden wurden sie ohnmächtig.

Während Sutasoma seinen Weg antrat und wanderte, dachte der Râkschasa Kangta: »Die Zeit ist da, daß Sutasoma herkommen sollte.« Als er sich nun auf den Gipfel eines Berges erhob und umherschaute, sah er den Sutasoma von weitem auf dem Wege herkommen, um sein Leben wegzuwerfen. Als er sodann sich ihm näherte, bemerkte der König der Râkschasas, daß des Sutasoma Gesicht unendlich vergnügter aussah als vordem und sprach zu ihm: »Ich freue mich zwar, daß du, dein Leben nicht achtend, zu mir gekommen bist; hast du aber, weil ich es einstellte, dir Übel zuzufügen, gar keine Sorge mehr für dein Leben? Was hast du nach der Ankunft in deinem Land Ersprießliches gefunden, das dich so froh macht?« Auf diese Frage antwortete Sutasoma: »Großer König! Durch deine mir erwiesene unermeßliche Güte, daß du mein Leben eine Zeitlang fristetest, bin ich meinem früher gegebenen Versprechen nicht untreu geworden: ich habe große Gaben gespendet, habe hehre Religionslehren gehört und sie mir ins Gedächtnis geprägt und nun, nach der Erfüllung meines Wunsches, ist es mir erfreulicher, mein Leben herzugeben als am Leben zu bleiben.« Der König Kangta erwiderte: »Was für Religionslehren hast du gehört? Teile sie mir doch mit!« Hierauf teilte Sutasoma ihm die gehörten Sprüche mit und schilderte ihm außerdem noch besonders die große Sünde der Tötung des Lebens sowie die unausbleiblichen Vergeltungsfolgen der verbrecherischen Handlungen, alles ausführlich und in geschickter, eindringlicher Weise; und als er ihm ferner auch die hohen Verdienste der Nichttötung und der Tugenden sowie eines sanften, milden Gemütes vorhielt, ward der

Râkschasa Kangta überaus vergnügt, verbeugte sich mit dem Scheitel vor Sutasoma, enthielt sich von da an, der erhaltenen Lehre gemäß, aller Tötung des Lebens und führte die in den Felshöhlen gefangenen Prinzen zurück nach ihren verschiedenen Wohnorten. Hierauf sammelte Sutasoma ein Kriegsheer, empfing den König Kangta und setzte ihn wieder als König ein. Auch aß dieser, da die mit dem Fluche jenes Rischi belegten zwölf Jahre erfüllt waren, von da an kein Menschenfleisch mehr und führte in vorheriger Weise eine gute Regierung.

Großer König! Der Sutasoma jener Zeitperiode, derselbe bin ich nun selbst und der König Kangta ist nun Sorprengtschan. Die in jener Zeit während zwölf Jahren von Kangta gefressenen Menschen sind die jetzigen von Sorprengtschan getöteten Menschen. Diese Menschen wurden, wo und wann sie auch geboren werden mochten, stets von Sorprengtschan getötet; ich aber habe ihn in allen Geburten der Tugend zugeführt. Wenn ich der Vergangenheit gedenke, wie ich während der früheren Generationsperioden von der Tötung zurückführen konnte, um wieviel mehr kann ich nun, nachdem ich offenbarlich Buddha geworden bin und die Fülle der Vollkommenheit vereinige, die Sünden völlig tilgen und sie, die Menschen, bekehren.«

Ferner sprach der König zum Siegreich-Vollendeten: »Was hatten diese Menschen früher getan, daß sie in allen Wiedergeburten beständig von Sorprengtschan getötet wurden?« Der Siegreich-Vollendete antwortete dem Könige folgendes: »Großer König, höre aufmerksam zu! Ich werde es dir zeigen:

In früher Vergangenheit im Jenseits von unzähligen Kalpas lebte hier auf Dschambudwîpa im Lande Wâṛanasî ein König mit Namen Baladara. Dieser König hatte zwei Söhne, schön von Körpergestalt, reizend von Aussehen und begabt mit Klugheit und Geschicklichkeit. Da dachte der jüngere dieser Prinzen: »Wenn unser Vater das Leben wechselt, so wird mein Bruder König werden, und weil ich der jüngere bin, werde ich die königliche Würde nie erhalten. Da ich nun, obgleich als Mann geboren, die königliche Würde nicht erlangen kann, so schickt es sich für mich auch nicht, als gemeiner Untertan zu leben. Ich will daher in die Einsamkeit gehen und den Wandel der Rischi beobachten.« Diesen Entschluß fassend ging er in die Nähe des Königs und sprach zu seinem Vater, dem Könige, folgendes: »Ich wünsche in der Einsamkeit den Wandel der Rischis zu befolgen; wenn ich dir lieb bin, so suche nicht, mich von diesem Gedanken abzubringen.« Nachdem er also wiederholt gebeten hatte, bewilligte es der König ihm endlich, und er ging in die Einsamkeit. Nach Verlauf vieler Jahre starb der königliche Vater und dessen ältester Sohn bestieg als König den Thron. Nicht lange nachdem der ältere Sohn den Thron eingenommen hatte, wurde er von einer Krankheit befallen, an welcher er starb, so daß kein Erhalter des königlichen Geschlechtes da war. Als nun die Reichsbeamten sich versammelten, um zu beratschlagen, was zu tun sei, sprach einer derselben folgendes: »Ein jüngerer Sohn des großen Königs befindet sich gegenwärtig, infolge einer vom König genehmigten Bitte, als Rischi im Gebirge; dieser müßte hergebracht und als König eingesetzt werden.« Nachdem sie diesen Entschluß gefaßt, begaben sie sich ins Gebirge, um den Prinzen aufzusuchen. Nachdem sie den Prinzen angetroffen hatten, sprachen sie zu ihm: »Da wir keinen König haben, so ist es uns genehm erschienen und wir sind hergewandert, dich zum König zu machen.« Auf diese Anrede entgegnete der Rischi: »Diese Worte sind für mich schrecklich: ich bin hier in der Einsamkeit sehr glücklich und habe durchaus keinen Kummer. Da die Weltlichen ungezähmt sind, werden sie ihren König töten. Ich vermag es nicht, König zu werden.« Die Beamten sprachen: »Da die königliche Geschlechtslinie unterbrochen, kein Geschlechtshalter da ist und du allein zum Königsstamme gehörst, da ferner die Landesbewohner ohne Schutzoberhaupt sind, so geruhe, aus Mitleid für die vielen lebenden Wesen, den Thron zu empfangen und zu besteigen!« Der Rischi, welcher nicht länger dem Antrage widerstehen konnte, kehrte hierauf, der Bitte der Beamten gemäß, in sein Land zurück und trat die Regierung an. Weil der Rischi von klein auf sich nie mit Geschlechtslust befleckt hatte und nun, nach der Sitte seines Standes eine Gemahlin nehmend, mit Weibern in Berührung kam, wurde der Geschlechtstrieb bei ihm übermäßig geweckt, so daß er, bei Tag und Nacht ihn befriedigend und keine Mäßigung beobachtend, folgenden Befehl gab: »Ich will, daß die Bewohner meines Landes ihre sämtlichen Töchter, ehe sie sie verehelichen, erst zu mir schicken; nachher mögen sie selbige in die Ehe geben.« Überdies mißbrauchte er auch jede schöne Frau im Lande, die ihm gefiel. Zu der Zeit geschah es, daß ein Weib vor einer großen Versammlung Menschen unbekleidet erschien und sein Wasser ließ. Als alles Volk lachte und spottend ausrief: »Seht, was diese Schamlose da macht!«, entgegnete das Weib: »Warum sollten Weiber sich vor Weibern schämen? Fühlt ihr doch keine Schande dabei, wenn einer von euch im Beisein der andern sein Wasser läßt, warum sollte ich mich schämen, wenn ich, als Weib, unter Weiberähnlichen das nämliche tue?« Der Volkshaufe sprach: »Was bedeuten diese deine Worte?« Hierauf entgegnete das Weib: »In der Tat ist in diesem Lande der König allein ein Mann, und die andern Menschen sind sämtlich Weiber. Wenn unter euch allen ein Mann wäre, würden ähnliche unschickliche Handlungen vom Könige nicht verübt werden.« Die Menge, hierüber beschämt und verwirrt, sprach: »Was die Frau spricht, ist die Wahrheit: diesen unsittlichen König wollen wir aus dem Wege räumen.« Nachdem sie solches beschlossen hatten, verschworen sie sich einstimmig, den König zu der Zeit, da er sich in seinen Lusthain begeben würde, umzubringen. Hierauf versteckten sie bewaffnete Mannschaft im Parke, die, nachdem der König ins Badebassin gegangen war, ihn von allen Seiten umringte, um ihn zu töten. Der erschrockene König rief: »Leute, was habt ihr vor!«, worauf die Beamten ihm antworteten: »Da du, o König, nicht nach Gesetz und Sitte gehandelt hast, da du in Wollust berauscht bist, da auch alle Bewohner des Landes in gerechtem Überdruß mit den Worten: Wir ertragen es nicht länger! sich gegen dich verschworen haben, so wollen wir dich aus dem Wege schaffen und gedenken, einen klugen und vernünftigen König aufzusuchen.« Als der König diese Worte hörte, geriet er in große Furcht und sprach zu den Beamten: »Es ist wahr, daß ich früher solches Unrecht getan habe, wenn ich es aber in Zukunft unterlasse, so könntet ihr mir wohl vergeben.« Hierauf erwiderten die Beamten: »Und wenn gleich vom Himmel schwarzer Schnee fiele oder an deinem Haupte sich eine schwarze Schlange erzeugte, so lassen wir dich doch nicht frei: – sprich nicht weiter!« Als der König diese Worte hörte, dachte er: »Jetzt werden sie mich unzweifelhaft umbringen«; – und sprach dann im Zorn zu den Beamten: »Während ich mich früher im Gebirge aufhielt und keinen Gefallen am Weltlichen hatte, habt ihr mich mit Gewalt zum König eingesetzt und nun wollt ihr mich töten! Möchte ich doch, woselbst ich auch wiedergeboren werden mag, mit euch zusammentreffen, und euch gleichfalls töten.« Allein ungeachtet der König dieses Gelübde ablegte, entließen sie ihn nicht, sondern töteten ihn.

»Großer König! Der königliche Rischi der damaligen Zeit

ist gegenwärtig Sorprengtschan; die andern Menschen, welche zu der Zeit sich verschworen, den König zu töten, sind gegenwärtig diese von Sorprengtschan Getöteten; sie wurden beständig in allen Wiedergeburten von Sorprengtschan umgebracht.«

Der König beugte sein Knie zur Erde und sprach zum Siegreich-Vollendeten: »Hat der Gelong Sorprengtschan, der so viele Menschen getötet hat, nun, nachdem er die Frucht erlangt, noch die strafende Vergeltung seiner Taten zu gewärtigen?« Der Siegreich-Vollendete sprach: »Großer König! Nach Verrichtung sündlicher Handlungen muß man die strafende Vergeltung unfehlbar erleiden. Diesem Gelong lodert jetzt im Innern seiner Wohnung das Feuer der Hölle aus allen seinen Schweißlöchern und er leidet unerträgliche Qualen.« Sodann befahl der Siegreich-Vollendete, um seiner zahlreichen Umgebung die durch sündliche Handlungen bewirkte sichere Strafvergeltung der Sünde zur Prüfung zu überlassen, einem Gelong folgendes: »Gelong, gehe, den Schlüssel mitnehmend, und stecke denselben in das Schlüsselloch der Türe des Sorprengtschan!« Diesem Befehle gemäß nahm der Gelong den Schlüssel, aber kaum hatte er denselben in das Schlüsselloch gesteckt, als er augenblicklich zerschmolz. Nachdem der Gelong voll Furcht und Schrecken zurückgekehrt war und, vor die Augen des Siegreich-Vollendeten gekommen, die Sache berichtet hatte, sprach der Siegreich-Vollendete zu diesem Gelong folgendes: »Dies ist die strafende Vergeltung für sündliche Handlungen!« – Der König und sein Gefolge wurden dadurch gläubig.

Darnach sprach Ânanda zum Siegreich-Vollendeten folgendes: »Was hat der Gelong Sorprengtschan früher Gutes verrichtet, daß er eine so außerordentliche und dem größten Kämpfer gleiche Stärke, dabei große Geschicklichkeit und

Gewandtheit nebst der Schnelligkeit eines Vogels erlangt hat? Welches Gute hat er verrichtet, daß er mit dem Siegreich-Vollendeten zusammengetroffen und nun von dem Geburtswechsel befreit ist? Der Siegreich-Vollendete geruhe, aus Barmherzigkeit und Güte gegen die vielen seiner Umgebung dies zu zeigen!« Hierauf sprach der Siegreich-Vollendete: »Höre aufmerksam zu!

Vor früher, längst vergangener Zeit, während der Periode des Buddha Odsrung, geschah es, daß ein Gelong, welcher die ökonomischen Geschäfte besorgte, während er mit einer Tracht Getreide beladen wanderte, unterwegs vom Regen überfallen wurde, so daß, da kein Ort zum Entfliehen, kein Obdach da war, das Getreide sowohl als der dasselbe in sich schließende Behälter durchnäßt wurden. Obgleich jener Gelong zu der Zeit schnell zu gehen wünschte, so war sein Gang, weil er von Wasser durchzogen war, doch nur langsam statt schnell, daher er folgendes Wunschgelübde aussprach: Möchte doch in zukünftiger Zeit meine Stärke derjenigen von tausend Mann gleich werden und mein Körper eine derjenigen der fliegenden Vögel ähnliche Schnelligkeit erhalten! Möchte ich doch mit dem in zukünftiger Zeit in der Welt erscheinenden Buddha Shâkjatubpa zusammentreffen und dann von dem Geburtswechsel befreit werden! Ânanda, denke nicht, daß dies ein anderer sei! Der Gelong, welcher damals die ökonomischen Geschäfte besorgte, ist der jetzige Gelong Sorprengtschan. Weil er damals Geistlicher wurde, die Pflichtgebote hielt und die Geschäfte der Geistlichkeit besorgte, so ist er seinem Wunschgelübde gemäß, von woher und wohin er auch wiedergeboren wurde, schön von Körpergestalt und mit außerordentlicher Stärke sowie mit großen Fähigkeiten begabt gewesen; und er ist durch sein Wunschgelübde mit mir zusammengetroffen, nun von dem Geburtswechsel befreit.«

Als zu der Zeit Ânanda die Gelonge und das große Gefolge des Königs Buddha's Lehre von der unausbleiblichen Vergeltung hörten, wurde bei allen Fleiß und Eifer geweckt, und indem sie die vier Wahrheiten im Gemüte behielten, wurden einige in die Fortdauer Eingegangene, einmal Wiederkehrende, Nichtwiederkehrende und Feindbesieger (Arhat). Einige erzeugten die Tugendwurzel der Pratjekabuddhas und andere, Gedanken der allerhöchsten Vollkommenheit erzeugt habend, wurden Bewohner des Ortes, von wo keine Rückkehr. Indem alle in Beziehung auf den Körper, die Rede und die Gedanken der Tugend nachstrebten, befolgten sie gläubig und sich offenbarlich freuend die Lehren des Siegreich-Vollendeten.

NACHWORT*

Die hier vorgelegten tibetischen Märchen gliedern sich in zwei Gruppen: die in Tibet selbst entstandenen (Nr. 1–21) und die, welche aus indischen Sprachen übersetzt wurden und sich im Kanon der buddhistischen Schriften finden. Die letztgenannten gehören also eigentlich der indischen Literatur an, sind aber in ihrer originalen Fassung verlorengegangen, so daß eine Auswahl der interessantesten Stücke hier füglich ihren Platz finden darf.

Unsere Auswahl von genuin tibetischen Stücken beginnt mit einigen mythischen Erzählungen (Nr. 1–4), ähnlich wie auch der Band der »Indischen Märchen« verfährt. Die vier Erzählungen wurzeln alle in der Geisteswelt der vorbuddhistischen Zeit, in den Vorstellungen der alten Urreligion der Tibeter, der Bon-Religion. Die alte Bon-Religion steht morphologisch der Religion der alten Türkenvölker und Mongolen nahe, sie ist wie diese durch Animismus, Schamanismus sowie Tier- und Menschenopfer determiniert. »Die alttibetische Kosmogonie« (1) ist einem heiligen Text der Bon-Religon entnommen und bringt eine mythische Erzählung von der Entstehung der Welt, verbunden mit Genealogien, welche ätiologisch die Besiedlung der Welt mit Menschen aus der Herabkunft eines Göttersohnes vom Himmel herleiten, ein auch bei den ostasiatischen Völkern weitverbreitetes Motiv. Die Erzählung

* Die Tatsachen der tibetischen Geschichte und Religionsgeschichte müssen hier vorausgesetzt werden. Ich darf dafür auf des Verfassers »Geschichte Tibets«, »Die Religionen Tibets« und »Quellen zur Geschichte der tibetischen Bon-Religion« verweisen. Siehe Bibliographie.

stellt sich zu dem bereits von W. Wundt charakterisierten Typus des mythischen Märchens, das Genealogien mit kosmogonischen Mythen verbindet (Wundt, S. 350ff.). Nun zeigt die Kosmogonie allerdings einige unverkennbar buddhistische Züge, wie die Erwähnung eines goldenen Stûpa als wunderbares Körpermerkmal, das der Gott rTing-khri-tschhen bar-lha auf dem Scheitel trug. Dies erklärt sich aus der Tatsache, daß die tibetischen Bon-po erst seit dem 8. Jahrhundert nach buddhistischem Vorbild begonnen haben, sich eine schriftlich fixierte heilige Literatur zu schaffen, so daß einzelne buddhistische Vorstellungen sich einschleichen konnten. Aber der Duktus des ganzen Stückes ist echt bon-tibetisch und unterscheidet sich im literarischen Typus in nichts von den originalen Dokumenten der ältesten Zeit, die in Chinesisch-Turkestan ausgegraben wurden. Erwähnenswert scheint die am Anfang der Erzählung gebrachte Licht- und Finsternis-Mythologie, ein Element, das wie manches andere in der Bon-Religion sich aus iranischen Einflüssen herleitet. Die Vorstellung von den kosmischen Eiern könnte dem vorhandenen Material nach sowohl indischer wie westlicher Herkunft sein, dürfte aber doch wohl letztlich urtibetischen mythischen Konzeptionen entstammen. Bezeichnend für den Stil dieser alttibetischen Erzählungen ist die Begegnung des herabsteigenden Göttersohnes mit der webenden (Dämonen-)Frau, die den Fremdling vor einem hinzukommenden bösen Dämon (Srin) beschützt und das mit Hilfe eines von ihr magisch geschaffenen Affen bewerkstelligt, dessen sich der Dämon bemächtigt. Diese Erzählung will die Verwendung des Affen als Ablösung für ein ursprüngliches Menschenopfer begründen. Daß Affen neben anderen Tieren von den vorbuddhistischen Tibetern geopfert wurden, wissen wir aus den chinesischen Annalenwerken. Am Ende der Genealogie wird erzählt, wie aus den Ehen der Götter die Völker der Chinesen (rGya), Türken (Hor), Tibeter (Bod), die Leute von Yün-nan ('Dschang) und von Khotan (Li) hervorgingen.

Der gleichen Schicht mythischer Erzählungen entstammt Nr. 3. Der König Gri-gum btsan-po wird von seinem Rivalen Long-ngam magisch getötet, indem dieser durch spezielle Vorkehrungen die Götter, welche die kreatürliche Seele symbolisieren, Pho-lha und dGra-lha, zum Entweichen zwingt. Überdies wird das Seil, das den Sohn des Himmels noch mit seinem Ursprung verband, zerschnitten und ihm damit, im Gegensatz zu seinen Vorgängern, die Rückkehr in den Himmel unmöglich gemacht. Die neunstufige Leiter oder das Seil und die Götter der kreatürlichen Seele deuten auf alte animistische und schamanistische Vorstellungen, die für die urtümliche Bon-Religion essentiell sind. Gerettet wird die Dynastie dadurch, daß die Witwe des Königs nach der Flucht ihrer drei Söhne von dem Berggott Yar-lha sham-po beschlafen wird, aus welcher Verbindung ein Sohn Ru-la-skyes hervorging, dem es vorbehalten blieb, das legitime Königsgeschlecht wieder in seine Rechte einzusetzen. Also auch der für die Bon-Religion so typische Kult der Berggötter hat in der Erzählung einen bezeichnenden Niederschlag gefunden. Märchenhafte Züge wie das Auftreten der Hündin des Königs, welche der menschlichen Sprache mächtig ist, sind für diese Erzählungsgattung nicht minder typisch.

Nr. 4 bringt uns den ältesten Typus der tibetischen Tiergeschichte, der ebenfalls ausgesprochen mythischen Charakter trägt. Trotz aller Umständlichkeit der Erzähltechnik und ihrer Neigung zu Wiederholungen, welche dieser Art von Erzählungen eigentümlich ist, kann man dieser Geschichte von der Feindschaft von Pferd und Yak (Bos grunniens) eine echt mythische Größe nicht absprechen. Die Geschichte tut ebenfalls mit den Stilmitteln des Mythos dar, wie es zur Trennung von Wildpferd und domestiziertem Pferd kam. Jedenfalls wird durch dies Stück, das einer Originalhandschrift des 8. oder 9. Jahrhunderts entstammt, eindeutig klar, daß es nicht angeht, alle tibetischen Tiergeschichten und Tierfabeln auf indische Vorbilder zurückzuführen. Der indische Typus hat gewiß später großen Einfluß ausgeübt, aber die tibetische Tiergeschichte als solche hat, wie wir sahen, auch eine autochthone Wurzel.

Auch die Geschichte vom Affen und der Felsdämonin (2) gehört in den Zusammenhang der mythischen Erzählungen, nur daß sie in der gegenwärtigen Gestalt ein verändertes und buddhistisches Gesicht zeigt. In der vorliegenden Fassung und nicht wenigen parallelen wird die Abstammung der Tibeter auf den als Affen inkarnierten großen Erbarmer, den Bodhisattva Avalokiteshvara, als Repräsentanten der buddhistischen Religion, und auf eine einheimische Felsdämonin als Verkörperung der tibetischen Natur zurückgeführt. Die Identifizierung des Affen mit Avalokiteshvara ist aber deutlich sekundär. In einer ursprünglicheren Fassung muß der Affe das Totemtier der Tibeter gewesen sein, welches mit der numinosen Verkörperung der zentraltibetischen Landschaft, der Felsdämonin, das Volk zeugte. Neben dem Affentotem ist für die Tibeter auch ein Hundetotem belegt. Die Tibeter sind eben ethnisch nicht einheitlich: während ein Stamm, wahrscheinlich eine staatsbildende nomadische Oberschicht, den Hund als Totemtier hatte, spielte bei den unterworfenen K'iang-Völkern Osttibets der Affe diese Rolle. Aus diesen wie aus anderen Gründen müssen wir annehmen, daß die unteren Schichten der Tibeter aus den waldreichen Gegenden der großen Flußtäler von Huang-ho, Salwin und Mekong nach dem höheren und trockeneren Zentraltibet gekommen sind.

Als Proben epischer Erzählungen aus dem Zyklus des Nationalhelden Ke-sar (auch Ge-sar) bringt diese Auswahl zwei in sich geschlossene Episoden (Nr. 5 und 6). Das Epos von Ge-sar ist über ganz Tibet und darüber hinaus in zahlreichen literarischen und mündlichen Rezensionen verbreitet. Trotz einer bedeutenden und auf umfangreichem Material basierenden Studie über die Geschichte dieses Epos von R. A. Stein kann man die Geschichte der epischen Erzählungen von Gesar nicht als geklärt und eindeutig bezeichnen. Die hier gebrachten Proben gehören zu einer mündlichen Fassung aus Westtibet, die gewählt wurde, weil in ihnen bekannte Motive der Märchenliteratur anklingen: in »Kesars Jugend« (5) das Motiv vom Helden, der als »häßliches junges Entlein« bereits in zartem Alter vielen bösen Nachstellungen seiner Umwelt siegreich widersteht (vgl. im griechischen Bereich z. B. Theseus und Herakles), in »Kesar und der Nordriese« (6) eine tibetische Ausformung der weitverbreiteten Polyphem-Geschichte, bei der nach Wundt (S. 451 ff.) keine der Versionen alle Teilmotive bringt. So fehlt hier das Motiv des Stirnauges, wohingegen sich das Motiv des menschenfressenden Riesen findet, vor dem der listige Held von der unfreiwilligen und daher treulosen Frau des Riesen in einem Versteck unter der Erde verborgen wird, ferner der Zug, daß der Held des Riesen neun (heilige alttibetische Zahl!) Leben durch Abschneiden der Nase, der beiden Eckzähne, beider Hände, beider Augen, der Zunge und Kehle zur Strecke bringt. Die allmähliche Tötung des Bösewichts hat eine Parallele in einem mündlich überlieferten arabischen Märchen (Littmann, S. 22 ff.). Mit den besprochenen mythischen Erzählungen verbindet die Ke-sar-Geschichte ihr primär unbuddhistischer Charakter.

Von den originaltibetischen Märchen aus dem buddhistischen Kreis darf die legendäre Geschichte vom Stûpa der Gänsehirtin (8) ein besonderes Interesse beanspruchen, da hier die buddhistischen Vorstellungen frei weitergebildet erscheinen. Der hier gemeinte Stûpa (buddhistisches Grabmonument, errichtet über Reliquien eines Buddha oder Heiligen) ist jenes riesige Bauwerk in Nepal, Bodh Nâth genannt, das seit altersher eine Domäne der pilgernden Tibeter war, und dem ich im Zusammenhang mit anderen buddhistischen Monumenten eine umfangreiche, mehr technisch gehaltene Studie zu widmen gedenke. Die Geschichte ist ungeachtet der Tatsache, daß sie sich an ein Bauwerk in Nepal knüpft, zweifellos von tibetischer Inspiration, da die mit Bodh Nâth verbundenen nepalesischen Traditionen ganz anders gelagert sind und die Entstehung des Bauwerks mit einer Sühnehandlung des nepalesischen Königs Mânadeva (5. Jahrhundert) für einen Mord in Verbindung bringen. Gemeinsam haben beide Darstellungen nur, daß der Bau des Stûpa als Sühne für eine Sünde deklariert wird, im Falle der Gänsehirtin für den Diebstahl himmlischer Blumen in einer göttlichen Präexistenz. Die von uns reproduzierte Erzählung stellt das erste Kapitel eines sogenannten dKar-tschhag dar, eines Inventars der heiligen Gegenstände und Traditionen, die mit einem religiösen Bezirk verbunden sind. Den Tibetern erscheint wichtig vor allem die wiedergeburtliche Verbindung der märchenhaften Personen der Erzählung mit historischen Persönlichkeiten im Tibet des 8. und 9. Jahrhunderts, die hier nicht interessiert. Märchenhafte Motive sind die Tatsache der Erbauung eines Riesenmonuments durch eine arme, verachtete Frau, die damit die Bauwerke des Königs und der Notabeln aussticht, sowie die volksetymologische Deutung des alten lokalen Namens des Stûpas »Bya-rung kha-shor«.

Ebenfalls dem buddhistischen Kreis gehört die »Höllenfahrt der Ling-sa Schos-kyid« (7) an, eine Erzählung, die sich als tibetisches Pendant zu den Unterweltsfahrten der Weltliteratur wie Aeneïs Buch 6, Dantes Divina Commedia und der Geschichte des Bulukia aus »Tausend und einer Nacht« stellt. Die Tibeterin der Geschichte kommt nicht in die Unterwelt, um schon dort zu bleiben, sondern um zur Besserung ihres ethischen Verhaltens aus den Vorgängen der Hölle und ihren Schrecken zu lernen, um dann vom Totengott Yama wieder in die Menschenwelt zurückgeschickt zu werden. Sie sieht, daß Lügen vor dem Totenrichter und seinen tierköpfigen Gehilfen nicht verfangen, denn der Spiegel offenbart die Wahrheit und durch Auswiegen der symbolischen schwarzen und weißen Steinchen wird eine unfehlbare Einschätzung der Taten eines Menschenlebens gewährleistet. Die Schilderung von Totengericht und Strafen deckt sich mit jener des »Tibetischen Totenbuchs« (Bardo Thödol), welches seinerseits Vorstellungen bekundet, die über allerlei Zwischenstationen auf die ägyptischen Vorstellungen im »Totenbuch« zurückgehen: hier wie dort finden wir das Gericht mit dem Abwiegen der weißen und schwarzen Taten; die Gehilfen des Totenrichters, unter ihnen der Schreiber (dem ägyptischen Thot entsprechend), sind tierköpfig. Interessant sind manche sozialen Details, wie der Arzt, der dem Patienten absichtlich schädliche Medizin gibt, der Tierschinder und Plünderer von Pilgern.

Die originaltibetische Tiergeschichte ist vertreten durch die Stücke 9 und 13 bis 18. »Die Geschichte des Glücksschafes« (9), von M. Hermanns in Nordosttibet nach mündlicher Tradition aufgezeichnet, stellt sich in Stilistik und Inspiration unmittelbar neben die »Geschichte vom Pferd und Yak« (4), welche im 8. oder 9. Jahrhundert im gleichen Gebiet literarisch festgehalten wurde. Die typische umständliche Diktion mit den stereotypen Fragen (»Wer weiß es?«) finden wir hier wie dort. In Westtibet gesammelte mündlich überlieferte Tiermärchen bieten die Nummern 13, 17, 18. Besonderes Interesse dürfen die »Ameisengeschichten« (18) beanspruchen, da ihre Tradition seit vielen Jahrhunderten in der Landschaft des westlichen Himalaya und Karakorum beheimatet ist. Schon Herodot (III, 102) weiß bei seiner Behandlung fremder Länder von den goldgrabenden Ameisen dieser Gegend zu erzählen. Die tibetische Ausprägung eines Stoffes der Weltliteratur liegt in dem Komplex der Fuchsgeschichten (17) vor, in denen der Fuchs wie bei Äsop, im deutschen Volksbuch vom »Reineke Fuchs« und in Goethes Epos als Urbild der Schläue den Wolf, Bär und Löwen hereinlegt. Daß die vorliegende Fassung nicht aus Indien übernommen wurde, erhellt schon aus der Tatsache, daß der Held ein Fuchs und nicht wie in der indischen Fabelliteratur ein Schakal ist. Nicht minder weitverbreitet ist in vielfältigen Abwandlungen das Märchen von den »dankbaren Tieren« (13), das hier in einer mündlichen Version aus Westtibet vorgelegt wird, die zu einer tibetischen mündlichen Version der bekannten indischen Erzählungssammlung »25 Erzählungen eines Leichendämons« (Vetâlapancavimshatikâ) gehört. Diese Tiergeschichte wie auch die anderen tibetischen Bearbeitungen aus dem gleichen Erzählungswerk (10–12) gehen zwar auf indische Erzählungen zurück, sind aber in Westtibet verändert und weiterentwickelt worden. Und zwar wurden teils Geschichten aus der Vetâla-Sammlung stark gewandelt und dem tibetischen Milieu angepaßt, teils Erzählungen anderer Provenienz in den Vetâla-Rahmen eingefügt wie unsere Version der »dankbaren Tiere«.

Die drei Tiergeschichten 14–16 entstammen ebenfalls der mündlichen tibetischen Überlieferung und wurden von Captain O'Connor gesammelt. Schon die zoologische Spezies der vorkommenden Tiere (Schakal, Tiger, Elefant, Bisamwild oder Moschustier) allerdings legt es nahe, daß diese tibetischen Tiermärchen Bearbeitungen indischer Erzählungen sind. Die Geschichte der Überlistung des Tigers durch eine Schakalfamilie (14) hat denn auch eine Parallele im Pantschâkhyâna-Vârttika, das auf Altgudscharâtî abgefaßt ist, nur daß hier der Tiger durch einen Löwen ersetzt ist. »Der Tiger und der Mensch« (15) gehört in den Kreis der Erzählungen, die dartun sollen, daß der Mensch viel geriebener und ruchloser ist als das blutdürstigste Raubtier. Das muß auch der Tiger dieser Erzählung erfahren, der von einem Holzfäller überlistet und in dessen Haus eingesperrt wird. Als Fortsetzung dieser Erzählung müssen wir die »Geschichte von der Redlichkeit« (16) betrachten, in welcher ein Bisamwild für die Befreiung dieses Tigers wirkt, während der unredliche Tiger nach seiner Befreiung das Bisamtier fressen will. Dies wird nur verhindert durch einen klugen Hasen, der den Streitfall von Tiger und Bisamtier schlichten soll und den Tiger wieder in das Menschenhaus lockt, dort einschließt und dem Hungertode preisgibt.

Den mündlich überlieferten tibetischen Versionen der Vetâla-pancavimshatikâ gehören außer der oben besprochenen Geschichte von den dankbaren Tieren (13) noch drei weitere

Stücke an (10–12). Schon der Rahmen der berühmten indischen Erzählungssammlung ist in der tibetischen Fassung vollständig verändert. Nicht zwischen dem mutigen König Trivikramasena und dem bösen Tantriker Kshântishîla entspinnt sich ein Kampf, sondern hier wird die Geschichte zweier Brüder erzählt, die sich die Fähigkeiten von sieben bösen Zauberern aneignen wollen. Der ältere, der den offiziellen Weg der Schülerschaft geht, erlangt nur die nutzlose Fähigkeit, Erde in Steine und Steine in Erde zu verwandeln, während der jüngere Bruder die Zauberer insgeheim belauscht und sich ihr ganzes Wissen aneignet. Zwischen den Zauberern und dem jüngeren Bruder entspinnt sich ein magischer Verwandlungskampf, der im Hause eines Einsiedlers mit dem Siege des jungen Mannes endet. Der Einsiedler, der fürchtet, daß die Sünden der sieben Zauberer auf ihn kommen könnten, will sie wieder zum Leben erwecken und beauftragt den jüngeren Bruder, den Leichnam des Ngo-rub-can aus »dem Land der trockenen Leichname« zu holen. Dies geschieht, und der tote Ngo-rub-can verhält sich wie der Vetâla in der indischen Rezension des Somadeva und Jambhaladatta. Er erzählt Geschichten, zu denen der König Stellung nimmt, worauf der Leichnam wieder auf den Leichenacker entschwindet. Diese Gestaltung des Rahmens stimmt mit jener der kalmükischen Fassung Siddhi Kûr überein. Die kalmükische und mongolische Version dürfte auf eine tibetische zurückgehen. Das Motiv des magischen Verwandlungskampfes mit den Zauberern ist auch sonst belegt, so in dem niederdeutschen Märchen »De Gaudeif un sien Meester« in der Sammlung der Brüder Grimm.

Das Zaubermärchen »Der Goldspeier und der Türkisenspeier« (11) trägt umweltmäßig ein wesentlich tibetisches Gepräge. Die beiden Frösche, durch deren Tötung und Verspeisung der Königssohn und der Ministersohn die Fähigkeit des Gold- und Türkisenspeiens erlangen, sind keine gewöhnlichen Frösche, sondern Geister des Sees (tib. kLu, Sanskrit Nâga), die als Hüter der Gewässer Menschenopfer beanspruchen können, eine Vorstellung, die der alttibetischen Religion (Bon) angehört. Die Gewinnung eines unsichtbar machenden Hutes (Nebelkappe) und der Siebenmeilenstiefel sind beide weitverbreitete Märchenmotive. Das Milieu der beiden Bierverkäuferinnen darf wieder als ein echt tibetisches bezeichnet werden. Die Prinzessin, die ihre beiden Gatten (wohl ein Hinweis auf die tibetische Polyandrie) mit einem Geisterjüngling betrügt, könnte schon auf entsprechende indische Motive wie in der »Frau im Kasten« (Buddhistische Märchen Nr. 28) zurückgehen. Alles in allem ist dieses Märchen ein Konglomerat der verschiedensten Zaubermotive.

Das Motiv des Menschenopfers an Wesen, die den Bewässerungssegen unterbrechen können, wiederholt sich in Nr. 12. Hier sind es allerdings überraschenderweise zwei Löwen, denen jeweils ein im Tigerjahr (nach dem Zwölf-Jahres-Zyklus der zwölf Tiere, der in Ost- und Zentralasien weit verbreitet war) geborener Mensch zum Opfer dargebracht wird. Daß dies nicht ursprünglich ist, beweist die kalmükische Fassung, wo von einem »Drachenfürsten«, d. h. also auch einem Nâga, die Rede ist. Die Zweizahl der Löwen dürfte bedingt sein durch die Tatsache, daß den als Opfer ausersehenen Prinzen seine Geliebte begleitet, die Königstochter des Landes, in welches der Prinz vor seiner Stiefmutter geflohen war. Das Motiv der Stiefmutter, die um der Bevorzugung ihres eigenen Sohnes willen den Tod des Stiefkindes bezweckt, ist weit verbreitet. Sie motiviert ihre böse Absicht mit dem Gelüst nach dem Verzehren des Herzens eines Prinzen, wobei neben dem Mordwunsch auch magische Vorstellungen eine Rolle spielen.

Die beiden aus mündlicher Überlieferung stammenden Tierfabeln Nr. 19 und 20 sind motivmäßig der indischen Literatur verpflichtet: in der »Törichten Füchsin« (19) sucht die Füchsin aus Geltungsbedürfnis ebenso vergeblich das Gehabe des Tigers zu kopieren wie in einer alten Fabel, die uns in einer buddhistischen Lehrrede überliefert wurde, der Schakal das Benehmen des Löwen. In Nr. 20 gebraucht der Frosch eine ähnliche List, um vom Raben nicht gefressen zu werden, wie sie in dem Jâtaka vom Affen und Krokodil der Affe zu dem gleichen Zwecke benutzt.

Die beiden Proben (21) aus den in Tibet mündlich weitverbreiteten Schwänken über A-khu ston-pa (»Onkel Lehrer«) bezeugen den Humor als wichtigen Zug im Volkscharakter der Tibeter. Es ist durchaus üblich, geistliche Persönlichkeiten, hier sogar eine Inkarnation des Avalokiteshvara, von der heiteren Seite zu nehmen, wie die beiden Atsaras in den klösterlichen Mysterienspielen und wie dies auch in der indischen Literatur bei den Brahmanen geschieht. Man scheut sich nicht, dem A-khu die Sünde des Fischessens zuzuschreiben sowie ihn als zahlungsunwilligen Schuldner hinzustellen.

Was nun die zweite Gruppe der hier vorgelegten Märchen betrifft, jene der aus indischen Sprachen übersetzten und im tibetisch-buddhistischen Kanon erhaltenen, so sind diese teils den Avadânas und Jâtakas (vgl. Buddhistische Märchen, Einleitung) aus dem Kanon der Ordenszucht der Schule der Mûlasarvâstivâdin (Nr. 22–36) entnommen, teils (Nr. 37 bis 38) der ebenfalls in diesem Kanon, Abteilung Sûtra, überlieferten Erzählungssammlung »Der Weise und der Tor«.

Von den hier reproduzierten Tiergeschichten sind nur zwei echt buddhistisch inspiriert, nämlich die von den Tieren, welche die fünf buddhistischen Sittengebote üben und dadurch dem ganzen Lande Gedeihen bringen (25) und die tragische Erzählung von dem Elsternpaar (22), in welcher das vertrauensvolle Männchen der Bosheit eines schlechten Mönches zum Opfer fällt und von dem klügeren, am Leben gebliebenen Weibchen beklagt wird. Diese Erzählung gestaltet die bitteren Perspektiven der Spätzeit einer Religion, die einem unaufhaltsamen Verfall anheimgegeben ist. Die übrigen dieser Tiergeschichten sind Fabeln und lehren Weltklugheit nach Art des Pantschatantra, mit dessen Fabeln sie auch stofflich verwandt sind. Als Verkörperung der Bosheit, Habgier und Verleumdung fungiert hier wie dort der Schakal, der als Schiedsrichter zwei Fischottern um ihre gefangenen Fische bringt (23), der durch böswillige Verleumdung die gemeinsam aufgewachsenen Tiere Löwe und Stier entzweit, so daß sie sich gegenseitig töten (29). Eine andere schlechte Eigenschaft des Schakals, die Habgier, richtet ihn selbst zugrunde (24). Nächst dem Schakal erscheinen als negativ bewertete Tiere der heuchlerische Kater, der die Mäuse durch eine pseudoreligiöse Attitüde täuscht, um sie desto sicherer zu fressen (26), und die rachsüchtige Krähe, welche einem heiligen Mann (Rischi), der ihre wahre Natur bei Namen zu nennen wagte, seinen ganzen Haushalt zerstört (27). Zu den hilfreichen und dankbaren Tieren, die wir schon in Nr. 13 kennengelernt haben, stellt sich die Erzählung von den Ochsen als Zeugen (28), worin die bei der Feldarbeit von einem jungen Mann gut behandelten Tiere diesem zu seinem Recht verhelfen.

Auch für die in der indischen Erzählungsliteratur so reichlich vertretenen Geschichten von der Schlechtigkeit der Weiber (vgl. Buddhistische Märchen Nr. 26–29) werden hier Beispiele gegeben (33, 34, 36). Besonders eindrucksvoll stellt sich die Erzählung von der Ehebrecherin dar, die ihren Mann in den Tod treibt, obwohl er ihr in der Not Nahrung durch sein eigenes Fleisch und Blut verschafft (33). Sie tut das, um sich einem fuß- und handlosen Krüppel hinzugeben, entgeht aber nicht ihrer Strafe. Besonders grotesk gibt sich die Erzählung 34, wo eine Kaufmannsfrau gleichzeitig fünf Liebhaber zum gleichen Ort, einem Feigenbaum, bestellt, wo diese eine ungemütliche und nutzlose Nacht verbringen, weil die Ehebrecherin von ihrem Mann zu Hause festgebunden wurde und nicht erscheinen konnte. Suçroṇî (36) verrät ihren blinden Liebhaber um eines Räubers willen, der sie seinerseits in einer bedrängten Lage verläßt und sie ihrer Preziosen beraubt, während ein alter Schakal sie schließlich rettet.

Das in der Märchenliteratur weitverbreitete Motiv von den zwei Brüdern, von denen der böse dem guten feindlich nachstellt (vgl. z. B. Grimms Märchen Nr. 7; zu manchen Zügen der Erzählung möge man auch Grimm Nr. 92 »Die beiden Wanderer« vergleichen), erscheint in unserer Auswahl als Nr. 32, wo auch der gute Bruder Kshemaṃkara (so Schiefner, besser Kalyânaṃkara) zuletzt triumphiert. Auch für das Hauptmotiv des Märchens vom »stummen Krüppel« (30) liefern Grimms Märchen eine Parallele (Nr. 45 »Die sechs Schwäne«). In unserem Märchen gibt der Königssohn vor, stumm zu sein, um nicht König werden zu müssen, da dieses Amt ihn zu vielen Sünden und daher zu einer langen Strafe in der Hölle führen würde. In den »sechs Schwänen« hat die Schwester gelobt, ihre in Schwäne verwandelten sechs Brüder durch eine sechsjährige vorgebliche Stummheit zu erlösen, die sie schließlich auf den Scheiterhaufen bringt. In beiden Erzählungen sprechen die Helden erst angesichts der Todesdrohung. »Der Zauberlehrling« (31) gehört in den Zusammenhang der Geschichten, die das Lehrer-Schüler-(Guru-Shishya-)Verhältnis behandeln. Meistens werden allerdings in der Literatur Beispiele von unbedingtem Gehorsam und Aufopferung des Schülers gegeben, während hier der Schüler den Lehrer aussticht und schließlich wegen seiner Undankbarkeit seine Zaubermacht wieder einbüßt. Sehr beliebt ist noch heute bei den Tibetern die Geschichte von dem Pechvogel Yugpatschan (37), der ohne Schuld in allerlei Unheil tappt und schließlich, als die Situation ausweglos zu werden scheint, durch die Weisheit eines Königs, der für seine salomonischen Entscheidungen berühmt ist und als Vorgeburt des Buddha gilt, gerettet wird, indem dieser erreicht, daß die Kläger freiwillig auf die Bestrafung des Pechvogels verzichten.

Besonderes Interesse darf die Erzählung von dem Wunderarzt Dshîvaka (35) beanspruchen. Dieser Dshîvaka, dem königliche Abstammung zugeschrieben wurde, ist eine historische Persönlichkeit. Er war Leibarzt des Königs Bimbisâra von Magadha und wurde der Ehre gewürdigt, auch den Buddha selbst zu behandeln. Seine Wunderkuren waren berühmt, und im Laufe der Zeit heftete sich an seine Biographie eine Menge legendärer und märchenhafter Details, so daß er in der allgemeinen Vorstellung zu einem indischen Dr. Eisenbart wurde. Seine Spezialität war das Entfernen von Würmern aus dem Gehirn.

Um eine historische Persönlichkeit ranken sich auch die legendären Erzählungen, die sich mit dem Räuber und Mörder Sorprengtschan (38) befassen. Denn der Sorprengtschan der Tibeter ist niemand anderer als der Räuber Angulimâla, den Buddha persönlich bekehrte. Er wird im buddhistischen Kanon mehrfach erwähnt und von ihm ist sogar in den Theragâthâ ein Lied überliefert. Während bei den anderen Erzählungen die Gegenwartsgeschichten fortgelassen wurden, da sie im allgemeinen belanglos sind und dem Leser der »Buddhistischen Märchen« überdies dem Typ nach nichts Neues bieten, wird die Gegenwartsgeschichte hier voll abgedruckt, da sie sowohl motivmäßig wie kulturgeschichtlich von hohem Interesse ist. Angulimâla, der eigentlich Midungwa (»der Kummerlose«) hieß, war als Jüngling Schüler eines magiegewaltigen Brahmanen. In Abwesenheit des Lehrers suchte dessen Frau ihn zu verführen, und als ihr das mißlang, verfuhr sie wie Frau Potiphar. Der erzürnte Lehrer wollte ihn verderben, indem er ihm vorgaukelte, für eine wichtige Initiation sei es notwendig, daß Midungwa in einer Woche tausend Menschen töte, jedem einen Finger (anguli) abschneide und daraus einen Kranz (mâlâ) mache. Schließlich aber brachte der Buddha den Unseligen, der selbst zum Muttermord bereit war, von seinem sündigen Tun ab und nahm ihn als Mönch auf. Seither war er ein neuer Mensch und konnte sogar eine magische Wahrheitsbetätigung (satyakriyâ) ausführen, und zwar mit den Worten: »Von meiner Geburt an bis jetzt habe ich auch nicht einen Menschen getötet«, worauf eine Kuh, die nicht gebären konnte, ein Kalb zur Welt brachte. Seit der Ordination als Mönch ist er also ein neuer Mensch. Buddha belegt dann aus der Vergangenheit mit mehreren Erzählungen, wie er dem Angulimâla immer wieder begegnet sei und ihn stets auf den Pfad der Tugend gebracht habe. Das geschah, als Angulimâla ein unwilliger Stûpa-Baumeister und als er ein giftiger Vogel war. Schließlich trafen sich die beiden als Râkshasa (menschenfressender Dämon) und als frommer König Sutasoma, welcher wegen eines gegebenen Wortes freiwillig zu dem Dämon zurückkehrt, trotz der Aussicht, von ihm gefressen zu werden.

ANHANG

Quellennachweis und Anmerkungen

1. Das Stück, eine Erstübersetzung, ist einem Text der Bon-Religion »Die Entstehung der schwarzköpfigen Menschenähnlichen« entnommen, dessen Zentralthema die Kosmogonie bildet. Auf die iranischen Einflüsse wurde im Nachwort hingewiesen. – Die kLu (Nâga) sind in der Unterwelt beheimatete Schlangengeister, die Phya Losgeister, die dMu Himmelsgeister. Vgl. Hoffmann, Quellen zur Geschichte der tibetischen Bon-Religion. – Die Legende von sNe-phrom la-khra, der an einem Geisterseil oder einer Geisterleiter mit neun Stufen zur Erde herabstieg, um die Menschen zu erzeugen, wird bei den buddhistischen Autoren auf den mythischen ersten König von Tibet, gNya-khri btsan-po, übertragen. Vgl. Hoffmann, Bon-Religion, S. 146 ff. – Phrom ist ursprünglich die Bezeichnung für Ostrom-Byzanz, später die eines türkischen Königreichs im Norden von Tibet.
2. Erstübersetzung des siebenten Kapitels der Königsannalen rGyal-rabs gsal-bai me-long »Genealogie der Könige, ein heller Spiegel«, die viel mythisches Material über die Urzeit enthalten. Avalokiteshvara, der große Erbarmer, ist der Schutzpatron Tibets, der sich nach der Lehre der Gelben Kirche im Dalai Lama verkörpert hat. – Ein Bodhisattva ist ein werdender Buddha. – Potala heißt der mythische Wohnsitz des Avalokiteshvara in Südindien, auf einem Berg oder einer Insel gelegen. – Die Göttinnen Bhrikutî und Târâ (»Erlöserin« oder »Stern«) gehören zum Kreis des Avalokiteshvara. – Sansâra: der Kreislauf der Wiedergeburten. – Über gNya-khri btsan-po vgl. Anmerkung zu 1.
3. Erstübersetzung eines Stückes aus dem achten Kapitel der Königsannalen, vgl. Anm. zu 2. Der Name Gri-gum btsan-po bedeutet »der durch ein Schwert umgekommene Herrscher«. – Zu dGra-lha und Pho-lha vgl. das Nachwort. – Yar-lha sham-po heißt ein Bergzug südlich des Tales Yar-lung, des Sitzes der alttibetischen Dynastie. – Die älteren mythischen Könige, die an einem Geisterseil vom Himmel herabgekommen waren, stiegen nach Erfüllung ihrer Aufgabe mit seiner Hilfe auch wieder dahin zurück. Erst seit Gri-gum btsan-

po unwissentlich das Seil zerschnitt, starben die Könige im irdischen Sinne und hinterließen einen Leichnam.

4. F. W. Thomas, Ancient Folk-Literature from North-Eastern Tibet, S. 22 ff. Die Zeitangabe am Anfang bezeichnet eine mythische Urzeit. Genau wie das Geschlecht der Menschen (vgl. Nr. 1) stammt auch das der Pferde aus dem Reich der Himmelsgötter. – sKyi-mthing (sKyi-Plateau) heißt das nordosttibetische Land, wo unsere Erzählung entstanden sein muß. Es liegt südlich des Distriktes von Si-ning jenseits des Huang-ho.

5. A. H. Francke, Der Frühlings- und Wintermythus der Kesarsage, S. (6) ff. – Agu Khromo ist der böse unter den 18 Helden des Landes gLing.

6. A. H. Francke, Der Frühlings- und Wintermythus der Kesarsage, S. 42 ff. Zum Polyphem-Motiv vgl. Bolte-Polivka III, S. 375 ff.; Weil, Tausend und eine Nacht I, S. 366 (Dritte Reise Sinbads des Seefahrers); Littmann, Arabische Märchen, S. 22 ff.

7. A. H. Francke, Geistesleben in Tibet, S. 52 ff. Die Übersetzung der Erzählung stammt von dem Missionar Th. Schreve. – Sanggyaswürde ist der Status eines Buddha. – Gewa (orthographisch dGeba) heißt eine religiöse Spende beim Sterben, welche dem Verstorbenen das Leben nach dem Tode besser gestalten und ihm eine günstige Wiedergeburt verschaffen soll.

8. Erstübersetzung des 1. Kapitels des dKar-tschhag von Bodh Nâth in Nepal »Geschichte des großen Stûpa Bya-rung kha-shor, die zur Erlösung führt, wenn man sie nur hört«. Ein kurzes Résumé des Textes gab L. A. Waddell. Ihm muß eine andere Ausgabe des Blockdrucks vorgelegen haben als mir, da sich in meiner Vorlage nicht das Detail findet, die Gänsehirtin habe sich vom König einen Bauplatz erbeten, welcher mit einer Ochsenhaut zu bedecken sei. Nach der königlichen Zusage habe sie darauf die Haut in dünne Streifen zerschnitten und damit ein riesiges Areal umlegt (Waddell, S. 187 f.). Vgl. zu diesem Motiv Vergils Aenëis I, 368 und Thompson K 1851. – »Bodensatz eines starken Bieres«: die Tibeter gießen auf die vergorenen Getreidekörner immer erneut warmes Wasser, um mehr Tschang (Bier) zu gewinnen. – Yashti ist der hölzerne Pfahl, der symbolische »Lebensbaum« (srog-shing), welcher die Aufbauten des Stûpa trägt. – Kâshyapa heißt nach der buddhistischen Lehre der (mythische) Vorgänger des (historischen) Buddha Shâkyamuni.

– Die fünf Buddhas sind Vairocana, Akshobhya, Ratnasambhava, Amitâbha und Amoghasiddhi, nach der spätbuddhistischen Lehre die fünf Aspekte des Urbuddha (Âdibuddha).

9. M. Hermanns, Himmelsstier und Gletscherlöwe, S. 72 ff. Das Glücksschaf spielt als gutes Omen und Symbol bei den Heiratsgebräuchen der Tibeter eine große Rolle (M. Hermanns). – Der Kya-bra-Nager ist ein Tier, dessen Ruf wie der Schrei eines kleinen Kindes klingt und als gutes Omen gilt.

10. A. H. Francke, Die Geschichten des toten Ṅo-rub-can, S. 77 ff. Zur indischen Rahmenerzählung vgl. Tawney-Penzer VI, S. 165 ff. Zum Motiv des magischen Verwandlungskampfes vgl. Bolte-Polivka II, S. 50, 61 f., 67 f., 206.

11. A. H. Francke, Die Geschichten des toten Ṅo-rub-can, S. 86 ff. Vgl. Jülg, Siddhi Kür, S. 60 ff. Zum Motiv des Speiens von Kostbarkeiten (Gold, Juwelen) vgl. Tawney-Penzer VIII, S. 59 A. 3, Bolte-Polivka III, S. 96; V, S. 2, 263. – Zur Verwandlung in einen Esel als Strafe Bolte-Polivka III, S. 3 und 6. – Über Tarnkappe und Siebenmeilenstiefel im »Glücksmärchen« vgl. Wundt. S. 147. Bolte-Polivka I, S. 330, 442, 499.

12. A. H. Francke, Zur tibetischen Vetālapañcaviṃsatikā, S. 241 ff. Vgl. Jülg, Siddhi Kür, S. 80 ff. – Zum Essen des Herzen eines Feindes auch U. Holmberg, Finno-Ugric Mythology, Mythology of all Races IV, Boston 1927.

13. A. H. Francke, Zur tibetischen Vetālapañcavimsatikā, S. 247 ff. Vgl. Buddhistische Märchen, S. 310 (Jâtaka 73), Indische Märchen, S. 101 (aus dem Pañcâkhyânaka), Tawney-Penzer V, S. 157 f., Grimms Märchen Nr. 62. Ferner Wundt, S. 199 f. und 292 f., F. von der Leyen, Das Märchen, 2. Aufl., S. 119. v. d. Leyen, Das Deutsche Märchen und die Brüder Grimm Nr. 95, Bolte-Polivka V, S. 442.

14. Leitner, S. 201 ff. Vgl. Hertel, Indische Märchen, S. 292 f. und Hertel, Kathāratnākara I, S. 66 f. Bolte-Polivka II, S. 525; I, S. 168, 375.

15. Leitner, S. 205 ff. Vgl. Thompson K 737.2. Emma Brunner, Altägyptische Märchen S. 136; Bolte-Polivka II, S. 96.

16. Leitner, S. 211 ff.

17. A. H. Francke, Wa-tsei-sgruṅs, S. 420 ff. – Vgl. Bødker Nr. 30, 80, 81, 88, 173 bis 175, 187.

18. A. H. Francke, Two Ant Stories. – Vgl. F. Schiern, Über den Ursprung der Sage von den goldgrabenden Ameisen, Copenhagen und

Leipzig 1873; B. Laufer, Zur Sage von den goldgrabenden Ameisen, T'oung Pao 1908, S. 429 ff.; Albert Herrmann, Das Land der Seide und Tibet im Lichte der Antike, Leipzig 1939, S. 10 ff. – Tola ist eine Gewichtseinheit beim Abwiegen von Gold und Silber. – Nyopa sind Männer, die vom Bräutigam zum Haus der Braut gesandt werden und dort nicht eher Einlaß finden, ehe sie nicht einige Fragen aus der Mythologie beantwortet haben. – bKra-schis-pa heißen Leute, die während der Rezitationen und Tänze anläßlich einer Hochzeit Segensworte ausrufen. – 'Bor-'go sind bestimmte bei den Hochzeiten engagierte Tänzer.

19. Mündliche Überlieferung aus Osttibet, mitgeteilt von dem tibetischen Gelehrten Jamba Losang. Vgl. die Fabel vom Schakal, der sich wie der Löwe gebärdete, im Pâṭikasuttanta des Dîghanikâya (K. E. Neumann, Die Reden Gotamo Buddhas II, S. 439 f.).

20. Mündliche Überlieferung aus Zentraltibet, mitgeteilt von dem tibetischen Gelehrten Yishi Thondup. Vgl. das verwandte Täuschungsmanöver in der Geschichte vom Affen und dem Krokodil (Jâtaka 208), Buddhistische Märchen Nr. 65.

21. Mündliche Überlieferung aus Zentraltibet, mitgeteilt von dem tibetischen Gelehrten Yishi Thondup. Über Avalokiteshvara vgl. Anmerkung zu Nr. 2. – Bar-bskor ist die mittlere der drei Ringstraßen, welche den heiligen Tempel Dscho-khang in Lha-sa umkreisen: die innerste, gTsug-lag-khang Bar-bskor, führt nur direkt um den Tempel herum, unser Bar-bskor schlägt einen weiteren Kreis und darf die Prachtstraße Lha-sas genannt werden, während die äußerste, gLing-bskor, die Stadt an der Peripherie umkreist. Vgl. Ernst Schäfer, Fest der weißen Schleier, Braunschweig 1952, S. 65. – Tushita ist eigentlich der Name eines buddhistischen Himmels.

22. Schiefner VIII, S. 625 ff. – Âtshârja: Hauspriester des Königs. – Goldlichtsûtra: der Mahâyâna-Text Suvarṇaprabhâsa, herausgegeben von J. Nobel, Leipzig 1937. – Die Legende von dem Selbstopfer des Mahâsattva an eine hungrige Tigerin, auf die hier angespielt wird, existiert in vielen Versionen in der buddhistischen Literatur, besonders Suvarṇaprabhâsa, Kap. 8; »Der Weise und der Tor«, Kap. 2. – Vögel-Bonpo: Dieser Begriff zeigt, daß die Tibeter auch in der reinen Übersetzungsliteratur sich indische Begriffe mundgerecht machen. Der indische Magier wird glossiert mit Bonpo, dem Priester der autochthonen tibetischen Religion.

23. Schiefner VIII, S. 102 ff. Vgl. Bødker Nr. 297; Tawney-Penzer I, S. 226.

24. Schiefner VIII, S. 104 ff. Vgl. zum Schluß der Fabel Pantschatantra II, 3 (Alsdorf, S. 59 ff.); Tawney-Penzer V, S. 77.

25. Schiefner VIII, S. 106 ff. Von einer ähnlichen Gruppe tugendhafter Tiere handelt die Geschichte vom freigebigen Hasen, Buddhistische Märchen Nr. 53.

26. Schiefner VIII, S. 177 ff. Vgl. Bødker Nr. 409. Das Motiv des heuchlerischen Katers findet sich auch im Pantschatantra (Alsdorf, S. 87). Siehe auch Tawney-Penzer V, S. 102 f.

27. Schiefner VIII, S. 161 ff. Vgl. Bødker Nr. 363.

28. Schiefner VII, S. 789 ff. Bolte-Polivka II, S. 531.

29. Schiefner VII, S. 780 ff. Vgl. auch Tawney-Penzer V, S. 42 f.; Thompson K 2131.2.

30. Schiefner VII, S. 773 ff. Vgl. die Erzählung von Kuṇâla im Avadâna Shataka, Übersetzung von L. Feer, Paris 1891, Nr. 100. Über das Motiv der vorgeblichen Stummheit vgl. Thompson Nr. K 523.0.1.

31. Schiefner VIII, S. 116 ff. Entfernt verwandt mit Grimms Märchen Nr. 68. – Ein Tschaṇḍâla ist ein Mann niederer Kaste. – Gandhâra gilt wie Udyâna als typisches Land der Zauberer und Nekromanten.

32. Schiefner VIII, S. 121 ff. Vgl. Schmidt, S. 261 ff.; uigurische Version T'oung Pao 1914, S. 225 ff.; chinesische Version T'oung Pao Vol. XV, S. 469 ff.; weitere chinesische Fassungen Chavannes, Band IV, S. 190 f. Zur Gattenwahl der Königstochter, Grimm Nr. 136.

33. Schiefner VIII, S. 129 ff. Parallelen liegen vor Buddhistische Märchen Nr. 29; Chavannes I, S. 381; II, S. 367 ff.; Jülg, Mongolische Märchen, S. 105; Pantschatantra (Alsdorf) IV, 5. – Ein Purohita ist ein königlicher Hauspriester.

34. Schiefner VIII, S. 330 ff. Vgl. Chavannes IV, S. 181.

35. Schiefner VIII, S. 472 ff. Vgl. Chavannes II, S. 35 f., 55 f. – Zur Persönlichkeit des Dshîvaka vgl. Mahâvagga 8, H. Oldenberg und T. W. Rhys Davids, Sacred Books of the East 17, Oxford 1882, S. 171 ff. – Daß in Vaiçâlî das Volk herrschte, ist so zu verstehen, daß es dort keinen König gab. Man könnte den Staat am besten als oligarchische Adelsrepublik bezeichnen, die de facto vom Geschlecht der Licchavi regiert wurde. – Das viergliedrige Heer (caturanga)

besteht aus Elefanten, Streitwagen, Kavallerie und Infanterie. – Ein Râkshasa ist ein menschenfressender Dämon. – Ein Karshâpana ist eine Kupfermünze. – Takshaçilâ in Nordwestindien ist das Taxila der griechischen Quellen. – Devadatta war ein Vetter Buddhas und ein großer Bösewicht.

36. Schiefner VII, S. 738 ff. Vgl. Chavannes IV, S. 184. – Der Suparṇa ist ein märchenhafter Riesenvogel, der imstande ist, Menschen zu tragen wie der Vogel Rokh in »Tausend und einer Nacht«. Vgl. auch Indische Märchen, S. 345 ff. – Eine Kinnarî ist ein Fabelwesen, halb Mensch und halb Vogel.

37. Schmidt, Der Weise und der Tor, S. 338 ff. Vgl. Buddhistische Märchen, S. 76; Schiefner VIII, S. 94 ff. In diesen beiden kürzeren Fassungen fehlt die Erzählung von den beiden Frauen, die sich um ein Kind streiten, ein Motiv, welches offensichtlich hinzugekommen ist, um die Weisheit des Königs noch mehr zu unterstreichen. Dies Motiv ist am bekanntesten geworden durch ein chinesisches Drama der Yüan-Zeit, den sog. »Kreidekreis« (Hui-lan-chi), übersetzt von A. Forke, Reclams Universalbibliothek Nr. 768. Zu den Ausgestaltungen des Motivs in anderen Literaturen vgl. Thompson Nr. J 1171.1. Bolte-Polivka I, S. 276.

38. Schmidt, S. 300 ff. Zu den Parallelen in der indischen Literatur vgl. K. Watanabe, Journal of the Pali Text Society 1909, S. 236 ff. Zu den chinesischen Versionen vgl. Chavannes I, 149 f.; IV, S. 110 ff. Zur Person des Angulimâla speziell K. E. Neumann, Die Reden Gotamo Buddhas I (1957), S. 657 ff.; III, S. 441 ff. Die einleitende Geschichte des Midungwa enthält das Motiv der »Frau Potiphar«, vgl. Thompson K 2111, ferner »Die Josephsgeschichte im gZermyig« bei A. H. Francke, Geistesleben in Tibet, S. 45 f. Diese aus der Bon-Literatur stammende Fassung hat ihre Quelle in der Padmasambhava-Literatur, vgl. B. Laufer, Der Roman einer tibetischen Königin, Leipzig 1911, S. 144 ff. – Ein Gelong (Bhikshu) ist ein Vollmönch. – Ein Arhat ist ein Vollendeter, der nicht mehr wiedergeboren wird, diesen Status aber mit Hilfe eines Buddha erlangt hat. – Zur »Wahrheitsbetätigung« vgl. H. Lüders, Varuṇa, Göttingen 1951, S. 15 ff. – Ein »blauer Waidûrja« ist ein Lapislazuli. – Zu den vier Truppenabteilungen des indischen Heeres vgl. die Anmerkung zu Nr. 35. – Der Sumeru ist der zentrale Weltberg der buddhistischen Kosmographie.

Alsdorf, Ludwig, Pantschatantra. Fünf Bücher altindischer Staatsweisheit und Lebenskunst in Fabeln und Sprüchen, Bergen 1952

Bødker, Laurits, Indian Animal Tales, FF Communications 170, Helsinki 1957

Bolte – Polivka, Anmerkungen zu den Kinder- und Hausmärchen der Brüder Grimm, 5 Bände, Leipzig 1913–32

Chavannes, Edouard, Cinq cent contes et apologues extraits du Tripitaka chinois, 4 Bände, Paris 1962

Eberhard, Wolfram, Typen Chinesischer Volksmärchen, F F Communications 120, Helsinki 1937

Francke, A. H., Der Frühlings- und Wintermythus der Kesarsage. Mémoires de la Société Finno-Ougrienne XV, Helsingfors 1902

–, Geistesleben in Tibet, Gütersloh 1925

–, Die Geschichten des toten Ṅo-rub-can, Zeitschrift der Deutschen Morgenländischen Gesellschaft 75, S. 72 ff.

–, Two Ant Stories, Asia Major I (1924), S. 67 ff.

–, Zur tibetischen Vetālapanca-vimśatikā (Siddhikür), Zeitschrift der Deutschen Morgenländischen Gesellschaft 77, S. 239 ff.

–, Wa-tsei-sgruṅs, Fuchsgeschichten, erzählt von Dkon-mchog-bkra-shis, aus Kha-la-tse, Asia Major 2 (1925), S. 408 ff.

Hermanns, Matthias, Himmelsstier und Gletscherlöwe, Eisenach und Kassel 1955

Hertel, Johannes, Indische Märchen (Märchen der Weltliteratur), Jena 1925

–, Kāthāratnākara. Das Märchenmeer, 2 Bände, München 1920

Hoffmann, Helmut, Geschichte Tibets. Oldenbourgs Abriß der Weltgeschichte II, Teil B, München 1954

–, Quellen zur Geschichte der tibetischen Bon-Religion. Abh. der Akademie der Wissenschaften und der Literatur in

Mainz, Geistes- und sozialwissenschaftliche Klasse 1950, Nr. 4, Wiesbaden 1950
–, Die Religionen Tibets. Freiburg/München 1956
Jülg, B., Kalmükische Märchen. Die Märchen des Siddhi Kûr oder Erzählungen eines verzauberten Toten. Leipzig 1866
–, Mongolische Märchen: die neun Nachtrags-Erzählungen des Siddhi-Kûr und die Geschichte des Ardschi-Bordschi-Chan, Innsbruck 1868
Leitner, Maria, Tibetanische Märchen. Berlin o. J. (1923)
von der Leyen, Friedrich, Das Märchen. Ein Versuch. Heidelberg 1958
–, Die Welt der Märchen, 2 Bände, Düsseldorf 1953–54
Littmann, Enno, Arabische Märchen, aus mündlicher Überlieferung gesammelt und übertragen. Leipzig 1957
Lüders, Heinrich und *Else*, Buddhistische Märchen (Märchen der Weltliteratur), Jena 1922
Lüthi, Max, Das europäische Volksmärchen, Dalp-Taschenbücher 351, Bern 1960
O'Connor, W. F., Folktales from Tibet. London 1906
Schiefner, Anton, Indische Erzählungen, Mélanges Asiatiques VII, S. 673 ff. und VIII, S. 89 ff., St. Petersburg 1881
Schiefner – Ralston, Tibetan Tales, derived from Indian Sources. London 1906
Schmidt, I. J., Der Weise und der Tor, 2. Band, St. Petersburg 1843
Stein, R. A., Recherches sur l'épopée et le barde au Tibet. Bibliothèque de l'Institut des Hautes Études Chinoises XIII, Paris 1959
Tawney-Penzer, The Ocean of Story, 10 Bände, London 1924–28
Thomas, F. W., Ancient Folk-Literature from North-Eastern Tibet. Abh. d. Deutschen Akademie der Wissenschaften 1952, Nr. 3, Berlin 1957
Thompson, Stith, Motif-Index of Folk-Literature, 6 Bände, Copenhagen 1955–58

Waddell, L. A., Notes on the Ma-gu-ta or Cha-rung Kha-shar Stupa, a celebrated place of pilgrimage in Nepal. Journal of the Asiatic Society of Bengal 1892, S. 186 ff.
Weil, Gustav, Tausend und eine Nacht, 4 Bände, Berlin 1906
Wundt, Wilhelm, Völkerpsychologie V, 2: Mythus und Religion, Leipzig 1914

INHALT